中央高校基本业务费课题（N2124003-5）资助
2024年度辽宁省经济社会发展研究课题青年项目（2024lslqnkt-026）资助
教育部人文社会科学研究青年基金项目（21YJC710006）资助
中央高校基本科研业务费课题（N2314007）资助
东北大学文法学院"阳光人才"计划资助

东北地区"放管服"改革效能评价研究

曹志立　陈诗怡◇著

辽宁人民出版社

© 曹志立　陈诗怡　2024

图书在版编目（CIP）数据

东北地区"放管服"改革效能评价研究 / 曹志立，陈诗怡著. — 沈阳：辽宁人民出版社, 2024.8.
ISBN 978-7-205-11248-6

Ⅰ. D673

中国国家版本馆CIP数据核字第2024M4Z205号

出版发行：辽宁人民出版社
　　　　　地址：沈阳市和平区十一纬路 25 号　邮编：110003
　　　　　电话：024-23284325（邮　购）　024-23284300（发行部）
　　　　　http://www.lnpph.com.cn
印　　刷：沈阳丰泽彩色包装印刷有限公司
幅面尺寸：170mm×240mm
印　　张：15.5
字　　数：217千字
出版时间：2024年8月第1版
印刷时间：2024年8月第1次印刷
责任编辑：娄　瓴　贾妙笙
装帧设计：白　咏
责任校对：吴艳杰
书　　号：ISBN 978-7-205-11248-6
定　　价：80.00元

前　言

　　"放管服"是简政放权、放管结合、优化服务的简称。2015年，时任总理李克强在全国推进简政放权放管结合职能转变工作电视电话会议上首次提出，当前和今后一个时期，深化行政体制改革、转变政府职能总的要求是：简政放权、放管结合、优化服务协同推进。由此，"放管服"改革作为深化行政体制改革、促进政府职能转变的重要抓手，在理论界和实务界受到高度关注和广泛推崇，相关研究成果汗牛充栋。然而却鲜有研究针对"放管服"改革实践展开系统化评价，实属遗憾。在以"国家治理效能得到新提升"为核心目标的"十四五"时期，"放管服"改革在促进制度优势向治理效能转化方面的地位和作用可谓是举足轻重，系统化评价"放管服"改革效能更是对国家治理体系和治理能力现代化的有效回应，满足了理论和实践的双重需求。

　　"放管服"改革效能是国家行政机关及其行政人员推进简政放权、放管结合和优化服务改革的有效性，强调内在潜能和外显效用的动态联结，是对改革起点、过程和结果的综合体现，是改革效率、改革效果和改革效益的有机统一。

　　本书根据理论分析和实践经验，最终构建包含4项一级指标、12项二级指标的内在潜能量表和包含3项一级指标、10项二级指标、27项三级指标的外显效用量表，用于评价"放管服"改革效能；而后立足于供给侧与需求侧的双重维度，依据评价指标体系，分别面向地级市政府公务员群体和普通市民群体编制调查问卷，在经过问卷试测的基础上，采用多阶段分层抽样，以东北地区三个省 9 个地级市，即哈尔滨市、大庆市、齐齐哈尔市、长春市、吉林市、沈阳市、锦州市、盘锦市、辽阳市为样本城市开展实证测评；通过对样本城市的实地调研，明确各地级市政府的整体排名，了解黑龙江省、吉林省以及辽宁省的改革实际，总结、提炼东北地区"放管服"改革效能的核心特征和突出问题，并据此明确内外并重、均衡发展、稳中求进、供需匹配、标本兼治的建设原则，有针对性地提出夯实对改革价值的理性认知、注重对改革执行力的有效提高、积极营造支持改革的文化氛围、推进改革相关的制度体系建设、大力提振"放管服"改革效率、全面提升"放管服"改革效果、着力降低"放管服"改革成本、持续增强改革实践过程有效性的对策建议。

目　录

第一章 ❯❯❯❯❯

"放管服"改革：实践动力与理论背景

　　"放管服"改革是当今乃至今后一段时间内我国全面深化改革的重中之重，是推进国家治理体系和治理能力现代化的重要抓手，是现实所需、人民所盼。从 2015 年提出到现在，在中央政府的统筹领导和地方政府的探索实践下，"放管服"改革取得了较为显著的成效，但这并非意味着改革已经完成，反而还需要持续深入推进。为此，本章节将从工具引领、价值依归、现实审视和理论反思四个方面出发，探讨"放管服"持续改革的实践动力与理论背景，阐释持续深化"放管服"改革及推进改革效能评价的重要意义。

一、工具引领：政府闭环管理的必经环节

　　作为一场刀刃向内的政府自我革命，"放管服"改革的目标不仅是优化政府行政体制、加快政府职能转变，还在于贯彻落实好政府的闭环管理。当前，"放管服"改革赢得了阶段性胜利，是我国推进治理现代化的重要支撑，但改革仍然需要不断向纵深推进。"放管服"改革及其评价是现实之需，"放管服"改革需要形成闭环，"放管服"改革效能评价是政府闭环管理的必经环节。

（一）"放管服"改革契合政府闭环管理的基本特征

政府管理是指政府作为行为主体对于社会公共事务（包括政治、经济、文化等方面的事务）进行有效管理的过程。政府闭环管理是将政府管理过程视为一个闭环系统，使系统内的管理构成连续封闭和回路，以提升政府管理质量，其核心即 PDCA 循环。所谓 PDCA 循环，是指管理工作可依次划分为计划（Plan）、实施（Do）、检查（Check）、调整（Action）四个阶段[①]，由这四个阶段集合而成的行为闭环以问题和经验为触角，进入到逐层递进的 PDCA 循环中，推动管理质量持续上升[②]。"放管服"改革作为正确处理政府、市场、社会之间关系的重大改革之举，是当前政府管理中的重头戏和主战场，并且体现了政府闭环管理的基本特征，其生长轨迹符合上文提及的政府闭环管理中的 PDCA 循环原理，在闭环系统的引领下，评价成为持续推进"放管服"改革的必经环节。"放管服"改革作为一个闭环系统，需要经历上述四个阶段的循环往复。

一是计划阶段，即根据任务的目标和要求制定出科学具体的计划。这一阶段要求"放管服"改革主体科学、民主决策，结合区域发展实际，制定出严密、合理的改革计划。2015 年，时任总理李克强在全国推进简政放权放管结合职能转变工作电视电话会议上强调，"放、管、服"三管齐下是一项系统性工程，需要统筹安排、整体推进；充分调动中央和地方两个积极性，各地区各部门要充分加强相应的领导机制和工作机制建设；每个改革事项必须细化任务和分工，有时间表、路线图和责任状[③]。从当前改革实践来看，全国各个地区、各级政府部门也都在严格践行"放管服"改革的要求。例如，为

---

① 周云飞.基于 PDCA 循环的政府绩效管理流程模式研究 [J].情报杂志，2009，28(10)：72-75.

② 杜岩岩，张赫.PDCA 循环理论视角下首尔国立大学绩效评估的策略及启示 [J].现代教育管理，2020(10)：106-115.

③ 李克强.简政放权 放管结合 优化服务 深化行政体制改革 切实转变政府职能 [N].人民日报，2015-05-15(2).

持续推进"放管服"改革走深、走细、走实，吉林省委省政府印发了《2022年吉林省人民政府推进职能转变和"放管服"改革协调小组工作要点》，主要从5个方面明确了24条全省年度改革任务，同时确定了改革方式、明晰了改革目标①；黑龙江省委省政府在严格贯彻落实国家相关要求的基础上，结合本省实际，制定了《黑龙江省深化"放管服"改革服务"六稳""六保"着力培育和激发市场主体活力重点工作实施方案》②，以保障改革落地见效。

二是实施阶段，即按照计划实施，尽快地将先前制定的行动措施落实为具体的任务。这一阶段要求"放管服"改革主体遵循既定改革方案，严格执行、精准实施，灵活应对突发状况。2018年，时任总理李克强在全国深化"放管服"改革转变政府职能会议上讲到，各地方各部门要增强责任感、使命感和紧迫感，不折不扣地贯彻党中央、国务院统一部署，另外要从自身实际出发大胆改革创新，并主动对标先进、相互学习借鉴③。"放管服"改革绝不能搞形式主义、增加人民群众和基层负担，在之后连续三年召开的"放管服"改革专题会议上更是被多次提及。所以，在"放管服"改革的实施阶段，改革主体需要实施先前制定的计划、方案，将其付诸为实际的行动。例如，吉林省四平市曾在2019年将"减证便民"列为重点工作任务，随后就积极开展了相关行动，通过直接取消、告知承诺、数据查询、部门核验等方式优化服务，提升了企业、群众的幸福感和满意度。

三是检查阶段，即根据计划的要求，检查实际实施情况，并与预期目标进行比较，及时地发现问题，进而对计划做出适当的修正改进。这一阶段要

---

① 吉林省人民政府.2022年吉林省人民政府推进职能转变和"放管服"改革协调小组工作要点[EB/OL].(2022-06-17)[2023-10-30].http://zsj.jl.gov.cn/ywgz/fgfgg/gzdt/202206/t20220617_1177750.html.

② 黑龙江省人民政府.关于印发黑龙江省深化"放管服"改革服务"六稳""六保"着力培育和激发市场主体活力重点工作实施方案的通知[J].黑龙江省人民政府公报，2022(5)：36-48.

③ 李克强.在全国深化"放管服"改革转变政府职能电视电话会议上的讲话[N].人民日报，2018-07-13(2).

求"放管服"改革主体建立起科学的评价指标体系，全方位审视改革工作，厘清改革中存在的优势与短板。2020年，时任总理李克强在全国深化"放管服"改革优化营商环境电视电话会议上指出，要以企业和群众的获得感和满意度作为评判标准，引入第三方评价机制，完善好差评制度，倒逼政府部门深化改革、改进服务①。例如，辽宁省就在国家评价指标的基础上，建立了符合本省实际的营商环境的评价指标和机制，以便全面了解改革进展情况，更好地促进民营经济发展；吉林省政府委托专家学者对"放管服"改革成效展开专业的评估，总结成果、发现不足，从而更好地优化、推进改革。了解、评价"放管服"改革工作，有利于改革主体加深对于当前"放管服"改革成效如何、问题何在等方面的认识，进一步明确之后"放管服"改革的重点任务与方向。

四是调整阶段，即根据检查结果制定调整方案，并将未解决问题放进下一个PDCA循环中。这一阶段要求"放管服"改革主体根据实际测评结果对改革实践活动进行有针对性的整改，重新修订改革计划，从而实现调整阶段与计划阶段的首尾相连，开启新一轮的PDCA循环，并在改革闭环的循环往复中将改革向纵深推进。例如，自2015年以来，国务院每一年都会围绕"放管服"改革这一主题召开一次全国性的电视电话会议，回顾过去一年的改革情况，部署下一阶段的工作任务。仔细观察，不难发现，"放管服"改革的工作任务也在不断地发生着转变，从最初的深化高等教育、转变政府职能，到优化营商环境，再到如今的打造市场化法治化国际化营商环境、培育激发壮大市场主体。再如，2020年，面对疫情的严重冲击，国家统筹疫情防控和经济社会发展，助企纾困与激发活力并举，推进简政放权、放管结合、优化服务改革。后来，随着经济总体上呈恢复稳定态势，国家又立足当前国际国内环境，重新调整改革计划，持续推进"放管服"改革深化发展。

总的来说，"放管服"改革是一个由计划、实施、检查和调整这四个阶

---

① 李克强.在全国深化"放管服"改革优化营商环境电视电话会议上的讲话[N].人民日报，2020-09-30(2).

段集合而成的闭环系统，它大大提升了政府管理的质量和水平，体现了 PDCA 循环原理，具有大环嵌套小环、螺旋式上升的特点，因此，持续深化"放管服"改革非常契合政府闭环管理的基本特征。

（二）"放管服"改革不断向纵深推进的现实需求

自 2015 年首次提出"放管服"改革概念以来，坚持简政放权、放管结合、优化服务三管齐下、协同推进的"放管服"改革在全国范围内被快速、广泛地推进，涉及教育、医疗卫生、农业农村、公共治理等众多领域；并且，在"放管服"改革过程中，一系列被陆续推出的改革举措也逐渐成为政府施政、政府管理的重要标识，成为评价政府管理能力及水平的重要标准。当然，这一过程中也涌现出了一波又一波的改革典型案例。例如，辽宁省围绕"放管服"深化改革，推进"一网通办"平台建设与应用，破除了政府各部门之间的信息壁垒，使得政务服务变得越来越规范化、智能化，企业和群众办事变得越来越方便、轻松；黑龙江省人社厅结合"放管服"改革，推进事业单位"一件事"服务改革，实现了事业单位人事管理的人社业务全覆盖，提供了更加便捷、优质的服务，提高了办事效率。总的来说，从"放管服"改革实践历程来看，在这场改革中全国各级政府部门科学制定改革的"施工图"与"时间表"，统筹安排、全力部署，在计划和实施阶段倾注了大量的精力和心血，取得了令人瞩目的改革成就，极大地推动了政府职能的转变，促进了社会的发展。

但是，"放管服"改革的过程并非十全十美。改革执行力不足、改革效率偏低、改革成本较高等问题频频出现，亟待国家及相关政府部门探索解决。当前我国正处于一个高速发展的阶段，社会主要矛盾已经转化为人民日益增长的美好生活需要同不平衡不充分发展之间的矛盾，然而"放管服"改革同国家发展形势的要求和人民群众的期待相比，依旧存在着一定的差距。这要求我们必须进一步深化"放管服"改革，攻坚克难，在改革的重要领域和重点环节取得更大的突破。根据上文提到的政府闭环管理中的 PDCA 循环原理，当前"放管服"改革理应进入一个新的阶段——检查阶段，即通过科学、有效的评价工具，系统化地测评"放管服"改革工作，摸清底数，把握实际，总结提炼成功经验，梳理现存问题，进而展开针对性的整改、重新制定改革计划，以推动"放管服"改革不断向纵深推进，实现"放管服"改革走深、走细、走实。

此外，推动"放管服"改革持续取得更大成效，是历次"放管服"改革电视电话会议中恒久不变的核心命题。这一重要论断的提出，充分表明了"放管服"改革是我国一项必将持续推进的改革策略，对于促进我国国家治理体系和治理能力现代化具有重要的意义。但与此同时，改革实践和历程也引发了人们更深层次的困惑和思考，即怎么判断"放管服"改革是否已经取得了较大的成效？这个标准是什么呢？主要包括哪些方面呢？如何才能使"放管服"改革取得更大成效，着力点在哪里？那么对于这些问题，只有构建一套与"放管服"改革相匹配、适应的评价指标体系，进而对"放管服"改革实践展开科学、合理、系统化的实际测评，才能了解"放管服"改革实际的、具体的进展情况，为"取得更大成效"的改革命题注入精神内核，对上面提及的"标准"和"着力点"问题做出有效回应。由此可见，评价"放管服"改革效能是实现"放管服"改革持续深化的重要推动力，已如箭在弦上、势在必行。

总而言之，当前我国改革进程暴露的现实问题、国家发展的现实情况要求必须持续深化"放管服"改革，推动改革更加全面、更加彻底；对"放管服"改革效能进行评价是"放管服"改革不断向纵深推进的现实需求，具有了解情况、指明进一步改革方向的重要作用。

二、价值依归：效能改革时代的应有之义

效能问题是改革中需要关注的重点问题，也是衡量改革是否实现的一个明确指标。当前，我国正处于效能改革时代，追求效益便捷快速，高度重视

改革效能评价，深切关注政府效能提升问题。在"放管服"改革这场实践中，对其效能进行评价，契合国家治理的现实需求，符合聚焦政府改革的时代主题，是效能改革时代的应有之义。

（一）"放管服"改革效能评价契合治理需求

"效能"是为顺利完成某项活动，人们所必备的能力以及因此取得的良好效果。在政府管理中，常常会提及"政府效能"一词，政府效能就是政府在行政管理活动中的工作效率、工作能力以及所取得的效益。政府管理国家、社会各方面的公共事物，要讲究效率，但同时也会消耗掉一定的资源，如何用较少的资源达到最优化的行政目标是我国亟待解决的问题。然而，当前一些政府部门还存在着权力过分集中、组织机构臃肿、管理层次过于复杂等现象，政府行政管理成本过高、行政效能低下等问题仍较为突出。为此，自改革开放以来，我国先后进行了八次政府改革，主要围绕加快推进政府机构调整、职能转变以及管理方式创新三方面内容展开。其中政府机构调整解决的是"谁来管"的问题，政府职能转变解决的是"管什么"的问题，政府管理方式创新解决的是"怎么管"的问题[1]，当"谁来管""管什么""怎么管"的问题获得明显改善后，"管得怎么样"的问题便成为了关键。"管得怎么样"的问题即是管理效能问题，是对管理效率、管理效果以及管理效益的综合反映，是对政府整体运行状态和作用发挥更为全面、系统的评述。

党的十八大以来，习近平总书记治国理政的效能思想亦得到充分的发展，尤其在党的十九大召开以后，"政府效能"问题引发全国层面的深切关注。在党的十九大报告中，"效"字被提及40次，其中明确提到"有效"的有19处，如有效实施、有效推进、有效治理、有效遂行、有效应对、有效维护等[2]；十九届五中全会，更是在充分肯定全面深化改革取得重大突破和进展的基础

---

① 孙萍.创新行政管理方式势在必行[N].沈阳日报，2016-06-08(7).
② 习近平.决胜全面建成小康社会 夺取新时代中国特色社会主义伟大胜利[N].人民日报，2017-10-28(1).

上，将"国家治理效能得到新提升"纳入"十四五"期间的核心目标之列①。

在效能改革时代下，为了更好地持续推进"放管服"改革，"放管服"改革效能评价已被提上日程。"放管服"改革效能评价，就是指对国家各级政府部门及其工作人员在简政放权、放管结合、优化服务这三方面具体改革中所表现出来的效能进行估定。对于"放管服"改革效能评价，本书是结合内在潜能、外显效用这两个关键性变量，设计了包括价值判断、改革执行力、文化环境、制度环境4项一级指标、12项二级指标的内在潜能评价量表以及改革效率、改革效果、改革成本3项一级指标、10项二级指标和27项三级指标的外显效用评价量表，进而构建出一套较为科学合理的"放管服"改革效能评价指标体系。"放管服"改革效能评价对于效能改革时代国家治理具有非常重要的意义，具体表现在以下四个方面。

第一，"放管服"改革效能评价契合国家治理的透明性需求。政务公开是建设法治政府、打造透明政府的一项重要制度，它要求政府事务的全过程、全流程公开，然而当前大多数地方政府仅仅是事务性、程序性的公开，对人民群众最关心的涉及其切身利益的决策依据、容易引发矛盾的热点难点问题却很少做到完全公开透明，甚至还存在着"暗箱操作""权力寻租"等腐败现象，这些反映的都是透明性不足的问题。透明性作为国家治理的重要方面之一，要求政府组织的透明，即公众有权知道政府在做什么；要求政府决策的透明，即公众有权知道政府为什么要这样做、政策法规为什么这样制定；要求行政行为的透明，即政府怎么做的问题②。此外，还要求政治信息的公开，即政府的各种政策信息应该是公开透明、公之于众的，是便于公众有效地参与公共决策过程、监督公共管理的。"放管服"改革效能评价通过建立科学有效的评价指标体系，不仅方便了中央政府清晰便捷地了解当前我国"放管服"改革的具体进展情况，推动了各级政府之间互相汲取成功经验、总结不足，

---

① 中国共产党第十九届中央委员会第五次全体会议公报 [J]. 中国人大，2020(21)：6-8.
② 王颖. 透明政府构建：后现代会话理论的视野 [J]. 理论探索，2006(5)：124-126.

而且确保了公众对于"放管服"改革情况的知情权和监督权，推进了公众同政府一起参与到持续深化"放管服"改革进程中去。

第二，"放管服"改革效能评价契合国家治理的责任性需求。当前国家治理中"责任甩锅"现象层出不穷，既有自上而下层层签署责任状的下移式"甩锅"，也有自下而上遇事层层汇报的上推式"甩锅"，还有横向部门之间推诿扯皮的"踢皮球式"甩锅[①]，这些极大地助长了形式主义、痕迹主义，弱化了治理效力，不利于国家的长期发展。国家治理的重要方面之一就是要求重视责任性、强化责任意识。国家治理的责任性，是行为实施之前行为主体具有高度的职责感和义务感，明确形成权力所追求的公共目标；是行为实施过程中行为主体主动述职或自觉接受外界监督、评判的道德态度和行为；是行为实施之后行为主体会对自己的不当行为承担责任，及时地撤销或纠正错误行为和决策，采取补救措施[②]。在政府管理中，责任性意味着管理机构及人员因其承担的职务，必须履行一定的职能及义务，必须对自己的行为负责。"放管服"改革效能评价通过对政府改革过程作出清晰准确的评判，能够更好地帮助各级政府机构及其管理人员意识到自身承担起相应责任和义务的重要性，督促他们根据改革的问题所在及时地改进、调整，进一步深化"放管服"改革，避免失职、渎职等不良行为的发生。

第三，"放管服"改革效能评价契合当前国家治理的回应性需求。如今随着数字技术的迅猛发展，网络问政逐渐兴起，政府可以通过网络平台了解民意并主动回应公众需求，然而在实际运作中却出现了政府回应性不足的现象，存在着政府对公众诉求回应率整体不高、回应速度过慢且较随意、问题解决率较低等问题。回应性作为国家治理关注的重点和难点，它是政府行为符合民众意愿的程度，要求政府机构及管理人员能够对民众的需求迅速地作

---

① 吴海红，吴安威.基层减负背景下"责任甩锅"现象透视及其治理路径[J].治理研究，2020(5)：50-56.
② 娄成武，郑文范.公共事业管理学[M].北京：高等教育出版社，2002：56.

出反应，并积极地采取措施解决问题①。从某种意义上说，回应性是责任性的延伸，善治标准下的回应性不仅是有回应，而且应当是及时的、负责的，在必要时还应当定期地、主动地向公民征询意见、解释政策和回答问题②。"放管服"改革是对经济社会发展任务、社会主要矛盾变化作出的回应，对"放管服"改革效能进行评价，有利于中央政府知晓地方政府改革的工作实际，进一步做好"放管服"改革的顶层设计和战略规划；有利于地方政府明确改革中的不足之处，推动自身及其工作人员按照国家要求、民众期盼进行完善，真正贯彻落实好"放管服"改革，回应国家治理需求。

第四，"放管服"改革效能评价契合当前国家治理的有效性需求。现在一些政府部门在开展工作时高度重视程序的合法性、正当性，注重工作开展的步骤、环节和程序，而对工作结果和实际效果并不太在意，存在着不同程度的"唯过程主义"倾向。事实上，这种"重过程轻结果"的工作倾向，容易滋生形式主义的问题、助长"伪勤奋"的歪风，最终不利于政府工作真正地贯彻落实，带来治理缺乏有效性的问题。国家治理的有效性，一方面在于管理效率，要求管理机构合理、程序科学、活动灵活，同时最大限度地降低管理成本；另一方面在于管理效果，要求管理机构具备良好的为组织和个人提供好公共产品和公共服务的能力，确保行政行为落地见效、彰显价值。"放管服"改革坚持以转变政府职能、提高行政效率为核心，是对传统的低效无效、与现实需求不相适应的管理服务模式的调整。对"放管服"改革效能进行评价，其根本目的在于发现改革过程中存在的问题、寻求相应的对策加以解决，进而更加有效地推进"放管服"改革，持续释放"放管服"改革活力，实现国家有效治理。

总的来说，"效能改革"时代已然来临，"放管服"改革作为一项以理顺政府、市场和社会三者间关系为核心的重要改革举措，是当前政府治理的重头戏和

---

① 格罗弗·斯塔林.公共部门管理[M].北京：中国人民大学出版社，2011：136.
② 俞可平.治理与善治[M].北京：社会科学文献出版社，2000：10.

主战场。对"放管服"改革效能进行评价，无疑是解决政府"管得怎么样"问题的重中之重，契合国家治理的透明性、责任性、回应性和有效性的现实需求。

（二）"放管服"改革效能评价符合时代主题

当前我国正处于效能改革时代，在这样的时代背景下，核心问题在于聚焦政府改革。为此，全国各地各级政府部门以转变政府职能为核心，以提升政府效能为主题，把实现好为民办事作为根本出发点和落脚点，开展着一场关于政府效能的大变革，"放管服"改革正是其中之一。它以简政放权、放管结合、优化服务为核心，不仅极大地提高了行政人员的工作效率和能力，促进了我国政府效能的提升，而且还适应了我国的经济社会发展，推动了国家的长治久安。"放管服"改革效能是国家各级政府部门及其工作人员推进简政放权、放管结合和优化服务改革的有效性，对"放管服"改革效能展开评价是当前我国持续深化"放管服"改革的重要支撑，符合效能改革的时代主题。

第一，"放管服"改革效能评价符合当前政府行政改革的高效化目标。"放管服"改革强调简政放权，要求通过减少审批事项、简化审批流程等举措来实现政府成本降低、效率提高的目标。"放管服"改革效能评价，对于国家而言，有助于中央政府把握改革大局，全方位了解全国"放管服"改革的整体进展情况，明确区域改革差异，进而及时调整关于"放管服"改革的战略部署和顶层设计，作出更加科学合理、切合现实发展的规划，为持续推进"放管服"改革提供理论性支持；对于地方政府而言，有助于地方政府清楚地知晓其"放管服"改革的实际情况，了解自身改革的优势与不足，进而及时地提出相应的解决办法和改进方案，实现"以评促改"，更好地发挥"放管服"改革效能，为持续推进"放管服"改革提供实践性支持。"放管服"改革效能评价能够帮助各级政府快速掌握改革情况，并及时进行相应的调整，为"放管服"改革向纵深推进指明了方向，非常契合政府行政改革的高效化目标。

第二,"放管服"改革效能评价符合当前政府行政改革的法治化要求。"放管服"改革强调放管结合,要求政府在下放权力的同时加强对市场主体的监管,创新监管方式,这个过程需要采用一定的"法治"方式来推动,是坚持依法治国、依法行政战略的重要体现。并且,"放管服"改革效能评价,是在依据国家发布的有关"放管服"改革指示、文件要求的基础上,通过构建一套较为科学合理的评价指标体系展开的,其中就涉及对行政组织按章办事的法治理念的测评,这不仅在一定程度上客观公正地评判了全国各地、各级政府的实际改革情况,而且还进一步推动了"放管服"改革从任意、无法律约束的状态向有法可依、有章可循的状态转变,推进了"放管服"改革的长效持续深入。"放管服"改革效能评价,有利于实现对"放管服"改革情况的精准把握,保障社会的公平正义,契合政府行政改革的法治化要求。

第三,"放管服"改革效能评价符合当前政府行政改革的服务化趋势。"放管服"改革强调优化服务,要求政府机关及其工作人员为社会、市场和群众提供服务,强化服务意识,创新服务方式,打造人民满意的服务型政府。"放管服"改革效能评价,对于国家而言,有利于进一步推进国家治理体系和治理能力的现代化,激发市场活力和社会创造力,促进我国经济和社会发展;对于政府而言,有利于各级政府更好地了解其在提供政务服务过程中存在的问题与不足,为进一步优化政务服务提供指南;对于人民群众而言,有利于保障人民群众对于目前我国"放管服"改革情况的知情权,推动"放管服"改革更好地满足人民群众对美好生活的需求,进一步提升人民群众的满意度和幸福感。"放管服"改革效能评价,有助于满足推进国家发展、提升政府能力、满足人民群众期盼的需求,契合政府行政改革的服务化趋势。

第四,"放管服"改革效能评价符合当前政府行政改革的数字化导向。伴随着信息技术的迅速发展,数字中国、数字政府建设应运而生。作为一场深刻的自我革命,"放管服"改革实现了与数字政府建设的初步融合,彰显了正确运用数字技术的重要价值与成效。在当前"放管服"改革取得了阶段性成果的基础上,"放管服"改革效能评价,围绕效能评价的关键性变量来设计评价量表、构建评价指标体系，以便于进一步明确"放管服"改革在实践层面的不足及制约因素，更好地推进"放管服"改革与数字化转型的结合。"放管服"改革效能评价，为数字政府建设背景下"放管服"改革的持续深化提供了重要经验和依据，契合政府行政改革的数字化导向。

总而言之，"放管服"改革是一场以效能变革促进政府管理质量变革的改革，是提高政府行政效能、实现政府治理能力现代化的过程。"放管服"改革效能评价，通过系统全面的测评能够清楚地了解到改革的具体进展情况，及时发现并解决问题，推进改革持续深化，这非常符合政府行政改革的高效化目标、法治化要求、服务化趋势和数字化导向，展现了当今效能改革时代聚焦政府改革的时代主题。

三、现实审视：促进高质量发展的客观要求

"高质量发展"一词最早是习近平总书记在中国共产党第十九次全国代表大会上提出来的，自此之后就广泛出现在公众视野中。作为一项系统化、协同化的行政体制改革，"放管服"改革在促进高质量发展中发挥着巨大的作用，同时高质量发展要求必须进一步深入推进"放管服"改革。因此，评价"放管服"改革效能显然成为促进高质量发展的客观要求。

（一）"放管服"改革促进高质量发展

2017年10月，习近平总书记在党的十九大会议上，对我国经济发展状态以及形成的阶段性变化作出关键性判断，即"我国正处于转变发展方式、优化经济结构、转换增长动力的攻关期，经济已由高速增长阶段转向高质量发展阶段"，在未来发展中，"必须坚持质量第一、效益优先，以供给侧结构性改革为主线，推动经济发展质量变革、效率变革、动力变革"，"激发全社会创造力和发展活力，努力实现更高质量、更有效率、更加公平、更可持

续的发展"，来满足人民日益增长的美好生活需要①。简单来说，高质量发展就是以创新为第一动力、以协调为内生特点、以绿色为普遍形态、以开放为必由之路、以共享为根本目标的发展②。作为供给侧结构性改革的重要内容之一，"放管服" 改革与转方式、调结构、换动力的时代背景相适应，对于推动高质量发展具有重要的意义。总的来说，"放管服" 改革促进高质量发展具体表现在以下三个方面。

第一，"放管服" 改革推动了社会经济的高质量发展。改革开放初期百废待兴，推动社会经济高速度发展成为党和政府的重要任务，并且政府会在经济活动中进行较多的监管和规制，也带来了市场主体面临烦琐的审批程序、高昂的时间成本等问题。"放管服" 改革通过重新塑造政府、市场和社会之间的关系，将政府自己手中的权力重新交还给市场主体，减少对其的限制和干预，例如取消一些不必要的审批环节、简化审批手续、提高审批效率等。市场主体拥有了更多的自主权，能够更好地利用自身条件去投资经营、参与市场活动，灵活地应对市场需求的变化，而且还可以更加便利地进行自主创新，提高自身的核心竞争力。显而易见，"放管服" 改革不仅发展壮大了市场主体，大大激发了市场活力和社会创造力，还充分发挥了市场配置资源的决定性作用，优化了我国的经济结构，带动了整个经济社会的发展。

第二，"放管服" 改革推动了政府改革的高质量发展。早期政府改革主要聚焦于调整政府机构、完善管理方式等方面，而且还存在着改革效果欠佳、改革效率较低、改革成本较高等问题。在 "放管服" 改革的推动下，政府的工作重点从原先的审批为主转向事后监管为主，这在较大程度上避免了政府过于重视审批、轻视监管的现象，改善了监管不足时政府职能越位、错位、缺位等状况；此外，政府能够更加专注于提供人民满意的公共服务和公共安

---

① 习近平.决胜全面建成小康社会 夺取新时代中国特色社会主义伟大胜利[N].人民日报，2017-10-28(1).
② 人民日报评论员.以推动高质量发展为主题——论学习贯彻党的十九届五中全会精神[J].发展，2020(Z1)：1.

全保障，提高自身管理能力、管理效率，推进管理理念、管理手段创新，这一定程度上提高了政府服务社会的水平，推动国家治理体系和治理能力现代化，打造出一个廉洁、高效的服务型政府，增强政府的公信力和人民群众的幸福感。显而易见，"放管服"改革，大大提升了政府治理效能，培育了良好的社会发展环境，促进了政府改革的高质量发展。

第三，"放管服"改革推动了制度体系的高质量发展。早期制度体系构建追求完整规范，但缺乏系统性、深入性，存在着制度缺失、结构失调、分散化、碎片化等问题。当前"放管服"改革强调加强监管体系构建、创新监管方式，要求把政府的行政行为关进"制度的笼子"里，对制度建设给予了高度的重视。当前在推进政府有效治理的过程中，就需要加快建立符合要求的绩效评价、政绩考核等制度体系，创建和完善制度环境。为此，"放管服"改革着力推进党中央领导体系和政府治理体系的有效运行，破除了原先的体制机制弊端，进而构建出了一套科学、规范、有效的制度体系标准。显而易见，"放管服"改革是制度体系构建的有力保障，它确保了制度体系构建的标准化、规范化，极大地促进了制度体系的高质量发展。

总结而言，"放管服"改革是一场遵循发展旋律、顺应时代主题的刀刃向内的自我革命，行政机关及其行政人员通过简政放权、放管结合、优化服务等关键性改革举措，削权、割肉，明确政府、市场、社会之间的界限，推动政府"瘦身""强体"，解决根植于行政体制、机制内部的结构性障碍，减少政府对微观经济事务的直接干预，引导其将注意力转移到监管和服务上来，激发市场活力，充分发挥市场在资源配置中的决定性作用和更好地发挥政府作用，促进行政要素、市场要素和社会要素的充分涌流，实现"有为政府""有效市场""有序社会"的协同配合，为市场松绑、为群众解忧，打造高质、高效、公平、可持续的发展结构，为高质量发展助力开路，推动了社会主义市场经济的跨越式发展。

（二）高质量发展要求深化"放管服"改革

"高质量发展"最先应用于经济领域，表明我国经济发展由高速增长阶段转向高质量发展阶段，后来开始慢慢地向各领域扩展延伸。习近平总书记也曾强调过经济、生态、教育等各个领域都要贯彻落实高质量发展的要求，着力推动我国高质量发展走深、走实。在社会主义现代化建设的新时代，推动高质量发展成为我国发展的当务之急，但同时这也是一个长期持续的过程，需要全社会的共同努力才能实现。其中，政府需要更好地发挥自身作用，提高政府管理的质量和效益，因此接下来"放管服"改革还需突出重点、不断深化。

第一，围绕培育高质量增长点进一步简政放权。要想推动高质量发展，必须找准发力点、培育高质量发展的新增长点。因此，在推进"放管服"改革持续深化的过程中需要注意落实这一要求。例如，要进一步提高企业开办的审批效率；继续投资项目审批改革，并秉持"应减尽减"的理念，取消不必要的审批事项，提高需要保留的审批事项的办理效率。再如，要进一步把政府手中的权力重新交还给市场或企业，给予它们更多的自主权，同时也要结合新一轮机构改革加大对相关政策是否符合公平竞争的审查力度，严厉打击一些部门、地区或行业为了自身利益而排斥限制竞争的不正当行为。

第二，围绕优化市场秩序进一步增强监管督查。监管是市场秩序平稳运行的有力保障，如果缺少监管，政府权力下放极容易出现乱放、乱收等恶劣局面，违背了"放管服"改革简政放权的初衷。为了避免这种现象的发生，政府在简政放权的同时需要创新监管理念和方式，构建一套科学合理、运行有效的监管体系，明确各监管主体的权责边界；需要推进职能部门独立监管向跨部门综合监管转变，以共享监管信息、提高监管效率，并且利用信息化手段将监管信息公开，让人民群众成为政府的直接监管者。此外，在监管的基础上，还要加强督查并有针对性地实行不同的奖惩措施，成效明显的要给予表扬和奖励，出现推诿扯皮的要进行警告或惩戒，存在严重失责的绝不姑息、严肃处理，为市场秩序的优化提供有力保障，促进经济社会持续健康发展。

第三，围绕提高服务质量进一步改进公共服务。随着社会的发展，我国的主要矛盾已然发生改变，各级政府要顺应人民群众对美好生活的需求，着眼于提高公共服务的质量，完善基本公共服务体系，为群众提供方便可及的公共服务；政府工作人员要具备良好的服务意识、专业的职业素养和技能水平，做到全心全意为人民服务，同时政府还要定期对工作人员开展考核工作，使公共服务更加符合标准化、规范化的要求。此外，各级政府还需要擅长利用现代信息技术手段，建设"数字政府"，通过整合多方资源以尽可能减轻企业、群众的办事负担，提高服务效率和水平，打造出一个服务型政府，为高质量发展开创新的局面。

第四，深化"放管服"改革的负面清单、权力清单和责任清单。为了保障市场主体各项活动有序进行、有法可依、有法为据，探索行之有效的负面清单模式迫在眉睫。当前正紧锣密鼓地制定与之相关的制度，但与此同时，为了和负面清单相适应，还需要抓紧探索和制定权力清单和责任清单，这三者之间相互关联，具有同样重要的地位，并且三种清单同时实施、切实用好用足，才能使市场主体真正做到法定职责必须为、法无授权不可为，进而推进"放管服"改革法治化的持续深入，助力高质量发展。

除此之外，还需要注意及时对"放管服"改革效果进行梳理和评估，了解"放管服"改革最新的进展情况，全面总结"放管服"改革经验，找准突出矛盾和问题，以便进一步持续深化"放管服"改革，助力高质量发展。以东北地区为例，尽管近些年东北地区积极贯彻落实党中央、国务院关于"放管服"改革的战略部署，进行了积极的地方探索实践，并取得了一定的成效，但是通过改革效能评价数据不难发现，东北地区与长三角、粤港澳地区甚至一些中部地区相比，仍然存在着不小的差距，具有较大的改进空间。围绕地级市政府的"放管服"改革工作开展阶段性评价，能够帮助、引导地级市政府全面、系统地审视改革实践，明确其在改革中具备的优势和存在的问题，从而有的放矢地补齐短板、强化弱项。由此可见，在以评促建、以评促改的价值引领下，评价"放管服"改革成为促进高质量发展的客观要求。

四、理论反思：公共管理学界的热点方向

作为我国全面深化改革的一项探索，"放管服"改革无疑具有重要的实践意义和时代价值，由此也吸引了学者的广泛关注。对"放管服"改革展开相关的研究，可以满足概念辨析的理论诉求、深化"放管服"改革的理论研究、突破改革评价研究的理论局限，将仍然是我国今后一段时间内公共管理学界的热点方向。

（一）满足概念辨析的理论诉求

长期以来，政府改革问题作为公共管理研究领域的焦点话题，在学术界中广受推崇与青睐，更有一批学者从政府绩效的视角切入，围绕"如何评价政府改革"这一问题展开了深入的探讨，但却鲜有政府改革效能评价的相关研究成果。对此，有研究表明，学者们普遍认为"政府绩效"和"政府效能"这两个概念之间存在较大的交集，未对两者进行明确的区分，以致相关研究中经常出现概念混用的情况，让政府效能的大量研究成果落到了政府绩效板块[1]。

追本溯源，回归概念本质，本书认为政府绩效和政府效能是两个有交叉但不完全相同的概念，两者之间存在着一定的区别。首先，"绩效"一词最早应用在投资项目管理，后被广泛应用于企业管理领域。一般认为，绩效是一个具有丰富内涵的多维构念，包括"3E"：经济性（Economy）、效率性（Efficiency）和效果性（Effectiveness），但也有学者认为绩效还包括公平性（Equity），即称为"4E"[2]。然而，"效能"作为一个更为中国化或本土化

---

[1] 方茜，贺昌政.基于激励视角的政府效能提升路径研究——以基本公共服务为例[J].软科学，2013(2)：24-27.
[2] 吴建南，马亮，杨宇谦.比较视角下的效能建设：绩效改进、创新与服务型政府[J].中国行政管理，2011(3)：35-40.

的概念，由以毛泽东同志为核心的党的第一代中央领导集体最早提出，学术界解释该概念主要包括以下三个角度：一是语义学角度，"效能"一词被看作是"效"与"能"的结合，进而理解为功效和能力；二是管理学角度，学者们借用组织效能的一些理论，例如理性目标理论、系统—资源理论、多元利益相关者理论、矛盾理论等对效能的内涵进行界定；三是政治学角度，学者主张从政治效能感出发来理解效能，认为效能有内外之分。其次，绩效是想要的结果以及实现这些结果的良好过程，《绩效指标词典》中就谈到"绩效就是我们想要的东西，也可以说是结果"[①]；而效能反映的是系统的整体情况，包括结果、资源摄入能力、影响等系统的内容。再次，绩效一般指政府管理活动的结果、效率和效益，是对政府某一方面行为及结果的评定，一般是显性的行为和可观察的结果；而效能强调的是政府管理能力和效益，不仅包括能观察到的具体行为表现，还包括一些潜在的行政行为[②]。最后，"绩效"常常与"结果"相对应，是一种事实和表现；而"效能"更多的是与"影响"相对应，是一种作用和意义。

总而言之，绩效是指业绩和效果，侧重于对行政表现与事实的测量，与之相比，效能更强调对政府整体运行状态的系统性考察，其衡量范围更为广阔。所以，与政府绩效相比，政府效能能够更加全面测评政府整体运行状况和能力，但两者并非完全对立，反而存在紧密联系，例如政府绩效评价指标可以为政府效能评价提供一些参考。另外，近些年，"效能"一词在一系列政府工作报告、政策文件中经常提及，由此，考虑到效能思想在治国理政理论与实践中的广泛应用，以及政府效能与政府绩效之间存在的本质性差异，本书认为从效能评价的新视角来研究政府改革问题可谓是恰逢其时。

---

① 水藏玺，唐晓斌，冉斌.绩效指标词典[M].北京：中国经济出版社，2005：7.
② 郭燕芬，柏维春.政府效能的概念界定、辨析与发展[J].广西社会科学，2017(8)：133-137.

（二）深化"放管服"改革的理论研究

伴随着"放管服"改革在全国范围内的持续性推进，"放管服"改革问题也引发学界研究者们的广泛讨论，关于"放管服"改革的研究成果数量明显增加，且从目前态势来看，其关注度和热度仍在持续加速增长。纵观既有研究成果发现，现有研究主要集中在以下方面：

一是关于"放管服"改革理论内涵的研究。大部分学者将"放管服"改革界定为"简政放权、放管结合、优化服务"，再逐个解释具体内容，然而这缺乏较为系统的理论界定。不过，也有学者尝试从不同视角对其进行阐释。例如，吴江从行政学视角认为，"放"是"放管服"改革理念的核心要素，"管"是政府的管理要逐步转型、适应社会发展需要，而"服"是"放"与"管"更加深入以后的管理理念[1]；孙天承从法治化视角指出，"放管服"是政府协调市场运行与发展的一种综合性职责[2]；高小平等人基于战略绩效管理视角，构建了"战略—结构—绩效"范式分析改革的理论内涵[3]。

二是关于"放管服"改革内在逻辑的研究。大部分学者通过解释"放""管""服"三者之间的关系来研究改革的内在逻辑，例如，张新宁等人认为"放管服"改革是社会主义市场经济体制的一场深刻变革，其中简政放权、放管结合是手段，优化服务是目标[4]；同样，刘冬冬和闫晓丹结合高等教育领域"放管服"改革谈到，"放"是前提，"管"是基础，"服"是目的，三者是"三位一体""层层递进"的辩证统一关系[5]。然而，李水金和

---

① 吴江."放管服"改革助推服务型政府建设[J].人民论坛，2019(7)：56-57.

② 孙天承.政府协调市场运行与发展职责的法治化路径[J].法学，2017(3)：16-23.

③ 高小平，陈新明.政府绩效管理视角下深化"放管服"改革研究[J].理论与改革，2019(2)：51-60.

④ 张新宁，杨承训."放管服"：政府在社会主义市场经济中的科学定位——改革开放40年的一项重要理论成果[J].学习论坛，2018(10)：14-19.

⑤ 刘冬冬，闫晓丹.高等教育"放管服"改革：内涵逻辑、困境分析及消解路径[J].重庆高教研究，2017(6)：20-27.

赵新峰却认为我国政府"放管服"改革体现了制度主义、工具主义和实验主义三种演进逻辑[①]。

三是关于"放管服"改革动力机制的研究。大部分学者都认为"放管服"改革得以持续是内外多种因素相互作用、相互影响的结果，例如蒋硕亮和徐龙顺认为"放管服"改革意识和"自我革命"精神、利益目标导向驱动力构成内源动力，社会、市场源动力和科技进步的支撑构成外源动力，内外动力共同推动了"放管服"改革[②]；陈水生还更加具体地将"放管服"改革的动力机制解释为"三位一体"，即国家治理体系与治理能力现代化的顶层驱动力、政府权力调整与政府职能科学转变的内部驱动力、适应市场经济发展要求与满足民众美好生活追求的外部驱动力[③]。

四是关于"放管服"改革现实困境的研究。多数研究都包含了这一议题，其中大部分为规范性研究，主观研判"放管服"改革存在的问题。例如，张定安认为，"放管服"改革存在谋划不系统、部门不协同、改革不深入和政策不落地等问题[④]；解安和杨峰指出，"放管服"改革的主要问题是政府职能转变未到位、欠缺有效监管、政务服务薄弱[⑤]；刘潇阳和魏楠还提出了当前地方政府"放管服"改革面临"信息孤岛"问题[⑥]。目前基于经验数据的实证分析较为少见，秦长江根据河南省的调研数据及其他相关资料，认为"放管服"改革存在的问题主要表现为简政放权不到位、监管"短板"问题仍较突出、

① 李水金，赵新峰."放管服"改革的演进逻辑及未来趋势 [J].中国行政管理，2019(4)：15-17.
② 蒋硕亮，徐龙顺.优化营商环境视域下"放管服"改革的运行机制研究 [J].云南行政学院学报，2021(3)：127-139.
③ 陈水生.国家治理现代化视角下的"放管服"改革：动力机制、运作逻辑与未来展望 [J].政治学研究，2020(4)：72-81.
④ 张定安.关于深化"放管服"改革工作的几点思考 [J].行政管理改革，2016(7)：33-38.
⑤ 解安，杨峰."放、管、服"改革的经验启示及路径优化 [J].中国行政管理，2018(5)：158-159.
⑥ 刘潇阳，魏楠.地方政府"放管服"改革提升路径研究——基于整体性治理视角 [J].领导科学，2018(32)：25-27.

优化服务仍需持续提升，并进一步探讨了问题产生的原因[①]。

五是关于"放管服"改革未来方向的研究。很多学者对于"放管服"改革未来的发展给予了深切的厚望，例如，沈荣华强调"放管服"改革要突出重点、攻克难点，在持续简政放权、完善清单管理、强化市场监督、优化政府服务等重要领域和环节取得更大突破[②]；王湘军认为"放管服"改革要从碎片化转向整体化、纵深化，同时解决全面深入推进基础性、全局性、战略性的深层次问题[③]。再如，李水金和赵新峰结合社会发展趋势谈到，"放管服"改革未来会推动政府向智慧型、廉洁透明型、法治型、责任型、合作共治型、预防型、服务型和创新型的政府转变。

由此可见，对于"放管服"改革的理论研究，学术界取得了较为丰富的研究成果，但是也存在着一些不足之处。从研究内容来看，当前学术界的研究视角非常广阔，围绕"放管服"改革的理论内涵、逻辑理路、动力机制、现实困境以及未来方向等问题展开了多方讨论，但总体上呈现出碎片化、表象化的特征，缺乏系统深入的理论分析，此外，尽管现有部分研究关注到了"放管服"改革效能评价问题，但更多的是采用"以理说理"的方式，并未客观构建改革效能的评价指标体系并对其进行实证检验，未来有待进一步深入；从研究方法来看，目前学术界的研究成果多以定性研究为主，尤其是从政治学、行政学的研究路径展开，而量化研究成果相对缺乏，未来不妨采用定性和定量研究相结合的混合研究方法；从研究领域来看，当前学术界主要涉及政府管理、教育等领域的"放管服"改革研究，但像税收领域的相关研究成果较为稀少，缺乏翔实的案例梳理及实证分析，未来相关的理论研究有待探索。另外，"放管服"改革有力地证明了我国政府改革自改革开放以来不断

① 秦长江."放管服"改革中存在的问题及其对策——基于河南的调研与思考[J].中州学刊，2019(3)：1-7.
② 沈荣华.十八大以来我国"放管服"改革的成效、特点与走向[J].行政管理改革，2017(9)：10-14.
③ 王湘军.国家治理现代化视域下"放管服"改革研究——基于5省区6地的实地调研[J].行政法学研究，2018(4)：106-115.

地深入推进，也切实地展示了其对于新时代推进国家治理现代化的重要作用。因此，对这一改革实践开展科学的理论研究意义重大。简单来说，随着我国"放管服"改革实践不断向纵深推进，理应也需要进一步深入"放管服"改革的理论研究。

（三）突破改革评价研究的理论局限

"放管服"改革是我国政府部门当前乃至今后一段时间内的重点工作任务，虽然相关的研究成果已经较为丰硕，但是关于"放管服"改革效能评价的研究成果却占比极小。通过梳理相关文献发现，相关研究主要围绕以下三方面内容展开。

一是关于"为何评价"的研究。王丛虎认为考核评价是"放管服"改革落实到基层的重要抓手和重点环节，尤其是人民群众的评价，才能够检验改革是否落到实处、改革是否深入到了基层、改革是否真正发挥了作用[1]。同样，王琛伟也强调，如何客观评价"放管服"改革成效是当前需要深入研究的重要问题，不仅能够帮助改革主体及时发现改革中存在的问题，进一步优化改革路径，达到以评促改的目的，而且便于总结提炼改革经验做法，为其他地区开展类似改革提供参考[2]。

二是关于"评价什么"的研究。汪玉凯结合中国行政体制改革研究会课题组的调查进行分析，进而从改革的成效、针对性、配套措施满意度三个方面对"放管服"改革做出总体性评价[3]。邓悦等人基于 2018 年中国企业—劳动力匹配调查（CESS）的微观数据，分别从简政放权、放管结合和优化服务三个方面实证检验"放管服"改革对企业经营绩效的影响，并将评估指标确

① 王丛虎.考核评价是"放管服"落实到基层的重要抓手[J].国家治理，2019(48)：33-34.

② 王琛伟.我国"放管服"改革成效评估体系的构建[J].改革，2019(4)：48-59.

③ 汪玉凯.放管服改革如何深化——社会各界对简政放权、放管结合、优化服务的评价[J].中国党政干部论坛，2017(9)：47-50.

定为行政审批成本是否减少、政府部门监督抽查活动是否减少和行政审批在线办理比例[1]。再如，王琛伟参照世界银行的营商环境评价指标体系，将企业实际收益、政府推动改革的工作效率、推动区域发展的实际效果、营商环境基础制度体系作为"放管服"改革的评价指标，建立了用事实、数据客观评估改革成效的分析方法，这对于国内"放管服"改革成效评估研究具有开创性意义。

三是关于"如何评价"的研究。当前，学者们主要采用问卷调查、案例分析、主观判断分析等方式展开研究。例如，中国行政体制改革研究会课题组为了了解对于"放管服"改革的评价意见，向党政干部、企事业单位人员以及普通民众开展问卷调查；侯志阳将两个乡镇作为个案，开展实地调研，以便了解"放管服"改革背景下乡镇政府公共服务的履职情况[2]；丁邡等人基于政府工作报告、政策文本等二手数据资料，认为"放管服"改革在精简行政审批、优化营商环境、改革商事制度、激发创新创业和改善公共服务等方面成效显著[3]。

由此可见，当前"放管服"改革效能评价研究仍处于起步阶段，运用科学化、系统化评估方法对"放管服"改革展开实际测评的研究较为少见，更多的是传统的规范性研究，用相关报告、政策等作为基础对"放管服"改革进展作出主观判断，不具备充足的说服力。并且，屈指可数的评价类研究也更倾向于选择从营商环境优化的角度来透视"放管服"改革进展，但"放管服"改革与营商环境优化的理论内核并非完全等同，我们认为，该做法在一定程度上混淆了"放管服"改革和营商环境优化的内涵与外延，有待商榷。此外，评价研究是对"放管服"改革的全方位透视，并非是一蹴而就的，需要以前期大量的学术成果作为积淀，是此议题发展到一定阶段的产物。自 2015 年形

① 邓悦，郑汉林，郅若平."放管服"改革对企业经营绩效的影响——来自中国企业—劳动力匹配调查 (CEES) 的经验证据 [J].改革，2019(8)：128-139.
② 侯志阳.强化中的弱势："放管服"改革背景下乡镇政府公共服务履职的个案考察 [J].中国行政管理，2019(5)：46-51.
③ 丁邡，逄金辉，乔靖媛.我国"放管服"改革成效评估与展望 [J].宏观经济管理，2019(6)：25-29.

成"放""管""服"改革三管齐下的新局面以来，学界从理论和实践的多重角度对"放管服"改革形成了深刻认知，围绕此议题形成了较为深厚的学术积淀，由此可见，现阶段开展"放管服"改革评价研究可谓正当其时。

综上所述，当前"放管服"改革取得的成效还是初步的、阶段性的，与高质量发展要求和人民群众的期盼相比依旧存在着较大差距。2022年，习近平总书记在党的二十大报告中明确提出"要加快构建以国内大循环为主体、国内国际双循环相互促进的新发展格局"[①]。然而，目前我国发展面临的环境复杂严峻，机遇与挑战并存。从内部环境来看，国内经济下行压力持续加大、新旧动能转换仍在进行，必须深化改革来推动发展、依靠创新驱动培育壮大新动能，"放管服"改革以转变政府职能为核心，着力激发市场主体的积极性和创造性，推进全国统一大市场的建立，这为保持经济平稳增长提供了动力支撑、为高质量发展提供了有效激励；从外部环境来看，国际竞争日趋激烈、世界格局发生深刻变化，必须提高我国的核心竞争力、形成国际竞争优势，"放管服"改革致力于打造市场化法治化国际化的营商环境，强调营造创新环境、增强创新驱动力，这为提升国际竞争优势提供了良好条件[②]。因此，为了应对国际国内环境变化、实现好国内国际双循环，必须靠改革促发展、向改革要动力，持续深化"放管服"改革的紧迫性和必要性自然不言而喻。另外，在工具理性与价值理性、现实需求与理论需求的指引和驱动下，"放管服"改革效能评价研究不仅顺应了政府改革的发展趋势，能够有效解决政府改革不到位的问题，为高质量发展开路，而且契合了当下学术研究的热点与方向，正是势在必行、恰逢其时。

---

① 高举中国特色社会主义伟大旗帜　为全面建设社会主义现代化国家而团结奋斗 [N].人民日报，2022-10-17(2).
② 沈荣华.推进"放管服"改革：内涵、作用和走向 [J].中国行政管理，2019(7)：15-18.

第二章 ≫≫≫≫
改革开放以来东北地区政府改革历程

　　改革开放之后，东北地区经济开始向社会主义市场经济转变，在国有企业管理制度改革、经济发展方式转变和营商环境改善的过程中，东北地区的地方政府职能也随之进行转型，依据其不同时期的主要特征，可以划分成三个阶段：第一阶段是国有企业改革背景下的政府管理体制理顺时期，时间从1978年改革开放到21世纪初，东北地区的地方政府主要围绕国企现代管理经营体制建设、政府对国有企业监管方式变化和下岗职工再就业安置体系等，逐步理顺政府管理体制；第二阶段是产业结构升级背景下的地方政府职能转型时期，时间从21世纪初国家实施东北老工业基地振兴战略到党的十八大召开，东北地区的地方政府围绕东北振兴战略，把握产业升级的历史机遇，积极推动政企社分离与经济职能转型、市场体制完善与行政审批改革、产业布局调整与发展战略升级等，在发展中实现职能的转型；第三阶段是政府深化"放管服"改革时期，时间大约是从党的十八大之后国家提出新一轮东北振兴战略至今，东北地区的地方政府针对"东北现象"，积极优化营商环境，提供优质公共服务，不断深化"放管服"改革，积极培育新兴产业，激发创新动力，推动东北地区新一轮振兴发展。

一、国有企业改革背景下东北地区政府管理体制理顺

从 1978 年改革开放到 21 世纪初，我国国有企业改革的主要内容是"要让地方和企业有更多的经营管理自主权"。1984 年党的十二届三中全会要求"使企业真正成为相对独立的经济实体"，我国国企改革向着政企分开、所有权与经营权相分离的方向发展。东北地区国有企业在改革中面临着管理体制落后、改革进程缓慢和下岗职工安置压力较大等现实困境。

第一，东北地区国有企业管理体制较为落后。一是企业经营机制不灵活。东北地区的国有企业存在着管理僵化、效率低下的问题。企业并不是自主经营、自负盈亏的独立的生产者和经营者；企业的生产经营计划和销售等都由政府直接安排和管理，缺乏自主权；企业和员工生产积极性不高，造成经营不灵活、负债率较高等问题[1]。二是企业内部的组织结构不合理。部门职责重叠、缺失或划分不清，存在推诿扯皮现象；内部管理层次过多，人员管理复杂，没有明确的考核、选拔、晋升标准；缺乏有效的沟通协调机制，信息传递不畅，企业决策不合理、不担责等现象时有发生，导致决策水平不高。

第二，东北地区国有企业改革进程缓慢。混合所有制改革是国企改革的方向，但多种原因导致改革动力不足。一是当地国有企业缺乏混合所有制改革经验，在改革中出现了"市场不适应"状况，生产效益出现下滑，困难企业、破产企业数量不断增多[2]。国有企业面临着深层次的国有资本特有职能和社会普通资本之间的矛盾[3]，在改革中担心国有资产流失。非公有制资本缺少有利的制度环境和政策支持，参与市场竞争的积极性不高。二是当地政府的监管机制落后。东北地区的地方政府对国有企业的投资、生产、经营等各个环节

---

① 侯仰德.再创辉煌之路老工业基地国有企业"三改一加强"研究[M].北京：新华出版社，1997：1-2.

② 李介车.搞好国有企业改革和发展 大力振兴东北老工业基地[J].新长征，2000(1)：4-6.

③ 陈淮.老工业基地国企改革的基本思路与政策建议[J].红旗文稿，1999(20)：6-8.

都按照原有计划经济时期的方式进行监督和审批，国有企业的生产和经营活动都需要向政府提交申请，经过政府审批后才能进行，企业的运行效率低下；当地政府在财务管理方面缺乏公开性、透明性，腐败现象时有发生；政府在监管中时常存在的乱收费现象，影响了市场秩序①。政府的监管体制不足以适应经济改革的需求，制约着东北地区国有企业改革进程。

第三，国企下岗员工问题较为突出。一是国企下岗员工数量较多。以锦州市凌河区为例，1995年，城区的129家国有企业共9.7万职工，约1.5万人处于有厂无业、有职无岗状态；有3万余人时断时续上班，处于半离岗半放假状态②。二是下岗员工再就业、创业技能不足。由于长期身处计划体制内，一些下岗员工在原单位的工作技能单一，这种技能可能不适应市场需求，导致再就业困难；也有一些下岗员工没有创业经验，对于创业的流程、风险等方面缺乏了解，导致创业成功率较低；还有一些下岗员工对于市场竞争的意识比较淡薄，对市场需求把握不准，在再就业和创业中难以把握市场机会。三是下岗员工社会保障体系不够完善。社会保障的覆盖面较窄，导致一些企业和职工无法享受到应有的保障待遇。随着下岗失业职工大量涌现，原有以用人单位为依托的社会保障模式呈现出较大的不适应性。社会保障筹资渠道不畅，缴费激励机制没有形成，造成社会保障资金亏缺较高，保障能力不足③。

由于长期受计划经济影响，经济运营模式固化，对市场经济不适应，改革转轨难度较大，东北地区如果国企要改革、经济要振兴，需要当地政府积极采取措施，以体制革新破局立新。

（一）推动国企现代管理经营体制建设

东北地区的地方政府在东北国有企业改革过程中坚持以现代管理经营体

---

① 刘伟东. 中国经济发展的东北难题 [J]. 市场经济导报，1999(4)：37-38.
② 侯仰德. 再创辉煌之路老工业基地国有企业"三改一加强"研究 [M]. 北京：新华出版社，1997：336-337.
③ 宋宝安. 东北实现现代化必须先期解决社会保障问题 [J]. 经济纵横，2001(10)：55-59.

制建设为方向，以承包管理为突破口，让企业自负盈亏、自主经营，不再直接干预企业的经营生产活动，提高企业的生产积极性，同时不断推动国企现代管理体制建设，增强国企自身发展实力。

一是探索承包式管理，让企业自负盈亏。东北地区的地方政府在当地国有企业管理方面适当放权探索承包式管理，赋予国有企业更多的自主经营权，让企业能够根据市场需求和自身条件进行自主决策。相关部门建立较为完善的绩效考核体系，对国有企业的经营绩效进行科学、公正、客观的评价，以引导企业提高经营效益，增强企业和员工的生产积极性。同时，当地政府对当地的国有企业进行分类改革，对于优质企业，加强内部管理、提高效率，给予更多的自主经营权；对于劣质企业，进行重组、改组或淘汰；对于中间型企业，加强技术升级和流程优化，提高竞争力。例如 1997 年，辽宁省有序推进市场中的竞争性企业的兼并重组，放开放活国有小企业，对省地方预算内多家国有小型企业采取委托管理、独立经营等措施[1]，尊重市场规则，给予企业较大的经营自主权，让企业在日常运作中自己做主、自行安排，只要符合法律规范，能够提高企业经济效益，都由企业董事会、股东会自行决定。企业运营收益除缴税外由企业支配，实现了企业民事权利和行为能力的统一，使企业真正成为能够自负盈亏的法人实体。承包式改革让企业经营机制更加灵活，提高了企业的运行效率和经营效益，为国企现代管理经营体制在东北地区的建设推广积累了经验。

二是推行现代企业制度，完善国有企业的组织机构。东北地区的地方政府积极引导国有企业建立科学合理的组织架构，明确各职能部门的职责和权责，完善工作流程及操作规范，避免重复劳动和人为疏漏，降低运营成本。在企业内部建立完善的财务制度，加强财务管理和风险控制，确保企业的财务状况透明、合法、合规。在企业决策方面，建立科学的决策机制，包括民主决策、科学决策、风险评估等内容，明确决策程序、责任追究机制和有效

---

[1] 辽宁年鉴编辑委员会.辽宁年鉴(1997)[M].北京：中国统计出版社，1997：84-85.

的信息沟通机制，提高决策的科学性和合法性。例如1998年，辽宁省对除了国有粮食储备、购销公司以外的其他国有粮食企业转换经营机制，加快建立现代企业制度。省政府引导企业在内部深化人事、用工、分配、考核等制度改革，严格定岗定员制度，明确各职能部门的职责，改善经营管理流程，努力降低费用。在财务方面，实行财务分账，附营业务设立单独法人，成为独立核算、自负盈亏的经济实体，促进财务管理的科学化和透明化。在决策方面，粮食行政管理部门与粮食企业在人、财、物等方面脱钩，不直接干预企业的经营、决策活动，企业事项由新成立的集团、公司管理层按照企业决策程序自行决定，使粮食企业真正进入市场，不断增强参与市场竞争的能力①。

东北地区的地方政府在推动经济转型发展的过程中结合地区实际不断加强国有企业的组织结构建设，推广建设更加现代化的国企经营管理体制，为当地的国企改革创新发展奠定了良好基础。

（二）促进国企混改与政府监管完善

东北地区的地方政府探索对国有企业的混合所有制改革，积极鼓励非公有制资本参与，共同推进国有企业改革，同时改善对国有企业的监管方式，完善国企改革过程中的制度建设，从而加快东北地区国有企业的改革进程。

一是积极开展招商引资，加快国企混改。东北地区的地方政府及时出台财政支持、税收优惠和金融扶持等政策，为国企混改提供有力的政策支持，吸引国内外优秀的战略投资者，学习其先进的理念、技术和管理经验，推动国有企业转型升级，提高国有企业竞争力。当地政府还通过政策引导、资金支持等方式，推动国有企业进行资产重组，淘汰落后产能，优化产业结构，提高企业核心竞争力和市场影响力。在混改过程中，当地政府还注意加强监管和风险控制，规范混改的程序和行为，防止国有资产流失和腐败问题的发

---

① 辽宁省人民政府.关于印发辽宁省深化粮食流通体制改革实施意见的通知[EB/OL].(1998-07-06)[2023-11-22].https://www.ln.gov.cn/web/zwgkx/zfwj/szfwj/27808E568A284A85AF675E0DDA807BFA/index.shtml.

生，确保混改的顺利进行。例如，1996 年吉林省优化开发区建设吸引外商投资，建立长春经济技术开发区等 4 个国家级开发区，实际利用外资达到 10 亿美元，比 1995 年增长 10.9%。吉林省政府还出台税收、财政优惠鼓励企业进行混合所有制改革，仅 1996 年省内就有 4 家国家级试点企业列入混改规划，30 家省级试点企业混改计划获批，并进入实施阶段①。同时对部分落后产能严格监管、严控风险，防范国有资产流失，按照市场方式改组退出，不断促进产业结构的优化调整。吉林省的招商引资、国企混改的工作逐步走向深入，促进了国有企业创新发展，为经济发展增添了新的活力，加快了当地国有企业改革的进程。

二是积极改善对国有企业的监管方式。东北地区的地方政府改变对国企原有严格监管的方式，转而加强国企内部董事会的建设，提高企业监事会和董事会的独立性和专业性，完善公司治理结构和内部监督机制，从而加强对企业经营管理层的监督和管理。在企业业务方面，相关部门采取财务审计、合规检查、监管公开等措施，确保监管过程公开透明、合法合规，防止腐败事件的发生。政府还持续规范行政执法行为，克服乱收费等不良现象，促进市场自由竞争。例如 1997 年，吉林省政府改革国有资产管理方式，完善内部监督机制，加强企业董事会建设和强化管理层的主体责任，探索管理与经营分开的有效途径②。同时，省政府建立吉林省国有资产管理委员会改善外部监督方式，重点抓好企业产权界定、资产评估、核实资本金等产权管理基础工作，重视财务审查、规范公开，有效改善对国有企业的监管方式。同年，吉林省工商局对具有收费、罚款职能的部门进行检查，对收费项目进行清理③，进一步规范收费管理，切实减轻企业负担，促进市场的良好运行。

---

① 吉林省人民政府办公厅，吉林省地方志编纂委员会 . 吉林年鉴 (1996)[M]. 长春：吉林年鉴出版社，1997：172-173.

② 吉林省人民政府办公厅，吉林省地方志编纂委员会 . 吉林年鉴 (1998)[M]. 长春：吉林年鉴出版社，1998：173-174.

③ 吉林省人民政府办公厅，吉林省地方志编纂委员会 . 吉林年鉴 (1998)[M]. 长春：吉林年鉴出版社，1998：168.

(三)健全下岗职工再就业安置体系

随着国企改革的不断进行,下岗职工数量也越来越多,日益扩大的保障需求与有限的保障资源形成了较大矛盾,对东北地区经济和社会发展构成严重影响。东北地区要持续推进国企改革、实现现代化,必须健全下岗职工再就业安置体系,解决社会保障问题。

一是积极提供政策引导。东北地区的地方政府通过给予雇主税收优惠、社保减免或其他财政补贴政策来激励企业或者个人增加对劳动力的需求,以提高雇主的用工意愿和劳动力市场的活跃度,增加更多的就业机会,帮助下岗职工重新就业。同时还鼓励各级企事业单位结合自身需求,积极吸纳国企下岗职工。例如,1998 年辽宁省发出通知,使接收安置国有下岗职工的企业,符合规定条件的,能够按财政部、国家税务总局《关于企业所得税若干优惠政策的通知》(财税字〔1994〕001 号)中的有关规定享受所得税减免优惠政策。同时,鼓励社区街道办事处、居民委员会安置下岗职工,经审核符合妥善安置下岗职工就业条件的居民委员会,按安置人数,年末每人奖励 500 元。辽宁省还积极鼓励各级工会、共青团、妇联、科协等群团组织和社会团体安置下岗职工重新就业,对取得显著成绩的,由政府财政给予适当的奖励[1]。政府政策的实施缓解了部分下岗职工再就业压力,促进了国有企业改革的稳定推进,推动了当地经济发展。

二是加强培训服务与创业扶持。东北地区的地方政府对于有创业意愿或者自主择业的下岗职工,积极提供政策支持,提供税收减免、财政补贴等,帮助他们实现创业就业。例如,2001 年辽宁省发布就业促进政策,对从事开发荒山荒地、荒滩和小流域综合治理的下岗职工、就业转失业人员,从有收入年度开始,3 年内免征农业税、农业特产税;对从事季节性临时经营活

---

① 辽宁省人民政府.关于安置国有企业下岗职工有关政策的通知 [EB/OL].(1998-10-04)[2023-11-22].https://www.ln.gov.cn/web/zwgkx/zfwj/szfwj/6F02B25F83AC42E9B59AA335B607716E/index.shtml.

动的，在临时营业期间免收市场管理费；从事书刊销售、经营文化商品的，3 年内免收文化事业建设费等诸多税收帮扶政策，全面帮助下岗职工就业创业。[①] 当地政府还针对下岗职工技能不高、能力平常等现象，积极提供相应的职业技能培训和服务，提高他们的就业能力和竞争力，帮助他们实现再就业。例如，2003 年辽宁省结合省内较为突出的劳动就业供求矛盾，充分发挥高、中等职业学校的教育资源优势，扩大服务领域，多层次、多规格办学，为在职职工和下岗职工提供各种形式的培训，从而提高下岗失业人员就业能力、创业能力及职业变化适应能力，促进劳动就业，实现下岗职工的再就业。[②]

三是持续完善社会保障建设。东北地区的地方政府积极扩大社会保障覆盖面，健全灵活就业人员社保制度，扩大失业、工伤、生育保险的覆盖面，把更多人纳入社会保障体系。当地政府还提高社会保障待遇，适时调整各类社会保障水平，如提高养老金、医疗补助和失业救济保障标准等，缓解下岗职工的收入焦虑。当地政府相关部门统筹推进社会保障体系建设，完善资金筹措机制，切实保证社会保障资金充裕和保障政策的可行性。例如，2001 年辽宁省将当地国有企业下岗职工的基本生活保障与失业保险并轨，扩大失业保险覆盖面，提高经济补偿金标准，将城镇企业事业单位及其职工、个体工商户及其雇工纳入失业保险范围[③]。同时，辽宁省政府强化基金收支和基础管理工作，完善缴费激励机制，采取政府、企业和个人多方筹资共建的方式保证资金充足，为社会保障制度提供坚实支撑。社会保障制度的持续完善，有

[①] 辽宁省人民政府.关于促进就业有关政策的通知 [EB/OL].(2001-08-21)[2023-11-22].https://www.ln.gov.cn/web/zwgkx/zfwj/szfwj/1CA228934D80456D9D4040F3FA4B1BD0/index.shtml.
[②] 辽宁省人民政府办公厅.转发省教育厅关于辽宁省职业教育振兴计划的通知 [EB/OL].(2003-12-15)[2023-11-22].https://www.ln.gov.cn/web/zwgkx/zfwj/szfbgtwj/zfwj2003/A84FBE5115A04D17A1E630774D1608EF/index.shtml.
[③] 辽宁省人民政府.关于印发辽宁省国有企业下岗职工基本生活保障向失业保险并轨实施意见的通知 [EB/OL].(2001-07-06)[2023-11-22].https://www.ln.gov.cn/web/zwgkx/zfwj/szfwj/6D69769EF6384624B98CF5E8A65A12F1/index.shtml.

效缓解了社会再就业压力，减轻了国有企业改革负担，提高了企业的竞争力，促进了国有企业改革的进行。

经过近二十年的国企改革，东北地区国有企业大量存在于竞争性领域，90% 以上的国有企业进行了所有制的改革，初步实现了股权多元化，东北地区的地方政府对国企的管理方式发生了较大变化，下岗员工安置问题得到了一定程度的缓解，有效促进了东北地区经济发展、社会稳定和人民生活水平的提高，为东北地区未来经济改革的进一步推进打下了坚实基础。

二、产业结构升级背景下东北地区政府职能转型

21 世纪初开始，东北地区体制性、结构性矛盾日益突出，存在着政府职能定位不清、市场化建设不足等问题，整体发展形势渐趋衰落。中央政府审时度势，于 2003 年提出实施东北地区等老工业基地振兴战略[①]，以东北地区的地方政府职能转型，推动化解制约东北地区发展的各项问题。

第一，政府职能定位不够明确。一是政企社利益关系不清晰。表现为政企不分，一方面是政府职能"缺位"，由企业提供公共服务，企业办社会现象十分普遍[②]。另一方面是政府职能"越位""错位"，如政府出面为企业担保、管投资、管企业生产计划、管产品技术等，造成企业对政府过度依赖，缺乏竞争力[③]。二是经济职能转型不彻底。东北地区的地方政府在将经济职能从直接管理转变为监管和服务时，还存在着诸多问题，如政府职能过于宽泛、依法行政水平较低等，政府缺乏宏观调控、保障监督和协调服务的经验和能力，

① 中共中央，国务院.中共中央、国务院关于实施东北地区等老工业基地振兴战略的若干意见 [EB/OL].(2003-10-05)[2023-10-02].https://www.shui5.cn/article/38/37487.html.
② 赵莹.转变政府职能：东北振兴中国有企业重振雄风的作用机制 [J].长春工业大学学报（社会科学版），2010(3):1-4.
③ 包红君.东北老工业基地地方政府职能存在的问题及原因剖析 [J].理论界，2010(4):58-59.

影响着东北地区的转型发展①。三是行业资源分配不合理。东北地区发展中坚持重工业优先发展的战略模式，对重化工业重点管理，集中起所需的人力、物力、财力向重工业倾斜②，存在资源配置不合理的问题，导致一些轻工业企业无法得到充分支持，产业升级发展滞后。

第二，市场化体制建设不够完善。一是市场审批倾斜明显。东北地区在大项目和一些宏观调控的产业（如汽车、煤炭、钢铁和化工项目等）建立了严格的准入管制制度，限制新厂商进入，保护老厂商退出，形成较大的准入壁垒，扭曲了正常的经济行为，阻碍了市场有效竞争③。二是市场监管机构职能不清晰。政府部门监管责任不明确、不透明，导致监管效率低下，出现监管权力重叠或空白、监管漏洞等问题，使一些不良商家有机可乘，损害消费者权益和社会公共利益，影响市场秩序④。三是市场服务体系有待优化。东北地区的地方政府的行政机关官僚作风明显，办事效率低下，执行政策上存在着较大的随意性，给企业和市场活动带来许多不便和不确定性⑤。公共部门的服务性没有充分体现，市场规则没有在经济活动中发挥主导作用，缺乏规范的经济活动秩序，制度建设未能完全适应市场发展的需求。

第三，产业布局与发展战略不够科学。一是产业布局尚待优化。东北地区的地方政府在产业布局调整中存在资源配置不均衡的问题，产业布局总体上较为分散，各城市间发展差距较大，产业集群优势不明显，各省市之间产业联系不足，产业合作不够，导致一些地区或行业的发展受限⑥。二是发展规划战略性不强。东北地区的地方政府发展策略不重视创新性和可持续性，以

---

① 黄晶梅.论振兴东北老工业基地中的政府职能转变[J].吉林师范大学学报（人文社会科学版），2007(5)：93-96.
② 林毅夫，蔡昉，李周.充分信息与国有企业改革[M].上海：上海三联书店，1997：13-14.
③ 杨会晏，李文昌.要通过市场的力量营造东北老工业基地的市场环境[J].经济纵横，2005(1)：48-50.
④ 周清东.振兴东北老工业基地必须建立良好的市场环境[J].经济视角，2004(2)：26-28.
⑤ 刘桂丽.东北市场经济环境的缺失[J].企业改革与管理，2005(12)：21-22.
⑥ 官秀芬.辽宁产业布局及发展方向[J].党政干部学刊，2007(2)：31-32.

资源消耗、环境损害为代价的粗放型经济增长模式使得环境污染和生态破坏日益加剧[①]。许多企事业单位不重视人才，绩效考核不科学，人才流失较多[②]。三是产业协调发展难度大。东北产业发展呈现一种刚性结构，第一产业基础相对薄弱，有待提高；第二产业比重偏高，工业大而不强；第三产业总量偏小，核心竞争力偏弱[③]。三次产业间缺乏互动，对东北经济发展产生了一定的制约，使得东北地区协调发展难度大、利益关系复杂，影响着整体的发展效果。

东北地区的地方政府在推动经济振兴中注重总结改革开放以来的发展经验，立足东北地区发展的现实情况，不断解放思想、开拓创新，提出了很多新思路、实施了很多新措施，有力推动了东北地区的持续向好发展。

（一）政企社分离与经济职能转型

政府职能作为公共行政的重要内容，是关于政府"做什么""怎么做""如何做"的理论与实践，可以概括为调控公共资源、提供公共服务、促进经济发展等基本要素[④]。东北地区的地方政府在改革中注重加强自身职能建设，持续推动政企社分离，转变自身经济职能，促进东北地区的快速发展。

一是推动政企分开，明确政府自身职能定位。东北地区的地方政府坚持政企分开原则，积极理顺政府社会职能与企业经济行为的区别，推进政府社会公共管理职能与国有资产出资人职能分开，规范国有资产监管方式，增强国有企业的活力和效率，努力做到不"缺位"、不"越位"、不"错位"。例如，2006年辽宁省转变国有农场的管理模式，对场乡（镇）合一的农场实行政企分开，将农场的党政机构、人员和各类事业机构按属地管理原则移交当地政府，将农场承办的中小学等社会服务逐步分离，由当地教育部门统

① 金凤君，陆大道．东北老工业基地振兴与资源型城市发展 [J]．科技导报，2004(10)：4-6.
② 姚丽霞，房国忠．东北地区人力资源开发战略研究 [J]．东北师大学报（哲学社会科学版），2012(4)：55-58.
③ 姜国强．东北地区经济发展方式转变的困境与对策 [J]．中外企业家，2012(3)：81-83.
④ 罗敏，张佳林，陈辉．政府职能转变与政府建设的三维路向 [J]．社会科学家，2021(5)：145-149.

一提供，保证政府在提供公共服务方面不"缺位"①。再如，2010年辽宁省加强国资委的机构性质和职能定位，努力实现国资委集中统一履行出资人职责②，明确委托监管的范围、依据和措施，规范委托双方的权利、义务和责任，使政府在监管中不"越位"、不"错位"，明确自身职能定位，更好促进当地市场经济发展。

二是转变经济职能，不断提高宏观调控能力。东北地区的地方政府政策从原有对经济微观干预积极转变到宏观调控上来，注重加强对国有资产、财政、能源资源等方面的宏观调控能力，建立起相关领域的经营预算制度，增强政策透明度和可预期性，用稳定的宏观经济政策稳住市场预期，用重大改革举措落地增强发展信心。例如，2007年辽宁省开始建立国有资本经营预算制度，即当地政府以所有者身份依法取得国有资本收益，以及将所得收益进行分配而产生的各项收支，都列入年度预算列表当中统一规划③。这一制度既保持国有资本经营预算的完整性和相对独立性，又保持与政府公共预算（指一般预算）的相互衔接，加强了对国有企业和宏观经济运行数据的监测分析，有利于及时发现并解决经济运行中的问题，增强政府的宏观调控能力，保持经济的平稳发展和增长。

三是优化资源配置，重视轻重工业协调发展。东北地区的地方政府在推动老工业基地振兴的过程中，通过加强技术创新和设备更新等手段，推动重工业的转型升级，提高产品质量和技术含量；同时，通过引进新技术、新

---

① 辽宁省人民政府办公厅.辽宁省人民政府办公厅关于印发辽宁省国有农场管理体制改革指导意见和辽宁省国有农场分离办社会职能指导意见的通知[EB/OL].(2006-12-09)[2023-11-25].https://www.ln.gov.cn/web/zwgkx/lnsrmzfgb/2007n/qk/2007n_dyq/szfbgtwj/1287E108E93F4FC68CAFF732797DB5B1/index.shtml.
② 辽宁省国资委.关于进一步加强全省国有资产监管工作的意见[EB/OL].(2010-04-22)[2023-11-25].https://www.ln.gov.cn/web/zwgkx/zfwj/bmwj/snky/06D7C9A983494C8FB2EB6A2660571F88/index.shtml.
③ 辽宁省人民政府.辽宁省人民政府关于建立国有资本经营预算制度的意见[EB/OL].(2007-12-30)[2023-11-25].https://www.ln.gov.cn/web/zwgkx/zfwj/szfwj/zfwj2007/885E9825E6D34F92B958850E940D5B9B/index.shtml.

工艺和新材料，开发新产品，以轻工业精细化加工提高产品的附加值，提高产品的竞争力和可持续发展能力，实现经济结构的均衡发展和经济增长的质量提升，构建地区经济的竞争新优势。例如，2006 年吉林省发布轻工业"十一五"发展规划，加大对全省轻工各行业中的大型企业、大集团的技术创新补贴支持，通过企业改组和技术改造，巩固吉林省制浆造纸业的优势地位；通过产业结构和产品结构调整，优化省内塑料制造业市场竞争能力；通过招商引资实现省内皮革及其制品业振兴[1]。吉林省推动轻重工业协调发展的政策，促进了经济结构的均衡发展，提高了经济效益，促进了产业升级，对增强经济抗风险能力、推动就业增长和提升国际竞争力具有重要意义。

（二）市场体制完善与行政审批改革

"市场化"是指从计划经济向市场经济进行体制转轨的一个过程[2]。东北地区的地方政府在改革中积极推动经济资源和各种生产要素由计划配置为主向由市场配置为主的根本性转变，由此带动一系列政府职能、部门行为等制度规范与上述转变相适应。

一是推进行政审批改革，破除行业壁垒。东北地区的地方政府为推进政府职能转变和管理创新、完善社会主义市场经济体制，积极清理行政审批项目，持续优化发展环境。当地政府坚持合法、合理、效能的原则，对无法律、法规依据的行政许可类和通过市场机制、行业自律能够解决的项目及时进行清理，减少不合理的准入限制，从而维护有效的市场竞争。例如 2007 年，辽宁省做出清理行政审批项目的安排，调整与现实管理要求不相适应、难以达到管理目的的项目；及时下放国务院明确给市县政府的项目和市县政府可以自主管理的项目；取消了各类不合理、不合法的行政许可类项目，放开对非

---

① 吉林省工业和信息化厅.吉林省轻工业"十一五"发展规划 [EB/OL].(2006-01-01)[2023-11-26].http://xxgk.jl.gov.cn/zcbm/fgw_97953/xxgkmlqy/201812/t20181204_5660465.html.
② 栾珊,吴胜利,王亚辉.加快市场化进程是振兴东北的根本出路 [J].东北电力大学学报,2006(3)：19-23.

公有制经济的准入限制[①]。这次行政审批事项清理，减少了政府的市场行业限制，积极发挥市场在资源配置中的决定作用，释放了市场活力，大大提高了各行业的竞争动力，促进了当地市场体制建设的进一步完善。

二是规范监管机构职能，维护市场秩序。东北地区的地方政府积极健全监管制度和法律法规，明确监管机构的权力和责任，规范监管行为；建立公开透明的监管机制，增强监管的透明度，提高监管的效率和公信力；建立完善的监管体系，确保不同监管机构之间的协调配合和信息共享，形成监管合力；加强对监管人员的培训和管理，提高其专业素养和执法能力，维护市场秩序和社会公共利益。例如，2013年吉林省白山市积极规范对食品安全领域的安全监管，制定食品安全联络员工作制度，建立规范化的联络员队伍，定期对联络员履职情况和工作成效进行评价，并结合评价结果实施奖惩[②]。当地还建立食品安全信息报送与公布制度，使得当地的食品安全信息上报与公开制度化、规范化，建成了多部门协调配合、齐抓共管的食品安全综合监管机制，有效维护了当地的市场秩序和食品安全的公共利益。

三是完善市场服务体系，提高服务质量。东北地区的地方政府积极转变以GDP增长论英雄的政绩导向，着力建成以服务人民为中心的制度体系、考核体系，坚持群众路线，强化社会监督，在群众检查和监督中改善机关工作作风，更好发挥公共部门对市场经济的服务作用。同时，当地政府积极加强自身的信用建设，注重政策的稳定性和可行性，增强企业和市场的发展信心，促进市场经济的健康有序发展。例如，2005年辽宁省政府实施服务承诺制度、首问负责制度、一次性告知制度和限时办结制度。省政府要求各政府部门根据自身的职能范围和职责要求，将对外服务项目的办理情况向社会做出公开、

---

① 辽宁省人民政府办公厅.辽宁省人民政府办公厅关于进一步清理行政审批项目的通知[EB/OL].(2007-06-25)[2023-11-27].https://www.ln.gov.cn/web/zwgkx/zfwj/szfbgtwj/zfwj2007/8F76AB8FEC994A4B9F98AD1BF06AB425/index.shtml.
② 白山市政府.白山市规范食品安全监管：健全制度狠抓落实[EB/OL].(2013-03-25)[2023-11-27].http://www.jl.gov.cn/zw/yw/zwlb/sx/sz/201303/t20130325_6633883.html.

具体的承诺，包括公共服务的内容、程序、时限责任等，并对办理事项所需资料一次性告知，对所办事项在承诺时限内办结，自觉接受社会的监督 ①。这些制度的建设有效提高了行政效率，更好发挥出公共部门对市场经济的服务作用，促进了当地经济的持续繁荣和发展。

东北地区的地方政府在推动东北老工业基地振兴过程中，不断以自身改革完善市场机制、加强制度建设提高服务能力，为东北地区经济增长和繁荣发展创造了有利的条件。

（三）产业布局调整与发展战略升级

伴随着老工业基地的振兴，在经济发展中各类需求矛盾给振兴东北老工业基地带来较大的压力，基于老工业基地的资源、人口、土地等诸多因素，东北地区的地方政府积极按照市场化方向调整产业布局、优化发展战略，建立新型工业化体系，规划形成高新技术、汽车装备等分工合理、相互促进、持续稳定发展的产业格局。

一是加强产业结构优化。东北地区的地方政府根据当地的资源优势、产业基础和市场需求，推动传统产业的转型升级和新兴产业的壮大发展，同时通过积极引进先进技术、加强自主创新、优化产业布局等措施，提高产业的附加值和竞争力。当地政府通过制定产业政策包括鼓励、限制或淘汰等措施，注重调整第一、第二和第三产业在地区国民经济中的比重，提高产业之间的关联度和协同性，实现各产业的均衡发展和协同增长。例如，2007 年黑龙江省哈尔滨市以迎接"大冬会"为契机，调整当地产业发展结构，淘汰了一批高污染、高耗能的产业，促进了传统食品医药、汽车化工等传统产业数字化、绿色化升级。同时当地在筹办"大冬会"过程中加强了旅游产业的发展，拉动了服务业的增长，带动了电子商务、文化创意产业等领域的发展，促进了

---

① 辽宁省人民政府办公厅.辽宁省人民政府办公厅转发省人事厅关于加强政府机关公共服务行为管理工作意见的通知[EB/OL].(2005-10-12)[2023-11-28].https://www.ln.gov.cn/web/zwgkx/zfwj/szfbgtwj/zfwj2005/0834C4433D59456D927347A8A7FB2BB1/index.shtml.

当地产业结构的进一步优化①。再如，2012 年吉林省通化市推进医药工业园等项目实施，加快发展生物制药、新型环保材料等战略性新兴产业，同时带动现代农业体系，打造粮食加工转化、畜禽、林特、中草药材提取加工等 7 个特色经济群，提高农产品附加值②。

二是坚持创新驱动发展。在改革发展过程中，东北地区的地方政府根据国内外环境和自身条件变化，积极对原有的发展战略进行调整和优化，以实现更高质量、更可持续的发展。当地政府弘扬绿色发展理念，积极发展循环经济、推广清洁能源，加强生态环境保护和治理，推动经济发展与生态环境保护的良性循环。同时，当地还扩大经济合作和交流，融入全球经济体系，在更大范围、更广领域、更高层次参与国际竞争，提升对外开放水平，促进老工业基地全面振兴。例如，2007 年辽宁省把本溪市南芬区列为可持续发展实验区，积极引进创新型人才，在试验区内以技术为支撑，以市场为导向，以发展循环经济为目标，以环境友好型、资源节约型方式推进区域的可持续发展③。再如，2012 年辽宁省积极开拓国际市场，加大财政、税务、金融等在外贸方面的支持，保障出口企业高效发展、安全收汇。当地政府还在进出口管理方面简化手续，推进对外贸易便利化，同时加快建设海关特殊监管区，不断加强对外贸易管理人才队伍建设，助推企业参与国际竞争，提高国际影响力④。

三是推动区域协调发展。东北地区的地方政府统筹区域间产业协调发展，

① 黑龙江省人民政府.于莎燕：以大冬会为契机加快建设当好龙头 [EB/OL].(2008-02-27)[2023-11-26].https://www.hlj.gov.cn/hlj/c107865/200802/c00_30572540.shtml.

② 通化市政府.通化市主攻"三个"方向 推进县域经济新跨越 [EB/OL].(2012-05-29)[2023-12-03].http://www.jl.gov.cn/zw/yw/zwlb/sx/sz/201205/t20120528_6633366.html.

③ 辽宁省科技厅.关于同意本溪市南芬区列为辽宁省可持续发展实验区的批复 [EB/OL].(2007-12-28)[2023-11-28].https://www.ln.gov.cn/web/zwgkx/zfwj/bmwj/sgzw/8004BED001EC47D18ED25FBB0EF163BF/index.shtml.

④ 辽宁省人民政府.辽宁省人民政府关于加快对外贸易发展的意见 [EB/OL].(2012-04-17)[2023-10-01].https://www.ln.gov.cn/web/zwgkx/lnsrmzfgb/2012n/qk/2012n_dsyq/szfwj/337835EB408C4B53858950E6AF6BB2AF/index.shtml.

加强区域间的协调与合作，努力实现资源共享、优势互补、协同发展。当地政府根据自身优势和产业特点，明确产业发展方向，推动产业结构调整，打造具有竞争力的产业集群。同时加强基础设施建设，重点推进交通、能源、信息等领域项目合作，提高区域间的互联互通水平，降低物流成本，为产业发展创造良好条件。例如，2007 年辽宁省中部七城市的市长签署《辽宁中部城市群经济区出海产业大道建设合作框架协议》，在区域发展规划、基础设施建设、产业空间布局、新区开发建设等九方面展开合作，使辽宁中部各城市优势互补、共同发展①。再如 2012 年，黑、吉、辽三省的十四个市（州）代表团在黑龙江鹤岗举办区域合作圆桌会议，提出依托区域较大的中心城市，打破市场和行政壁垒，促进区域之间的产业联合，构建区域联动物流体系，加强纵跨三省的东北东部黄金旅游路线建设等重要区域合作内容，积极实现地区间优势互补、融合发展②。

东北地区在振兴东北老工业基地这十年取得了重要的阶段性成果，经济结构得到进一步优化，经济发展速度明显加快，对外开放水平显著提高，基础设施条件明显改善，就业问题逐步解决，老百姓的生活水平有了较大提高，整体经济发展水平相比于 2003 年取得了明显的进步，为步入新时代、取得新发展奠定了良好的基础。

三、新一轮东北振兴背景下东北地区政府"放管服"改革

自 2003 年振兴东北老工业基地战略实施十多年来，东北地区发展取得了重要的成果，在政治、经济和社会层面，尤其是政府职能和制度建设方面都

---

① 沈阳市政府.沈本一体化建设合作框架协议正式签署 [EB/OL].(2007-08-07)[2023-11-28].https://www.ln.gov.cn/web/zwgkx/zdxm/5002DCEC9CDA48278471D61E23B18638/index.shtml.
② 白山市人民政府.规划引领未来 合作共铸辉煌——第四届东北东部 (12+2) 区域合作圆桌会议隆重召开 [EB/OL].(2012-08-13)[2023-12-03].http://www.cbs.gov.cn/zw/bsyw/201805/t20180519_301976.html.

有了较大的进步，但发展过程中仍存在经济增长新动力不足和旧动力减弱的结构性矛盾，面临新的挑战。[①]

第一，政商关系有待进一步改善。一是政府职能转变仍要推进。虽然在首轮东北振兴中国家下放了部分权力，但职能部门"错位""越位"情况仍然存在，当地官员习惯运用行政命令指挥经济，政企不分的现象会有个别发生，影响东北地区的经济运行[②]。虽然一些显性制度性交易成本减少了，但也有一些转化为了隐性成本，企业总体的负担没有明显减少[③]，如政府的直接收费虽然少了，但设置了其他条件，企业要达到相应条件仍需向一些机构支付各种许可、评估与评价费用，徒增了很多成本负担。二是国企改革有待深化。东北地区有很多国企厂办大集体、职工家属区等并存，生产效率低下，发展负担大，多数依赖政府补贴和银行贷款维持，占用着大量的资金、政策，破坏了市场的公平竞争。[④]部分国有企业缺乏竞争意识，凭借资源、资本密集的优势，依靠行政、垄断等手段，人为设置行业门槛，阻碍民企进入，出现家长式、权力式政商关系，影响了市场的正常发展。三是法治建设仍需规范。习近平总书记指出"法治是最好的营商环境"[⑤]，但是东北地区有关经济方面的立法却是滞后的，不能完美地与当地营商环境相匹配，部分地方政策僵化，缺乏可操作性，达不到良法善治的效果[⑥]；有的涉企执法自由裁量权又过大，处罚标准多样，执法不规范、随意性执法时常发生，政府对企业"滥检查"等现象多有存在，影响了企业的日常运营，给东北地区的政商关系造成了不好的影响。

---

① 中共中央,国务院.中共中央 国务院关于全面振兴东北地区等老工业基地的若干意见[EB/OL].(2016-07-13)[2023-11-09].http://www.mofcom.gov.cn/aarticle/b/g/201607/20160701358204.html.

② 王赫燃.新常态背景下东北老工业基地政府职能转变问题探析[J].企业科技与发展,2018(4):77-78.

③ 武靖州.振兴东北应从优化营商环境做起[J].经济纵横,2017(1):31-35.

④ 卢珊珊.东北地区产业转型升级问题研究[J].现代商业,2019(4):75-76.

⑤ 陆娅楠,吴秋余,刘志强,等.法治是最好的营商环境[N].人民日报,2019-05-05(1).

⑥ 刘思辰.优化营商法治环境助力东北经济振兴[J].法制博览,2020(11):216-217.

第二，政务环境有待进一步改进。一是行政审批效率低，企业办事窗口多，服务质量不高，办理行政审批手续耗费时间，一个文件多次核验，更有部门存在行政态度消极、推卸责任、推诿扯皮的"懒政"现象[1]，各地区之间办事标准不统一，企业不能准确明晰当地政府的流程，企业办事过程中"跑断腿、磨破嘴""碰壁"等困扰时有发生[2]。二是政务服务流程尚未完善，多数职能部门联系不紧密，无法完全实现网上跨部门、跨层级、跨区域的并联审批，很多政务事项尚无法实现网上预约登记和排号，网络信息壁垒依然存在，已使用线上审批的各部门间无法实现联通对接，系统类别不统一、软件不通用，资源信息无法共享，甚至有个别黑中介以此牟利[3]。三是政府信用有待优化，缺乏契约精神、避重就轻、选择性优化等官本位思维模式依然存在，在招商引资过程中，过度关注周短期见效快的领域；对投资企业承诺的相关政策不能及时兑现、政策朝令夕改等现象时有发生；企业项目建设过程中存在政府失信、拖欠工程款等问题[4]，"重招商、轻养商"的行为导致企业无法正常运转、投资方撤资，最终对东北地区的营商环境造成了较大的影响。

第三，数字政府建设有待进一步提升。推进政府的数字化转型支撑"放管服"改革是营商环境进一步优化的必然选择，通过治理结构的调整能够有效降低制度性交易成本[5]。东北各省在数字政府建设方面仍存在着诸多问题：一是各城市数字平台建设不均衡，对数字政府建设投入的财政力度、人力以及物力不均衡，技术支撑水平以及保障政策有所不同，数字政府建设的信息

① 冯汝莹. 辽宁省优化营商环境的路径选择 [J]. 沈阳干部学刊，2020(1)：46-49.

② 温凤媛，白雪飞. 辽宁营商环境建设现状与优化对策 [J]. 沈阳师范大学学报（社会科学版），2022(6)：16-22.

③ 张帆. 东北地区营商政务环境优化问题研究 [J]. 现代营销（经营版），2019(11)：72-74.

④ 周笑梅. 政府治理视角下优化营商环境问题分析——以辽宁为例 [J]. 黑河学刊，2019(6)：3-4.

⑤ 杨萱，孙莉莉. 东北地区数字政府建设推进营商环境优化研究 [J]. 环渤海经济瞭望，2023(1)：86-88.

基础设施分布不均①，缺少统一的建设标准，各地数字政府发展不平衡，政务服务水平差距较大，存在着数字鸿沟。二是数据开放共享水平不足。各省市、各部门对数据开放的标准和内容不明晰，一些部门将数据视为"财产"、部门竞争力的重要组成部分，导致其数据共享开放意愿不强，区域间、部门间、层级间的数据的互联互通、资源的共享共用以及业务的协同办理不顺畅②。三是数字政务服务水平不平衡，数字政府建设整体建设不统一，数据孤岛现象时有存在，政务数据的融合利用水平不够高，数据作为关键生产要素功能效用释放不够完善。

第四，创新驱动能力有待进一步发展。数字经济能够提升经济效益、促进绿色发展、引致技术创新以及增加社会效益，从而促进制造业高质量发展③。但东北地区传统产业转型升级缓慢，数字、互联网等新兴技术没能有效地推动创新驱动发展和经济的高质量、可持续发展，信息化产业特别是5G、互联网、人工智能和大数据等新兴技术与实体经济联系还比较弱，与实体经济融合发展能力较差。另外是民营经济发展缓慢，东北地区民营企业数量少、规模小、实力薄弱，从数量来看，在2015年"中国民营企业500强"榜单中，东北地区上榜的民营企业总数量为12家，占比仅2.4%④，加之国企垄断带来的挤出效应及东北地区较差的营商环境，使民营企业面临融资难、融资贵、生产成本高的困境，缺乏发展活力⑤。民营企业是新一轮全面振兴的主体，但在东北很多地方，一些领导干部不相信民营经济，

① 蔡德发，李青.黑龙江省数字政府建设的问题与对策研究[J].商业经济，2020(12)：11-12.

② 李佳，于沛太，白雪莲.沈阳市加快数字政府建设对策研究[J].产业创新研究，2023(7)：20-22.

③ 赵涛，张智，梁上坤.数字经济、创业活跃度与高质量发展——来自中国城市的经验证据[J].管理世界，2020(10)：65-76.

④ 中国信托网.2015中国民营500强企业榜单出炉（附名单）[EB/OL].(2015-11-19)[2023-10-31].http://www.suobuy.com/baijia/579_1.html.

⑤ 牛娟娟，和军.东北经济发展不平衡不充分问题与对策[J].东北亚经济研究，2018(4)：14-27.

政府也不愿与民营企业家建立新的关系①。特别是在新兴的服务业上，制约民营经济发展的"玻璃门""旋转门"等隐形行业壁垒依然存在，使市场经济运行的内生动力和活力受阻②。

2016年11月，国务院发布《国务院关于深入推进实施新一轮东北振兴战略加快推动东北地区经济企稳向好若干重要举措的意见》，吹响了新时代东北振兴的冲锋号，在新一轮的东北振兴中，东北地区的地方政府积极转变职能，有效推进"放管服"改革，多措并举提供优质公共服务，优化营商环境，充分激活市场主体的活力③，培育发展新动能，有效推动了东北新一轮的创新发展。

（一）改善政商关系激发市场活力

东北地区的地方政府积极改善政商关系，简政放权改善政府的职能定位，发挥市场在资源配置中的决定性作用，尊重市场的主体地位，促进市场的公平竞争，不断增强市场的活力，实现竞争效益最大化和效率最优化。

一是积极推动政府职能转型。东北地区的地方政府积极转变自身职能，逐步减少对市场的直接介入，"还权给市场"，积极消除资源自由流动的制度性障碍；设立"权力清单"，明确政府职能范围，通过行政审批改革和"放管服"改革等措施从制度层面转变政府经济职能，减少政府对市场的直接干预，创建"亲清型"政商关系，降低企业的制度性交易成本和市场准入门槛，促进民间投资和创新创业，从而改善东北地区的政商关系。例如2017年，黑龙江省积极转变政府职能，加强法治政府建设④，进一步清理规范行政权力，

---

① 曲鹏. 辽宁营造良好营商环境探析 [J]. 党政干部学刊，2018(5)：64-68.
② 冯汝莹. 辽宁省优化营商环境的路径选择 [J]. 沈阳干部学刊，2020(1)：46-49.
③ 廖福崇."放管服"改革、行政审批与营商环境——来自企业调查的经验证据 [J]. 公共管理与政策评论，2019(6)：80-96.
④ 黑龙江省人民政府. 黑龙江省人民政府关于印发黑龙江省社会信用体系建设"十三五"规划的通知 [EB/OL].(2017-08-28)[2023-11-10].https://www.hlj.gov.cn/hlj/c108017/201708/c00_30645040.shtml.

不断完善权力清单、责任清单、中介服务清单和权力运行流程并实行动态管理，建立实施市场准入负面清单，明确政府发挥作用边界，推进细化、量化行政裁量权基准工作，规范行使行政自由裁量权，克服行政行为的随意性，防止行政权力干涉市场事务，消除各种隐性障碍和"潜规则"，积极推进行政执法体制改革，强化权力制约监督，不断提高政府公信力和执行力，有效促进了黑龙江省政商关系的改善。

二是积极推动市场化改革。东北地区的地方政府积极促进市场公平竞争，以投资运营制、混合所有制创新国有资产管理方式，为国企"减负"，积极推动厂办大集体改革和国有企业职工家属区"三供一业"分离移交工作，加快解决历史遗留问题，同时打破国企行业垄断，降低准入门槛，鼓励更多主体平等参与市场竞争，增强市场的竞争力。例如，在2017年吉林省将省属企业整合形成投资运营公司①，又采用新的集团制管理方式，促进了省内国有企业的改革转型，让国有企业能够更加适应现代市场竞争新模式，支撑带动吉林省优势特色产业的新发展。再如，2018年辽宁省分离厂办大集体与主办国有企业②，以市场化手段重组或移交国有企业主办的教育、医疗机构到地方管理，减轻了国有企业的经营负担，促进国有企业更好参与市场竞争，增强市场发展活力。2020年，黑龙江省龙江森工集团完成了政企合一体制向现代公司制转变③，市场化经营机制在省内国有企业中普遍建立，省内的经济发展活力有了明显的提高。

三是加快规范法治环境。东北地区结合自身经济情况，因地制宜地制定

---

① 吉林日报.在集中统一监管、混合所有制改革、供给侧结构性改革等重点领域和关键环节取得了积极进展和阶段性成果 [EB/OL].(2017-07-26)[2023-10-12].http://www.jl.gov.cn/zw/yw/jlyw/201707/t20170726_6610149.html.
② 辽宁日报.中共辽宁省委办公厅、辽宁省人民政府办公厅关于印发《加快推进全省国资国企改革专项工作方案》的通知 [EB/OL].(2018-09-24)[2023-10-12].https://www.ln.gov.cn/web/zwgkx/zfwj/swwj/B7AE05F9D83E49938B503E011495CDD7/index.shtml.
③ 黑龙江省人民政府.黑龙江省国民经济和社会发展第十四个五年规划和二〇三五年远景目标纲要 [EB/OL].(2021-03-02)[2023-11-09].https://www.hlj.gov.cn/hlj/c111009/202104/c00_30640977.shtml.

具有可操作性的、具体的地方性法规及其实施细则，同时严格规范行政执法机关公正文明执法，依法治理乱收费、乱罚款、乱摊派和滥检查等问题，控制执法自由裁量权，改善企业发展法治软环境。例如，2015年辽宁省加强优化经济发展环境方面的立法，积极规范涉企行政执法[①]，要求各级行政执法机关（含法律法规授权、委托的组织）对企业生产经营活动开展例行执法检查，均须编制行政执法检查计划，未经批准不得开展检查，同一行政执法机关对同一企业的执法检查，每年不超过一次；要求行政执法机关树立服务理念，增强服务意识，坚决杜绝执法过程中存在的服务意识不强、不作为、乱作为等问题；还要求行政执法机关不得擅自设立收费项目、提高收费标准、扩大收费范围，不得将管理职能转移、分解到下属事业单位或社会中介组织进行有偿服务，不得在发放证照及办理有关手续环节收取抵押金、保证金，或利用职权只收费不服务等，既落实了依法监管的要求，又保护了企业的合法权益，改善了东北地区的政商关系，有利于促进公平竞争，为企业提供良好的发展空间和机会。

（二）提高服务水平改善营商环境

东北地区的地方政府针对改革发展中遇到的相关问题，改革行政管理体制，积极提高行政审批效率，严格规范相关中介服务，降低收费标准，减轻企业负担，通过"一门办理"等方式优化服务流程，不断改善营商环境。

一是深化行政管理体制改革。东北地区的地方政府全面对标国内先进地区，加快转变政府职能，进一步推进简政放权、放管结合、优化服务改革，积极推广政务服务大厅"一站式审批"等项目，简化流程、明确时限、提高效率，让办事企业和群众，一站式解决所有审批事项；实行企业投资项目管理负面清单制度，试点市场准入负面清单制度，加强各种所有制经济产权保

---

① 辽宁省人民政府办公厅.辽宁省人民政府办公厅关于规范涉企行政执法进一步优化经济发展环境的通知[EB/OL].(2015-04-02)[2023-11-09].https://www.ln.gov.cn/web/zwgkx/zfwj/szfbgtwj/zfwj2011_106025/CB94DBA4FBE14E84AAFE3BED8370D7C7/index.shtml.

护，对各类市场主体平等监管，坚决打击垄断、不合理竞争等现象，平等保护各类市场主体的合法权益，促进市场公平竞争，全面优化营商环境。例如，在 2017 年辽宁省发布《辽宁省优化营商环境条例》并成立省营商环境建设局，提出"凡是阻碍民营经济发展的准入门槛一律破除"[①]，积极降低企业的制度性交易成本，消除不合理收费，减轻企业负担，以政府网站"一件事、一次办、马上办"等功能，线上线下相结合，极大地提高了审批效率。同时，辽宁省还坚持"该管则管"[②]，加强市场监管，坚决打击任何违背市场竞争原则和侵害消费者权益的事件，为各类市场主体营造良好、公平的发展环境。

二是优化政务服务流程。东北地区的地方政府积极优化政务服务流程，全面实行"多证合一"登记制度和"单一窗口"工作模式，积极推进"一门式办理""一窗通办"等信息便利化建设，推进政务服务标准化、规范化，完善场景化、向导式服务，加速构建一体化政务服务体系，不断优化政务流程，彻底解决群众办事的痛点、难点问题，增强群众获得感。例如，2019 年辽宁省推出"最多跑一次"规定[③]，要求公共部门在办理行政许可、行政确认等政务服务时，对申请人提供的申请材料符合法定形式和有关规定的，从提出申请到收到办理结果全程只需一次上门或者零上门，并编制全省统一标准的适用"最多跑一次"的事项清单，同时要求各级政府完善以本地区综合行政服务机构为依托的"一站式"集中服务，设立集中办事的综合服务窗口，跨部门、跨层级统一办理政务事项，申请人申请办事事项，只需提供一套材料，行政机关和公用企事业单位不得要求重复提供。辽宁省依法、依规办事的准则，

---

① 辽宁省人民政府办公厅.辽宁省人民政府办公厅关于贯彻落实《辽宁省优化营商环境条例》的实施意见 [EB/OL].(2017-02-23)[2023-10-28].https://www.ln.gov.cn/web/zwgkx/zfwj/szfbgtwj/zfwj2011_119229/D3F9DD50494C471FAB1FE28AB0875ECB/index.shtml.

② 辽宁省人民政府.辽宁省人民政府关于印发辽宁省"十三五"市场监管规划的通知 [EB/OL].(2018-06-22)[2023-10-12].https://www.ln.gov.cn/web/zwgkx/zfwj/szfwj/zfwj2011_125195/9B7796BC162246D38BCA638ABC1049A3/index.shtml.

③ 辽宁省人民政府.辽宁省推进"最多跑一次"规定 [EB/OL].(2019-07-09)[2023-11-10].https://www.ln.gov.cn/web/zwgkx/zfwj/szfl/zfwj2011_136515/E1ED3658ED974D6F9445B19FAF16A8BA/index.shtml.

让群众在办理事务时能够更加便捷、高效、公正,提升了群众的满意度和获得感,有效推动了当地形成特色、方便的营商环境,促进当地经济的进一步发展。

三是改善政府信用承诺机制。东北地区的地方政府积极强化契约精神,避免选择性优化和官本位等落后的思维模式,在招商引资过程中,加强政府守信践诺机制建设,对依法作出的政策承诺和签订的各类合同认真履约和兑现,妥善处理好新旧政策衔接,加强和完善人大法律监督和政协民主监督,广泛开展群众监督和舆论监督,努力提高政府公信力,以政府的诚信施政,带动全社会诚信意识的树立和诚信水平的提高,培育信用服务市场发展。例如,2017年黑龙江省加强信用体系建设[①],加快推进政务诚信建设,不断完善权力清单,坚持依法行政、加强法治政府建设;大力推动政务信息公开,推广重大决策事项公示和听证制度,拓宽公众参与政府决策的渠道,加强对权力运行的社会监督和约束;突出政府诚信建设示范作用,加强政府自身诚信建设,以政府的诚信施政,带动全社会诚信意识的树立和诚信水平的提高,全面建设诚信黑龙江,为推动黑龙江省招商引资、实现振兴发展营造了良好的信用环境,促进了当地营商环境的改善和经济的进一步发展。

(三)建设数字政府赋能高质量发展

数字政府建设是"放管服"改革的重要内容,东北地区的地方政府积极推进政府数字化改革,推动政务服务的智能化、标准化,让办公事项更加公开透明,政府服务的领域更加广泛、内容更加多元、方式更加智能,政务服务效率也更高,有效降低制度性交易成本,进一步优化了营商环境,助推高质量发展。

---

① 黑龙江省人民政府.黑龙江省人民政府关于印发黑龙江省社会信用体系建设"十三五"规划的通知[EB/OL].(2017-08-28)[2023-11-10].https://www.hlj.gov.cn/hlj/c108017/201708/c00_30645040.shtml.

一是政务平台建设不断跟进。东北地区的地方政府积极推进政务服务一体化平台建设，努力实现政务服务的"一网通办"，持续推进一体化政务服务平台升级，推进更多便民事项"跨省通办"与省内政务服务便民热线整合归并，以"一网""一站"推动在线政务服务的规范化和标准化。例如，2019年辽宁省将省政务服务平台、各市政务服务平台和省政府有关部门业务办理系统合并统一，组建全省一体化在线政务服务平台[①]，推进各市政务服务平台和各部门业务办理系统规范化、标准化、集约化和互联互通，形成全省政务服务的"一张网"，与国家政务服务平台高度融合，实现政务服务线上线下融合互通，跨地区、部门、层级协同办理，全城通办、就近能办、异地可办、"一网通办"，大幅提升辽宁省的政务服务效能，为辽宁省优化营商环境、进一步招商引资实现经济快速发展助力。再如，2020年吉林省数字政府建设中依托"吉林祥云"大数据平台，推动政务服务向"两微一端"等延伸拓展，实现230项政务服务事项全流程网上办理[②]，推动实现更多政务服务事项"掌上办""指尖办""终端办"，为企业和群众提供多样性、多渠道、便利化的政务服务，促进了政务服务的智能化、便捷化，增添了企业和群众在办事过程中的获得感。

二是数据共享能力不断进步。东北地区的地方政府积极建设规范统一的数据共享交换体系，推动纵向省市县乡村五级全面贯通，横向覆盖各级政务部门，积极实现省级政务数据跨地区、跨层级、跨部门高效流转和共享交换，一次数据多次使用，降低了投入成本，提高了行政效率，让"数据多跑路、单位少跑腿"，有力助推了东北地区数字政府的建设。例如，2021年吉林省政数局牵头建立了"吉林祥云"数据共享平台，初步推动了各政务部门系统

---

① 辽宁省人民政府.辽宁省人民政府关于印发辽宁省加快推进全省一体化在线政务服务平台建设实施方案的通知[EB/OL].(2019-03-04)[2023-11-10].https://www.ln.gov.cn/web/zwgkx/zfwj/szfwj/zfwj2011_136267/3FDE1F2FC4044D53BB6C89186EB8FE3A/index.shtml.
② 新华社."数字政府"便民利企 数字经济赋能振兴——"数字吉林"建设一线观察[EB/OL].(2023-06-21)[2023-11-10].http://www.jl.gov.cn/szfzt/gzlfz/gzdt/202308/t20230811_2498810.html.

接入"吉林祥云"数据共享交换平台，依托数据共享体系，充分利用和整合现有公共数据信息，持续拓展文件传递、财政年度预算等应用场景，充分发挥数据共享通道和保障作用，如 2022 年预算编织过程中就实现了预算编制基础信息数据共享共用，改变了过去报送纸质佐证材料变更过程长、工作量大的状况，极大减轻了省级 1280 多家单位预算编制人员的工作负担[①]。黑龙江省则统筹开展政务数据共享体系建设，建立了省级政务大数据资源中心，以需求为重点，开展政务数据的归集，累计汇聚数据 3.2 亿条[②]，充分保障了政府在提供公共服务过程中的数据调用需求。数据共享能力的不断进步，提高了政府的社会治理能力，有利于政府向社会提供更加智能、便捷的公共服务，助推当地经济社会的高质量发展。

三是数字化服务能力不断提高。东北地区的地方政府积极提高数字化服务能力，以云计算、大数据、人工智能等信息技术和上下联动、综合集成的工作机制为支撑，加强顶层设计，按照数字化、网络化、智能化的思路，推动数字政府建设整体推进，打破系统孤岛、数据孤岛，确保互联互通互操作，加速政务数据的融合、共享和利用，充分发挥数据作为关键生产要素的放大、叠加效应，全方面提高政府数字化服务水平，让数字化服务为经济社会转型发展助力。例如，2021 年辽宁省在数字政府建设规划中提出建立"一网通办""一网统管""一网协同"数字政府体系架构[③]，努力实现政务服务流程的改革再造，提升社会一体化综合治理能力和政府基于大数据的科学决策能力；打造整体智治的数字政府机关协作模式，提高一体化协同办公能力，努力实现各个政府主体间的高效协同，提高了政府的运行效率。同年，吉林省

---

① 李抑嬺.省政数局：深化数据共享应用 助推"数字政府"建设[N].吉林日报，2022-09-01(2).

② 黑龙江省人民政府.黑龙江省打造15分钟政务服务圈[EB/OL].(2024-02-22)[2024-02-27].http://www.jl.gov.cn/zw/yw/zwlb/sz/202209/t20220901_8556380.html.

③ 辽宁省营商环境建设局（大数据管理局）.辽宁省"十四五"数字政府发展规划[EB/OL].(2021-10-16)[2023-11-10].https://www.ln.gov.cn/eportal/fileDir/data/lngov/P020211025559929568603.pdf.

以构建"吉林祥云"为核心，建成纵向贯通、横向协同的基础设施体系，全面推行"互联网＋政务服务"和"互联网＋监管"，全面实行政府权责清单制度，推进电子证照全覆盖，非涉密政务服务事项"全程网办""跨省通办"，实现了政务服务"好差评"全覆盖，全面推动了数字化技术在政务服务、智慧办公、市场监管等领域的深度应用，提高了政府数字化服务能力，为当地经济社会的智能发展、创新发展提供了坚实支撑[①]。

（四）发展创新业态培育经济新动能

东北地区的地方政府在深化"放管服"改革优化营商环境、提高政府公信力和执行力、加快数字政府建设的过程中，坚持系统观念强化顶层设计，及时把握新发展机遇，积极推动新技术迭代，加快发展民营经济和新兴产业，不断培育新的经济增长动能。

一是加快传统产业创新升级。东北地区积极开展"中国制造2025"试点，提高智能制造、绿色制造、精益制造和服务型制造能力，重塑东北装备竞争力，积极开拓重大装备国际市场，推动国际产能和装备制造合作，加大先进制造产业投资基金在东北地区投资力度，改造提升传统优势产业，强化发展优势装备制造业。例如，2015年辽宁省发布《辽宁省人民政府关于优化产业布局和结构调整的指导意见》[②]，在保持原有航空航天、轨道交通等高端装备制造业持续发展的同时，加快推进石化产业的转型升级，加快升级和改造油品质量，提高日用、民用胶制品轻工业生产的技术水平，积极支持国有、民营、外资企业加快创新发展。同年，吉林省发布《吉林省人民政府关于加快发展

---

① 吉林省政务服务和数字化建设管理局.吉林省政务服务和数字化建设管理局关于印发《吉林省数字政府建设"十四五"规划》的通知[EB/OL].(2021-06-30)[2023-11-13].http://xxgk.jl.gov.cn/zsjg/fgw_136504/gkml/202107/t20210701_8124484.html.
② 辽宁省人民政府.辽宁省人民政府关于优化产业布局和结构调整的指导意见[EB/OL].(2015-12-12)[2023-10-28].https://www.ln.gov.cn/web/zwgkx/zfwj/szfwj/zfwj2011_106024/BD124BEB0CDE4ADA971967E04A2CF911/index.shtml.

生产性服务业促进产业结构调整升级的实施意见》[①]，坚持以产业转型升级需求为导向，引导企业进一步打破"大而全""小而全"的格局，发挥企业技术创新决策、投入和科技成果应用的主体作用，支持企业建设高水平研发机构，提升企业研发、转型升级能力，鼓励企业向价值链高端延伸，从生产制造型向高端生产服务型转变，发挥高技术要素对经济的带动作用。

二是加快民营经济创新发展。东北地区的地方政府重点培育有利于民营经济发展的政策环境、市场环境、创新环境，增强民营企业发展信心，积极推动民营经济的创新发展；积极开展"银政企保"合作，建立融资担保体系，重点为民营企业和中小企业贷款融资提供担保；积极遴选一批优质项目，通过政府和社会资本合作（PPP）等模式吸引社会资本投资。例如，2015 年辽宁省发布助力民营经济发展的政策[②]，放开民营资本投资领域，支持民营资本通过并购、控股、参股等形式参与国企股份制改；同时营造宽松便捷的发展环境，加大对民营企业的减税降费力度；又组织高校、科研院所的专业技术人员，为民营企业提供新技术转化、新产品研发、技术人才培训等专项服务，搭建高校、科研机构与中小企业合作平台，支持科技型企业成长发育；不断鼓励民间资本发起或参与设立民营银行、村镇银行、融资租赁公司等新型金融机构。在 2016 年 12 月，东北地区成功组建成立了第一家民营银行——辽宁振兴银行[③]，面向中小微实体企业提供产业融资特色服务，同时积极发展直销银行等电子银行业态，为东北地区民营经济的发展提供了一种可行的金融支撑。

---

① 吉林省人民政府.吉林省人民政府关于加快发展生产性服务业促进产业结构调整升级的实施意见[EB/OL].(2015-06-05)[2023-10-30].http://xxgk.jl.gov.cn/szf/gkml/201812/t20181205_5349400.html.

② 辽宁省人民政府.辽宁省人民政府关于印发辽宁省发展民营经济实施方案的通知[EB/OL].(2015-08-11)[2023-11-01].https://www.ln.gov.cn/web/zwgkx/zfwj/szfwj/zfwj2011_106024/AC736B2D4A27406D99BE389D2F22DB9E/index.shtml.

③ 中国青年网.东北首家民营行获银监会批准筹建[EB/OL].(2016-12-24)[2023-11-01].https://www.sohu.com/a/122455401_119038.

　　三是积极培育发展新兴产业。东北地区的地方政府积极培育和发展数字经济等新兴产业，一方面积极促进信息产业发展，大力发展基于"互联网+"的新产业新业态，打造制造业互联网双创平台，发挥互联网对产业发展的带动作用。例如，2015年辽宁省积极开展"互联网+"创业创新活动[①]，构建一批众创空间，引入创投基金参与孵化；建立大众创新众筹平台，开展股权众筹融资，鼓励相关创新产品开展网络众筹，为大众创业创新提供融资服务；采取创新与创业相结合、线上与线下相结合的方式，利用大学科技园、商贸企业集聚区等条件，搭建"辽宁省创业模拟实训服务平台"，为参加创业人员免费提供实训，提高他们的互联网创业能力。另一方面积极发展新业态经济，培育旅游经济、文化经济、网红经济和夜经济等新消费增长点，完善旅游、网络、文化、休闲等市场服务机制，以新业态带动创新发展。例如，2019年黑龙江省建成多家冰雪旅游景区，接待冰雪旅游游客6600万人次，冰雪旅游收入达660亿元[②]；2020年锦州市把握网红经济发展机遇，建设辽宁星火聚合（锦州）直播电商产业基地，举办"锦州直播电商节"[③]，打造锦州烧烤、夜市、古玩节、非物质文化遗产等颇具知名度的城市品牌，吸引了大批游客，成为新的消费增长点，有效促进了当地经济的创新发展。

　　总体而言，在新一轮东北振兴过程中，东北地区的地方政府积极应对经济变化的周期性因素和国际国内需求变化的影响，主动破除长期积累的体制性、机制性、结构性矛盾，在转变政府职能、优化营商环境、推动创新发展的过程中，不断理顺各方面关系，积极为地区全面发展助力，为企业经营和

---

① 辽宁省人民政府.辽宁省人民政府关于印发辽宁省积极推进"互联网+"行动实施方案的通知 [EB/OL].(2015-12-30)[2023-11-02].https://www.ln.gov.cn/web/zwgkx/zfwj/szfwj/zfwj2011_106024/A52E62F593AE4146BE9835364E9CF432/index.shtml.

② 黑龙江省人民政府.黑龙江省人民政府关于印发黑龙江省冰雪旅游产业发展规划(2020—2030年)的通知 [EB/OL].(2020-08-28)[2023-11-02].https://www.hlj.gov.cn/znwd/policy/#/policyDetails?id=1001869&navType=.

③ 锦州市政府.锦州发展网红经济打造城市新名片 [EB/OL].(2020-09-28)[2023-11-06].https://www.ln.gov.cn/web/ywdt/qsgd/yks_1/A38DAB8A3D1148B3AF9EA3AEF0154117/index.shtml.

人民生活创造了良好的环境，在新形势下东北老工业基地创造振兴发展新成就上起到了关键性作用。

未来几年，东北地区将持续推动产业升级，促进创新创业，激发市场活力，不断优化产业结构，培育发展新动能，提高民生水平，在经济社会健康发展上取得更大的进步，为维护好国家国防安全、粮食安全、生态安全、能源安全和产业安全做出更大的贡献。

第三章 ≫≫≫

"放管服"改革效能及评价

一、"放管服"改革的发展与演进

党的十八大以来，行政管理体制改革的进一步深化，对政府职能转变也提出更高的要求，政府职能转变已然步入改弦更张的关键时期，如"证明你妈是你妈"的"奇葩"证明，部门之间推诿扯皮的"三角债"式循环证明，"红顶中介"的牟利空隙等不良现象的出现，使得政府作为与形象同其定位和社会期望间存在较大差距[①]，"放管服"改革作为将政府职能转变向纵深推进的重要突破口应运而生。

（一）"放管服"改革的实践历程

关于"放管服"改革的开启时间，学界存在多种论断。有学者认为20世纪80年代以来，以市场经济转型为背景的行政体制改革即开始体现"放管服"改革的内涵[②]，需要将"放管服"改革放置于改革开放以来的行政体制改革的大背景下进行认识和考察；有学者认为"放管服"改革开始于2013年，党的

---

① 马亮."放管服"改革：理论意蕴与政策启示[J].江苏师范大学学报（哲学社会科学版），2020(5)：88-99.
② 王晴.国家治理背景下的政府有效性改革——以公安机关"放管服"改革为例[J].东岳论丛，2020(2)：83-89.

十八大以来，新一届政府把加快政府职能转变、推进简政放权作为本届政府开门的第一件大事，即开启了"放管服"改革的相关任务部署①。对此，我们认为强调简政放权、放管结合和优化服务举措的统筹性和协同性，是"放管服"改革区别于传统改革的重要标志，2013年，提出将"简政放权、放管结合"作为改革的"当头炮"和"先手棋"；2014年，进一步强调"放管结合"的重要作用②，并将加强"放管结合"视为深化改革的着力点；2015年，"优化服务"进入"简政放权、放管结合"的改革之列，在全国推进简政放权、放管结合、职能转变工作电视电话会议上，时任总理李克强首次提出，当前和今后一个时期，深化行政体制改革、转变政府职能总的要求是：简政放权、放管结合、优化服务协同推进。至此，"放""管""服"三管齐下、协同推进的改革新局面正式形成。因此，本研究以2015年作为"放管服"改革的起步时间，将"放管服"改革限定为形成简政放权、放管结合、优化服务三管齐下新局面以来的改革实践。

（二）"放管服"改革的主要内容

"放管服"改革是简政放权、放管结合、优化服务的简称，以重构与厘清政府、市场、社会之间的关系为核心，是当前政府改革的重头戏和主战场，三个字既可独立成篇，又可融为一体。

"放"是指简政放权。所谓简政，即精简行政，削减行政事项，简化行政流程，体现了大道至简的底线原则。所谓放权，即下放权力，主要包括向内部放权和向外部放权。向内部放权的对象是下级政府，充分考虑下级政府的承接能力，循序渐进地下放相应的事权、财权，强化下级政府的行政积极性；向外部放权的对象是市场和社会，将"政府不该管、管不好"的事项还给市

---

① 秦德君.马克思主义国家职能理论框架中的"放管服"改革价值分析[J].学术界，2021(4)：41-50.

② 李克强.在全国深化"放管服"改革转变政府职能电视电话会议上的讲话[N].人民日报，2018-07-13(2).

场和社会，激发市场活力，活跃社会氛围，实现放权赋能。

"管"是指放管结合。强调放权与监管之间的接续性和配合性，一放了之、放而不管的放权行为无法达到预期效果，既要放得开，更要管得住，以摆脱"一放就乱"的行为怪圈，弱化事前审批，强化事中事后监管，以防陷入"一管就死"的泥潭。通过稳定、成熟的监管机制和科学、规范的监管行为，为企业、个体工商户、社会组织、公民等主体打造公平、有序的市场环境，营造和谐、安全的社会氛围。

"服"是指优化服务。坚持以人民满意为价值导向，提升服务质量，促进服务型政府建设，是持续推进"放管服"改革实践的落脚点。要求行政机关及其行政人员变革服务理念、创新服务方式、重塑服务流程，增强政务服务能力，关注现实需求，做到"想民之所想，急民之所急"，为企业、个体工商户、社会组织、公民等主体提供品质化服务，使之在与政府部门打交道的过程中感受到良好的顾客体验。

"放管服"改革作为一项有效的治理实践，能够促进我国将制度优势更好地转化为治理效能，看似"小切口"，实则"大成效"。在治理主体方面，"放管服"改革注重各主体间的协同合作，致力于政府、市场、社会的共建共治。在改革实践中，强调政府职责范围的有限性，在厘清政府职责边界的同时，注重发挥市场和社会的功能，鼓励政府、市场、社会间的互相配合、互为补充，充分调动每个治理主体的潜能，做到"政府的归政府、市场的归市场、社会的归社会"，从根源处有效缓解政府职能的越位、缺位和错位现象，构建"有为政府""有效市场""有序社会"协同联动的改革局面。在治理方式上，"放管服"改革注重方式的科学合理，创新管理方式、多措并举，消除政府体制、机制障碍。在改革实践中，坚持以任务为依归，始终践行"法无授权不可为、法定职责必须为"的法治理念，创造性地提出"清单制度"，精简审批事项，降低准入门槛，强化事中事后监管，并充分利用大数据等信息技术手段，促进"互联网＋政务服务"建设，实现从"权力导向""长官意志""门槛管理""群众走路"向"任务导向""唯法为治""过程管理""数据跑路”的根本性转变。在治理力度上，“放管服”改革力度持续不减，坚持顶层设计与地方首创的有机结合。在改革实践中，中央政府总揽全局，具有宏观视野和战略眼光，熟知国际发展态势与趋向，明确国内发展目标与方向，坚持每年在全国范围内召开关于“放管服”改革的电视电话会议，出台重点任务分解表，细化改革施工图。地方政府充分发挥其处于改革一线的先天优势，结合区域特色，“八仙过海、各显神通”，积极、持续开展有益探索，为中央政府的宏观视野提供了微观基础，形成中央—地方上下联动的改革合力[①]。

（三）“放管服”改革的核心特征

“放管服”改革作为行政管理体制改革的重点内容之一，在具备我国行政管理体制改革普遍性特征的同时，又拥有自身的独特之处。通过对改革实践的系统化梳理与提炼，本研究认为，“放管服”改革主要具有以下基本特征：

第一，渐进性。改革开放以来，我国坚持“摸着石头过河”的发展思路，在摸索中不断将改革向纵深推进，渐进性的改革模式能够处理好发展与稳定之间的关系，是富有中国特色的改革思路与方法[②]。“放管服”改革作为渐进式改革的典型例证，其改革成效的取得也并非是一蹴而就的。随着政府职能转变的深入推进，“皆大欢喜”的改革都已经完成，剩余亟待解决的都是难啃的硬骨头，政府改革迎来“深水区”和“攻坚期”，“放管服”改革作为破解难题的“突破口”和“关键点”应运而生。纵观李克强在历年“放管服”改革电视电话会议中的报告，能够切实地感受到“放管服”改革的渐进性和逐步扎根性。伴随着改革工作的不断深入，“放管服”改革已从注重削减审批事项的数量变化向质量提升转变，广泛关注市场和社会的功能和作用，其

---

① 孙萍，陈诗怡.“放管服”改革的功能定位与发展路径——基于制度优势转化为治理效能的理论思考[J].学习与探索，2021(3)：47-53.
② 孙德敏.加强顶层设计和摸着石头过河相结合刍议[J].理论学习与探索，2014(3)：81-83.

"放出活力、管出秩序、服出品质"的改革目标也越发明晰。

第二，融合性。"放管服"改革作为一项我国长期持续推进的改革实践活动，具有浓厚的时代印记和以往改革的痕迹，包含对既有改革经验的广泛汲取与融合。从中国的行政改革史来看，十一届三中全会以来，市场在资源配置中的作用得到高度关注，在"放管服"改革的新时代，市场的功能定位越发凸显，强调要切实发挥其在资源配置中的决定性作用，并且自20世纪90年代以来，开始不断推进的行政审批改革也在"放管服"改革中得到一定的延续和升级。从全球的改革史来看，20世纪80年代以来，新公共管理运动和重塑政府运动的浪潮席卷全球，以人民满意为依归的"放管服"改革在一定程度上也体现了新公共管理运动中"顾客导向"的改革痕迹；而后，在技术赋能时代，数字治理和开放治理应运而生，"放管服"改革中"双随机、一公开""互联网＋政务服务"等应用新兴技术的改革举措在一定程度上也带有"数字治理"和"开放治理"的色彩[1]。

第三，联动性。组织之间的协同联动是促进改革任务有序推进的重要保障，集中体现在横向和纵向两个维度上。一方面，"放管服"改革坚持左右联动机制，厘清部门职责，突破部门之间的屏障与壁垒，打破利益藩篱，缓解"九龙治水"的乱象，鼓励部门间通力合作、协同共进。我国在世界银行的营商环境排名中飞跃式上升，企业开办、经营税收等环节涉及不同政府部门，此阶段性成果的取得正与部门间的协同合作密不可分。另一方面，如前文所述，"放管服"改革坚持上下联动机制，充分调动了中央和地方两个积极性，实现顶层引领和地方首创的紧密结合。自上而下的压力式改革路径有助于改革任务在全国范围内的迅速铺开，自下而上的实践式改革路径有助于提供值得推广和借鉴的地方典型经验，催生新型改革模式。

---

① 马亮."放管服"改革：理论意蕴与政策启示[J].江苏师范大学学报（哲学社会科学版），2020(5)：88-99.

二、"放管服"改革效能的概念意涵

"放管服"改革效能中主要包含"放管服"改革和效能两个核心词汇，关于"放管服"改革的概念内涵已在前文作出详细阐释，可见，准确理解效能的本质内涵则成为破解"放管服"改革效能概念的核心与关键。

（一）效能的定义

效能是中国的本土化概念，我国最早提出这一概念的是以毛泽东同志为核心的党的第一代中央领导集体。当前，学界主要从语义学、管理学和政治学的三个角度对效能概念进行解读。

第一，从语义学角度来看，研究者们普遍选择参考《辞海》《现代汉语词典》等词条中的释义[1]，将效能定义为事物所蕴藏的有利作用[2]；或将效能一词拆解为"效"与"能"的结合，并由此衍生出关于效能要素的多种论断：（1）二元论，主张效能由两个要素构成，如：效能 = 效率 + 能力[3]；效能 = 效率 + 效果[4][5]；效能 = 功能 + 效率[6][7]等。（2）三元论，主张效能由三个要素构成，如：效能 = 效率 + 效果 + 公平[8]；效能 = 能力 + 效

---

[1] 朱正威，杨晶晶.国内政府效能问题研究综述[J].特区经济，2007(4)：271-272.

[2] 中国社会科学院语言研究所词典编辑室.现代汉语词典[M].北京：商务印书馆，2002：1390.

[3] 刘远亮."互联网＋政务服务"驱动政府效能建设的逻辑理路[J].西南民族大学学报（人文社科版），2020(8)：207-212.

[4] 孙美佳，胡伟.政府行政效能对高层次人才集聚的影响研究[J].江苏行政学院学报，2016(5)：117-122.

[5] 渠滢.我国政府监管转型中监管效能提升的路径探析[J].行政法学研究，2018(6)：32-42.

[6] 杨代贵.论行政组织对行政效能的影响[J].江西社会科学，2003(1)：188-190.

[7] 郑布英.建设地方政府行政效能长效机制[J].四川行政学院学报，2005(2)：18-20.

[8] 芮国强，彭伟，陈童.地方政府人才政策效能评估——以常州为例的实证研究[J].学海，2017(6)：156-160.

益 + 满意度 [①]；效能 = 能力 + 效率 + 效益 [②]；效能 = 功能 + 效益 + 效果 [③]；效能 = 产出 + 效果 + 影响 [④] 等。（3）四元论，主张效能由四个要素构成，如：效能 = 经济 + 效率 + 效果 + 公平 [⑤]；效能 = 能力 + 效率 + 效果 + 效益 [⑥]；效能 = 功能 + 效率 + 效果 + 效益 [⑦] 等。

第二，从管理学角度来看，研究者们普遍选择以组织效能（Organizational Effectiveness）的系列理论为依据来理解效能。组织效能扎根于组织社会学、工业心理学等学科领域的发展，可追溯至 20 世纪 50 年代 [⑧]，但是尚未形成一个统一的、被普遍接受的定义。学者们普遍认为，围绕效能问题展开的讨论更加接近组织的本质，是研究组织问题的终极目标 [⑨]，强调效能是一个多元、多维的复杂性概念 [⑩]，并由此形成了系列理论模型，如目标模型将效能定义为

---

① 赵如松，陈素萍，刘莹，等.政府效能评估指标体系初探 [C].政府法制研究（2017 年合订本），2017：452-482.
② 苏海坤.能力、效率与效益——谈提高乡镇政府行政效能的途径 [J].学术论坛，2007(11)：69-72.
③ 马春庆.为何用"行政效能"取代"行政效率"——兼论行政效能建设的内容和意义 [J].中国行政管理，2003(4)：28-30.
④ 杨黎婧.公众参与政府效能评价的悖论、困境与出路：一个基于三维机制的整合性框架 [J].南京社会科学，2019(9)：71-78.
⑤ 中国行政管理学会课题组，靳江好，文宏.政府效能建设研究报告 [J].中国行政管理，2012(2)：7-10.
⑥ 安彩英.国外政府效能建设的实践及启示 [J].云南行政学院学报，2013(2)：43-45.
⑦ 郭泽保.政府效能建设若干问题探析 [J].福建行政学院福建经济管理干部学院学报，2001(4)：6-9.
⑧ Lecy J D, Schmitz H P, Swedlund H. Non-governmental and not-for-profit organizational effectiveness: a modern synthesis[J].Voluntas: International Journal of Voluntary and Nonprofit Organizations, 2012, 23(2):434-457.
⑨ Arnett D B, Sandvik I L, Sandvik K. Two paths to organizational effectiveness-product advantage and life-cycle flexibility[J]. Journal of Business Research, 2018, 84(3): 285-292.
⑩ Liket K C, Maas K. Nonprofit organizational effectiveness: analysis of best practices[J]. Nonprofit & Voluntary Sector Quarterly, 2015, 44(2): 268-296.

目标的实现程度[①];系统资源模型将效能定义为获取、应用稀缺资源和有价值资源的程度[②];竞值架构模型强调效能主要包括焦点(任务—人)、结构(控制—灵活性)和时间(短期—长期)三个价值维度[③];利益相关者模型强调效能是满足利益相关者偏好的程度等[④]。

第三,从政治学角度来看,研究者们更倾向于选择政治效能感(Political Efficacy)理论作为参考来理解效能。20世纪50年代,研究人员首次将政治效能引入政治态度的系列研究,并使其成为该研究领域中具有持续性的研究议题之一[⑤],该理论强调效能由内部效能与外部效能两部分构成,其中内部效能是指公民对自己参与政治的个人能力的感受[⑥],体现了人们对政治权力和影响力的认知[⑦],外部效能更强调个人相信政府对人民群众需求反应与重视的程度[⑧],在此语境中,效能则更偏重于能力、影响以及互动三方面内容[⑨]。

与此同时,实务界也充分发挥其实践性优势,结合政府机关的行政行为对效能的内涵展开论述,如:福建省在推进机关效能建设的进程中,将其定

---

① Lecy J D, Schmitz H P, Swedlund H. Non-governmental and not-for-profit organizational effectiveness: a modern synthesis[J]. Voluntas: International Journal of Voluntary and Nonprofit Organizations, 2012, 23(2):434-457.

② Yuchtman E, Seashore S E. A system resource approach to organizational effectiveness[J]. American Sociological Review, 1967, 32(6): 891-903.

③ Quinn R E, Rohrbaugh J. A competing values approach to organizational effectiveness[J]. Public Productivity Review, 1981, 5(2): 122-140.

④ Connolly T, Conlon E J, Deutsch S J. Organizational effectiveness: a multiple-constituency approach[J]. Academy of Management Review, 1980, 5(2): 211-218.

⑤ Morrell M E. Survey and experimental evidence for a reliable and valid measure of internal political efficacy[J]. Public Opinion Quarterly, 2003, 67(4): 589-602.

⑥ Morrell M E. Deliberation, democratic decision-making and internal political efficacy[J]. Political Behavior, 2005, 27(1): 49-69.

⑦ Wolak J. Self-Confidence and gender gaps in political interest, attention, and efficacy[J]. The Journal of Politics, 2020, 82(4): 1490-1501.

⑧ 卢家银.舆论的动力中介:政治效能对青年政治表达的影响——基于中国大陆15所高校大学生的调查研究[J].暨南学报(哲学社会科学版),2017(3):102-111.

⑨ 杨黎婧.公众参与政府效能评价的悖论、困境与出路:一个基于三维机制的整合性框架[J].南京社会科学,2019(9):71-78.

义为"在党委、政府的统一领导下，以提高工作效率、管理效益和社会效果为目标，以加强思想、作风、制度、业务、廉政、能力建设为内容，科学配置机关管理资源，优化机关管理要素，改善机关运作方式，改进机关工作作风，强化机关效能意识，按照廉洁、勤政、务实、高效的要求，构筑机关效能保障体系的综合性工作"[①]；北京监察局认为政府机关及其行政人员通过发挥其能力与能量，履行职责，实现预期行政目标，政府管理活动的效能主要体现在能力、效率、效果、效益四个方面[②]。

本书在批判、吸收上述观点的基础上结合当前研究语境，认为"效"意指外显效用，"能"意指内在潜能，整体来看，效能是对行为有效性的综合研判，强调内在潜能与外显效用的动态联结，是对行为起点、过程和结果的综合体现，是效率、效果和效益的有机统一。

（二）"放管服"改革效能的内涵

结合前文对"放管服"改革和效能的概念剖析，本研究认为"放管服"改革效能，是指国家行政机关及其行政人员推进简政放权、放管结合和优化服务改革的有效性，强调内在潜能和外显效用的动态联结，是对改革起点、过程和结果的综合体现，是改革效率、改革效果和改革效益的有机统一。

从动态角度看，"放管服"改革效能强调内在潜能和外显效用的动态联结，其中内在潜能是蕴藏于改革主体内部的潜在能量，是"放管服"改革的起点，代表改革主体的综合实力；外显效用是由"放管服"改革举措而引发的一系列可见性产出，代表改革结果；动态联结是将内在潜能与外显效用相连的关键一环，代表"放管服"改革的过程。

从静态角度看，"放管服"改革效能强调改革效率、改革效果和改革效益的统一，其中改革效率意指改革主体在单位时间内完成的"放管服"改革

---

① 吴建南，张攀，刘张立."效能建设"十年扩散：面向中国省份的事件史分析[J].中国行政管理，2014(1)：76-82.

② 张康之，李传军，张璋.公共行政学[M].北京：经济科学出版社，2002：317-318.

工作量；改革效果意指改革行为对于"放管服"改革目标的实现程度；改革效益意指由"放管服"改革行为而引发的价值影响。

（三）"放管服"改革效能的特征

深入剖析"放管服"改革效能的定义，我们认为"放管服"改革效能的特征主要包括以下三项：

第一，公共性是"放管服"改革效能的根本特征。各级行政机关及其行政人员是"放管服"改革效能的生产主体，更是代表公民行使公共权力的行为主体，其具有显著的"公共人"特质，有责任和义务表达公共意志，保障公共利益，满足公共诉求，凸显公共价值。"放管服"改革实践是"放管服"改革效能的生产媒介，其作为转变政府职能、全面深化行政体制改革的重要举措，理应遵循建设人民满意的服务型政府的改革目标，公共性更是凝结其中的关键要素。党的十九大以来，我国社会主要矛盾已经转化为人民日益增长的美好生活需要和不平衡不充分的发展之间的矛盾，行政机关的系列改革实践需深切关注人民满意的公共性取向。

第二，根基性是"放管服"改革效能的突出特征。"放管服"改革与政府治理结构、治理功能、治理能力、治理体系等要素紧密相连，事关政府治理本质，是各级行政机关及其行政人员深化行政体制改革、转变政府职能的首要任务，作为一项在我国长期、持续推进的改革战略，其力度之深、范围之广可谓前所未有，考虑到"放管服"改革在政府发展与建设中的基础性作用，优化"放管服"改革效能已然成为提升政府整体效能的压舱石和定盘星。尤其是在踏入新征程、迎来新机遇、肩负新使命的"十四五"时期，国家治理效能得到新提升的建设目标，使"放管服"改革效能对于改善政府整体效能的作用更加凸显。

第三，整体性是"放管服"改革效能的核心特征。"放管服"改革效能由"放管服"改革效率、效果和效益三者集合而成，是对"放管服"改革"三效"的整体性展现。其中改革效率强调行政机关及其行政人员要积极、主动作为，整合组织资源，调动组织活力，在单位时间内尽可能完成较多的工作量；改革效果强调在保证工作数量的同时更要关注工作质量，行政机关及其行政人员要以改革目标为出发点和落脚点，确保改革实践能够在有助于实现改革目标的轨道上稳步行驶，发挥其应有之义；改革效益建立在效率和效果的基础上，强调行政机关及其行政人员要关注改革行为的价值性影响，如经济价值、社会价值等。可见，改革效率、改革效果和改革效益三足鼎立，成为理解、认知"放管服"改革效能的有力支点。

三、"放管服"改革效能评价的理论内核

为了更好地设计、构建"放管服"改革效能评价指标体系，研究者有必要深入"放管服"改革效能评价的理论内核，展开全方位、多角度解析，厘定其核心要义和基本内涵，并进一步说明相较于绩效评价，效能评价的显著优势究竟在于何处。

（一）"放管服"效能评价的核心要义

"放管服"改革效能评价是对行政机关及其行政人员在简政放权、放管结合、优化服务改革中的效能估定，致力于对改革主体所具备的内在潜能和实现的外显效用的综合测量，其中内在潜能代表改革起点，外显效用代表改革结果，以内在潜能与外显效用两者的乘积表示实际效能水平。在理想状态下，改革主体的效能水平会呈螺旋式上升，如图3-1所示。在改革行为过程的推动下，改革主体将内在潜能高效地转化为外显效用，经转化而成的外显效用进一步敦促改革主体内在潜能的提升，获得提升的内在潜能再次高效地转化为外显效用，形成内在潜能与外显效用之间的良性循环，在两者的互促互进中实现效能水平的螺旋式上升。

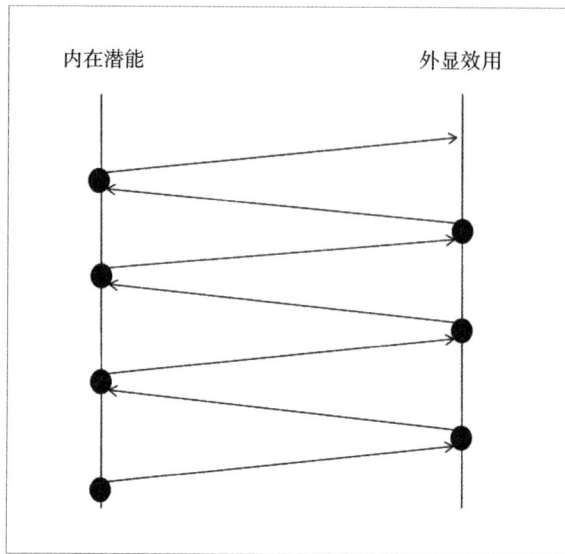

图 3-1 内在潜能与外显效用的理想状态

但在"放管服"改革实践中，并非所有的改革主体都能达到理想状态，一些改革主体能够将内在潜能高效地转化为外显效用，而一些改革主体却只能将一部分或有限的内在潜能转化为外显效用，在内在潜能与外显效用之间呈现出来的水平差异，便是对改革过程有效性的精准刻画。具体来说，如图 3-2 所示，以内在潜能为 X 轴，以外显效用为 Y 轴，建立坐标系，改革主体是分布在这个坐标系中的散点，按照其在"放管服"改革中所具备的内在潜能和实现的外显效用，每个改革主体都能在坐标系中找到属于自己的位置。

（1）当散点恰好落在 $Y=X$ 的这条斜线上时，代表该改革主体的内在潜能＝外显效用，即在"放管服"改革中改革主体将内在潜能全部转化为外显效用，说明该改革主体的改革工作达到了有效性的基本标准。

（2）当散点落在区域①内，则代表该改革主体的外显效用＞内在潜能，即在"放管服"改革中改革主体将内在潜能高效地转化为外显效用，说明该改革主体的改革工作已经进入了高效的领地，且该点与 $Y=X$ 这条斜线的垂直距离越远，则说明其改革过程越高效。

（3）当散点落在区域②内，则代表该改革主体的外显效用＜内在潜能，即在"放管服"改革中改革主体未能将内在潜能全部有效地转化为外显效用，表明该改革主体的改革工作仍旧维持在低效的水平上，且该点与 $Y=X$ 这条斜线的垂直距离越远，则说明改革过程越低效。

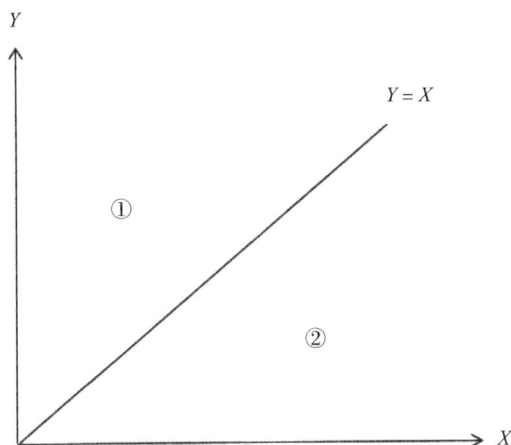

图3-2 内在潜能与外显效用的函数关系图

（二）"放管服"改革效能评价的理论解读

我们将从评价基础、评价重点、评价实质以及评价目的四个方面出发，系统化阐释"放管服"改革效能评价的基本内涵。

第一，"放管服"改革效能评价的基础是对改革起点的厘定。内在潜能作为"放管服"改革效能评价的核心变量之一，在前文论述中曾多次提及。顾名思义，内在潜能是改革主体自身所具备的基础性改革要素的统称，侧重于对"放管服"改革起点的考察。通过对行政人员的基本素养和专业能力、行政组织的文化环境、制度环境等与改革相关要素的系统化测量，能够全面了解、掌握改革主体的综合实力和改革基础。从"放管服"改革效能的计算公式来看，内在潜能和外显效用两个变量与效能水平呈正相关关系，该表达式强调改革主体不仅要具备良好的内在潜能，也要形成优质化的外显效用。相较于外显效用而言，内在潜能在促进效能建设、提升效能水平的过程中发挥着基础性作用，即外显效用水平在一定程度上会受到内在潜能的影响，良好的内在潜能为优质化外显效用的形成提供了更为广阔的空间和可能。但是如果改革主体无法将内在潜能有效地转化为外显效用，那么无论内在潜能的水平如何，依旧难以在具有相似改革基础或起点的改革主体中脱颖而出。简言之，本书的效能评价，并不是以单一的外显效用来判断改革进展，而是充分关注到内在潜能的意义和价值，明确改革起点在"放管服"改革效能中的地位和作用。

第二，"放管服"改革效能评价的重点是对改革结果的考察。外显效用是"放管服"改革效能评价中的另一核心变量，是对"放管服"改革所获得产出的客观描述，是改革结果的整体性表现。按照效能在本书中的基本定义，改革效能强调改革效率、改革效果、改革效益的"三效合一"，这不仅是外显效用部分的核心内容，更是"放管服"改革效能评价的重点。其中改革效率是指改革主体在单位时间内完成工作量的多少，即在"放管服"改革的单位周期内，实施的改革举措形成了怎样的可量化产出，如行政审批事项数量大幅度降低、政务服务手续数量明显减少等，侧重于对改革实践的数量化考察；改革效果是指改革主体的行为实践对现存问题和既定目标的解决、实现程度，即通过简政放权、放管结合和优化服务三管齐下，解决了哪些现实问题，实现了哪些预期目标，如切实解决了市场活力、社会创造力不足的问题，有效激发了企业、个体工商户、社会组织、公民等主体的活力和创新力等，侧重于对改革实践质的考察；改革效益是指改革主体的行为结果所带来的政治、经济、社会影响，建立在效率和效果的基础上，是由"放管服"改革的工作量和改革目标所形成的附加价值，强调由高质量产出带来的影响力，并将低成本的概念隐含其中。由此可见，改革效率、改革效果、改革效益作为评判"放管服"改革结果的重要标尺，三者缺一不可，唯有三效合一，才能更好地推进"放管服"改革。

第三，"放管服"改革效能评价的实质是对改革过程的监测。"放管服"改革效能评价的计算公式中主要包含内在潜能和外显效用两个变量，看似与改革过程无关，实则不然。起点、过程、结果是一套有序的逻辑链条，内在潜能作为静态化要素，无法自动转化为外显效用，需要改革过程的催化，改革过程作为起点与结果之间的桥梁与纽带，是改革主体实现内在潜能与外显效用动态联结的触发器，改革过程的有效与否，将直接决定内在潜能向外显效用的转化水平。换言之，在"放管服"改革中，内在潜能与外显效用之间所呈现出来的关系，即是改革过程有效性的直接体现。从理论上讲，可能出现三种关系：内在潜能 = 外显效用；内在潜能 < 外显效用；内在潜能 > 外显效用。依照前文的相关理论指导，改革主体内部包含的要素即为结构，要素所具备的能量即为功能，内在潜能是改革主体中各要素的能量集合，该集合强调不同要素的个体性功能，是不同要素所具备的个体性能量的简单叠加，更是影响人民群众心理预期的改革应然状态。外显效用是改革的实然状态，强调不同要素之间的组合性功能，同一改革主体所具备的要素之间存在或多或少的内在关联性，在具体的改革实践中，不同要素协同共生，以合理化的要素配置，促进要素间组合性功能的发挥，达到"整体功能大于各部分功能之和"的理想状态。由此，当内在潜能 = 外显效用时，意味着在"放管服"改革中改革主体将内在潜能全部转化为外显效用，说明该改革主体的改革工作达到了有效性的基本标准；当内在潜能 < 外显效用时，意味着在"放管服"改革中改革主体将内在潜能高效地转化为外显效用，说明该改革主体的改革工作已进入高效阶段，代表改革过程的高效性；当内在潜能 > 外显效用时，意味着在"放管服"改革中改革主体未能将内在潜能全部有效地转化为外显效用，说明该改革主体的改革工作仍旧维持在低效的水平上，代表改革过程的低效性。

第四，"放管服"改革效能评价的目的是强调起点与结果的互促。"放管服"改革效能 = 内在潜能 × 外显效用。从公式的角度来看，提升"放管服"改革效能的路径有三条：一是在内在潜能不变的情况下，改善、提升外显效用以有效增强改革主体的效能水平；二是在外显效用不变的情况下，优化、提升内在潜能，以有效增强改革主体的效能水平；三是同时兼顾内在潜能与外显效用两个变量，提升内在潜能，优化外显效用，使改革主体的效能水平获得显著性增强。从本质上来说，内在潜能与外显效用两个变量之间具有一定的内在关联性和互动性，即良好的内在潜能有助于形成优质的外显效用，优质的外显效用也能够反过来优化改革主体的各类资源，敦促其形成良好的内在潜能。如果一味注重对内在潜能的改善而忽视对外显效用的优化，改革主体难以在具有同等内在潜能的同类评价对象中脱颖而出；同样的，如果一味注重对外显效用的优化而忽视了对内在潜能的改善，改革主体依旧无法在具有同等外显效用的同类评价对象中处于领先地位。由此可见，充分考虑到内在潜能与外显效用之间的互促性，在上述提升"放管服"改革效能的三条路径之中，唯有同步提升内在潜能与外显效用，建立两者间的良性循环才是增强改革效能的理想之策。

（三）"放管服"改革效能评价的显著优势

根据前文对"放管服"改革效能评价的核心要义分析和理论内涵解读，我们认为，相较于传统的绩效评价视角，效能评价视角主要存在以下三个方面的显著优势。

第一，效能评价视角具有鲜明的中国特色。如前文所述，"效能"是一个中国本土化词语，最早由以毛泽东同志为核心的党的第一代领导集体提出，1941年，中共中央发出关于"精兵简政"的指示，要求整顿各级组织机构，精简机关，提高效能；次年12月，毛泽东同志在陕甘宁边区高级干部会议上再次强调，精兵简政需达到精简、统一、效能、节约和反对官僚主义五项目的[①]，伴随着效能思想的不断发展，21世纪以来，更掀起了机关效能建设的

---

① 马春庆.为何用"行政效能"取代"行政效率"——兼论行政效能建设的内容和意义[J]. 中国行政管理，2003(4)：28-30.

改革浪潮。绩效评价视角则不同，其发源于西方国家，最早可追溯至泰勒的科学管理时期，将其引介至公共行政领域则始于 20 世纪初美国纽约市政研究院的绩效评价实践[①]，并依托于西方国家的发展语境，衍生出顾客满意度模型、平衡记分卡模型、任务—周边绩效模型等成熟且获得广泛应用的评价工具。考虑到"放管服"改革作为一项在中国语境中脱颖而出的创新性改革实践活动，具有中国特色，符合中国国情，显然其与源于本土的效能评价视角更为匹配。

第二，效能评价强调对起点—过程—结果改革链条的全方位考察。效能强调内在潜能与外显效用之间的动态联结，其中内在潜能代表改革起点，外显效用代表改革结果，动态联结代表改革过程，效能评价是为展现改革全链条作出的有益尝试。绩效评价则不然，在发展初期，由于受到科学管理及传统公共行政模式的深刻影响，政府绩效评价以效率原则为导向，注重行政过程，强调"如何以更少的投入办更多的事情"，而后在"新公共管理运动"的驱动下，政府绩效评价逐步融入结果导向色彩，扭转了绩效评价中对效率的单一性追求，使政府绩效评价从过分关注过程和规则转向对行政结果和输出的关注[②]。可见，与传统的绩效评价视角相比较，效能评价在关注改革过程和改革结果的同时，更增添了对改革起点的现实关注，使改革链条更为完整和全面。

第三，效能评价能够有效识别内在潜能与外显效用之间的关系。在当代中国的发展语境中，不平衡性依旧是经济社会发展进程中不容忽视的一项特征，由于受到区域发展不平衡性的影响，不同地方的改革主体站在不同的改革起点上，拥有差异化的基础性条件。效能评价强调对改革主体所具备的基础性条件的反映与揭示，有助于引导改革主体厘清其内在潜能与外显效用之间的现实差异。而绩效评价缺乏对改革主体内在潜能的现实关照，如若将其应用至"放管服"改革研究，可能会陷入数据误读的窘境，研究者无法确定

---

①② 包国宪，董静.政府绩效评价在西方的实践及启示[J].兰州大学学报，2006(5)：20-26.

改革的结果差异究竟是由改革实际所致，还是由改革主体的基础性差异所致，难以对评价对象的外显效用作出科学研判。

四、"放管服"改革效能评价的重要意义

效能评价作为"放管服"改革研究的新视角，有效地回应了理论研究的发展需求和改革实践的时代呼唤。"放管服"改革效能评价以厘定内在潜能为基础，以考察外显效用为重点，将内在潜能与外显效用的乘积结果作为判断效能水平的根本依据，通过两者间的关系比对，来透视"放管服"改革行为过程的有效与否。这不仅有利于纾解政府效能评价研究中的理论困境，也有利于"放管服"改革进展的全方位展现，帮助各级政府切实掌握改革的实际情况，为有针对性地抓住重点、补齐短板、强化弱项提供有效的理论和实践指导。

（一）开拓了政府改革评价研究的新视角

经过多年的发展与演进，绩效评价作为国际通用的研究视角，其评价工具逐步趋于成熟、稳定，成为政府改革评价研究中的主流技术，受到研究者们的关注与推崇。但是考虑到该工具的应用局限以及与中国语境的适配度问题，本书尝试从效能这一本土化概念出发，为政府改革研究开拓出效能评价的新视角，并选择一项在全国范围内广泛、持续推进的实践活动，即"放管服"改革为研究载体，开展评价研究。在充分明确效能评价的理论本质与基本内涵的基础上，尝试提出科学、可行的效能评价方案，构建出一套符合中国国情、回应中国实践、具有中国特色的地级市政府"放管服"改革效能评价指标体系，并选择运用乘积的方式来完成对关键变量的合成，试图以此展现内在潜能与外显效用之间的关系，拓展政府改革评价的空间与范围，提升评价结果的公平性与研究结论的客观性，彰显效能评价的显著优势，充实政府改革效能评价的研究成果，推动绩效评价向效能评价的逻辑转向，为评价政

府改革实践形成中国方案、贡献中国智慧，促进效能评价的中国话语体系建设。

（二）纾解了对效能本质的模糊性认知

效能一词由来已久，并颇为频繁地出现于政府工作报告、会议公报等一系列国家的政策文件之中，但与之相比，学术界的相关研究成果并不充实，研究者们尚未就效能的本质、内涵等基础性问题达成共识，关于政府效能的基本要素构成也形成了二元论、三元论、四元论等诸多论断，与其相近词汇的概念边界模糊，内涵解读含混不清。厘清效能的本质，无疑是开展效能评价研究的起点与关键。本书以之为基点，在中国的语境与行为框架下研究、理解效能，并获得以下结论：其一，效能主要包含内在潜能与外显效用两大要素，分别对应改革起点和改革结果，通过对内在潜能和外显效用的直观式测评能够全方位监测改革主体的行为过程；其二，效能可以用变量间关系予以表示，即内在潜能与外显效用的乘积，这有助于实现概念的可操作化，为效能评价研究的有效开展打下坚实的基础；其三，对效能概念的深层次解构表明，效率、效果等均属于效能的子概念，是外显效用要素中的重要组成部分。总之，审视与梳理效能的概念及其谱系，能够在一定程度上纾解对效能本质的模糊性认知，有助于促进效能评价研究的规范化。

（三）为国家深化"放管服"改革战略提供决策依据

"放管服"改革并非是"一阵风"的运动式治理行为，而是一项需要长期、持续推进的治理举措。中央政府对于此项国家性的改革战略给予高度关注，坚持每年召开关于深化"放管服"改革的电视电话会议，总结改革得失，厘定改革重点，寻找改革突破，部署改革任务，以期实现推动"放管服"改革取得更大成效的预期目标。从长远发展来看，完善"放管服"改革效能评价的基础性理论，厘清并构建"放管服"改革效能的评价维度和指标体系是满足全面深化改革的现实需求，更是呼应现代化治理进程的必然选择。"放管服"改革效能评价指标体系正是为精准、客观考量改革进展而量身打造的一套系统化标准,其作为有效的测评工具,能够帮助中央政府总揽改革全局,全方位掌握各地改革进展,明确区域改革差异,及时地对"放管服"改革的顶层设计与战略规划作出相应调整,切实提升改革方案与现实发展的贴合度,为持续推进"放管服"改革战略提供理论性支持。

(四)为地方政府持续推进"放管服"改革指明方向

"放管服"改革效能评价是地方政府推进"放管服"改革战略的重要参照,其作为一项有效的治理工具,有助于地方政府全面审视简政放权、放管结合和优化服务的工作实际,并将具体的改革实践行为凝练、抽象为直观化的测评数据。通过对评价结果以及评价参数的解读与剖析,地方政府能够清楚地了解其改革的实际效能、所拥有的改革资源和取得的外显效用,形成对"放管服"改革行为有效性的理性认知,引导地方政府根据评价结果所呈现的改革优势与不足,及时地提出有针对性的改进对策和解决方案,突出改革的"靶向效应",精准施策,发掘改革自主性和创新性,使之充分、有效利用组织资源,更好地将内在潜能转化为外显效用,切实做到"放"得开、"管"得住、"服"到位,不断提升"放管服"改革效能,驱动"放管服"改革任务的持续性推进,彰显"以评促改"的精神内核。此外,构建"放管服"改革效能评价指标体系,能够为同级政府间的横向比较提供统一的可量化标准,增强地方政府之间的可比对性,使地方政府明确其在同类改革主体中的水平定位,突出改革先行区,促进府际间学习,推动典型经验和创新型举措的复制、迁移、扩散,为地方政府持续推进"放管服"改革指明方向。

第四章 ▶▶▶

"放管服"改革效能评价指标体系

"放管服"改革作为促进国家治理体系和治理能力现代化的重要实践，自开展以来便引发了学界的高度关注，考虑到理论探索与实践发展的双重需求，如何科学地评价"放管服"改革效能是现代政府治理中所面临的一项重大课题，构建出一套能够全面反映"放管服"改革效能的评价指标体系更是课题研究的重中之重。

一、指标体系构建的原则

我们认为在选定"放管服"改革效能的测量指标时，不仅要遵循一般科学研究的通用性原则，更要深入"放管服"改革的实践内核，厘清需要遵循的个性化原则。

（一）通用性原则

通过对相关研究文献的梳理与归纳，评价指标体系构建需要遵循以下4项通用性原则。

第一，系统性。评价指标体系构建是一项系统性工程，要求研究者围绕评价主题开展多层次、多向度的统筹考量，对评价指标体系进行通盘审视与全面分析，避免关键性指标的遗漏与缺失；注重对同级别指标的系统化考察，保持指标内在逻辑的一致性，确保其归属同一逻辑链条；注重不同层次指标间的区别性，保证不同层级的指标之间层次分明。

第二，科学性。评价指标体系构建不仅要以相关理论为依托，更要遵循实践经验。脱离理论发展与实践需求的评价指标体系将犹如"无源之水、无本之木"，难以成立。要求研究者从理论和现实的双重维度出发，选取与研究主题密切相关的评价指标；注重指标内涵的明确性，避免歧义；注重评价指标之间的互斥性，避免指标间出现交叉或重叠关系。

第三，可测量性。评价指标体系构建是一项理论与应用价值兼具的研究课题，在"以评促建、以评促改"的价值引领下，构建系统、科学的评价指标体系是开展评价研究的基础和前提，应用评价指标体系开展实地测评是评价研究中的关键环节，唯有设计、遴选出具有可测量性的指标，才能形成可量化的评价结果，提升各地级市政府之间的可比对性。

第四，可获得性。指标的可获得性作为一项与可测量性相承接的原则，是应用评价指标体系完成实地测评的关键。唯有可测量性与可获得性兼具的指标才能发挥其应有之义，得到可靠的评价结果；难以获得，甚至无法获得的可量化指标，终会使评价结果化为泡影。

（二）个性化原则

除了上述通用性原则之外，评价指标体系构建还须遵循内化于"放管服"改革之中的个性化原则。

第一，问题导向。研究者务必明确构建"放管服"改革效能评价指标体系的根本目的在于解决问题。当前，理论界和实务界尚未形成一套系统化、完整化且应用广泛的"放管服"改革效能评价指标体系，现阶段的常用做法是从营商环境角度透视"放管服"改革进程，该做法在一定程度上混淆了"营商环境优化"和"放管服"改革的概念。研究者在选择评价指标时要注重厘清"放管服"改革与营商环境优化之间的差别，构建出一套适用于评价"放管服"改革效能的评价指标体系，解决"放管服"改革评价体系相对缺失的问题，充实研究成果，反映"放管服"改革现状。此外，目标的实现程度是效能评价中需要重点考察的内容之一，改革的目标必然是解决政府运行中存在的一系列现实问题，研究者务必注重指标的代表性，选择能够反映现实问题解决程度的指标，将问题化原则融入"放管服"改革效能评价指标体系之中。

第二，国际导向。"放管服"改革作为政府治理的重要组成部分，已然成为实现第五个现代化的重要路径和有效抓手。在全球化的背景下，虽然不同国家的政府改革举措不尽相同，但其在改革思路上的确存在一定的共通之处。因此，在指标体系的构建进程中，研究者要运用国际化思维，充分借鉴并吸收成熟、流行的国际性评价指标体系，如：世界银行的营商环境评价、经济学人智库的营商环境评价等。

二、评价指标体系的确立

根据前文对"放管服"改革效能的内涵解读和理论探索，内在潜能和外显效用是效能评价中的两个关键性变量。研究者需要分别围绕内在潜能和外显效用两个模块，分别设计、构建评价量表，通过理论与实证的双重分析与印证，系统化遴选评价指标，完成对内在潜能和外显效用量表的调整与优化，"放管服"改革效能评价指标体系基本确立。

需要说明的是，"放管服"改革是一项覆盖全国各级行政机关的战略实践活动，不同行政层级的改革举措和侧重点也会有所不同，因此，本书将针对地级市政府的"放管服"改革设置效能评价指标体系。其原因有二：一是地级市政府是深化"放管服"改革的中坚力量，即：在"放管服"改革实践中，中央政府与省级政府属于制定战略计划的宏观层次，县、乡级政府属于贯彻、落实具体实施方案的微观层次，地级市政府恰恰属于连接宏观与微观的中观层次，不仅能够领会上级政府的改革精神与战略方向，为县、乡级政府提供具体的理论与实践指导，而且掌握改革一手资料，了解改革一线所面临的困境与难题，能够为中央政府与省级政府的宏观设计提供微观支持；二是地级市政府能够全面呈现"放管服"改革任务，即中央政府和省级政府作为宏观层面的行政机关，在"放管服"改革实践中往往承担更多的简政放权和放管结合任务，其改革注意力主要集中在精简行政、下放职权以及加强监管上，不仅要放得开，更要管得住，县、乡级政府作为微观层面的行政机关，直接面向企业、个体工商户、社会组织、公民等服务对象，在"放管服"改革实践中往往承担更多的政府监管和服务任务，其改革注意力主要集中在加强事中事后监管和提升服务质量上，相较于上述两个层次而言，处于中观层次的地级市政府，往往需要同时兼顾简政放权、放管结合以及优化服务三条改革主线，在积极开展职能"瘦身"，下放行政职权的同时，也要直接面向市场主体和社会主体履行相应的监管和服务职能。

（一）内在潜能量表

"放管服"改革内在潜能量表主要包含价值判断、改革执行力、文化环境和制度环境 4 项一级指标和 12 项二级指标，详见表 4-1。

表 4-1　"放管服"改革内在潜能评价指标体系

评价目标	一级指标	二级指标	指标内涵
内在潜能	价值判断	政治价值	"放管服"改革对改善政府形象、提升公信力具有重要意义
		经济价值	"放管服"改革对改善营商环境、促进经济发展具有重要意义
		社会价值	"放管服"改革对提升人民群众获得感、幸福感、安全感具有重要意义
	改革执行力	资源汲取能力	改革者汲取人力、财力、物力资源的实际水平
		资源配置能力	改革者合理分配人力、财力、物力资源的实际水平
		资源运用能力	改革者科学运用资源，提供公共产品和服务的实际水平

评价目标	一级指标	二级指标	指标内涵
内在潜能	文化环境	服务文化	行政组织展现出以人为本的服务理念
		法治文化	行政组织展现出按章办事的法治理念
		勤政文化	行政组织展现出尽职务实的勤政理念
	制度环境	制度的及时性	改革制度具有及时性，能够切实解决新问题、满足新要求
		制度的稳定性	改革制度具有稳定性，没有朝令夕改现象
		制度的适应性	改革制度具有韧性，能够有效地应对困难与诸多不确定性

维度一，价值判断是指改革者对"放管服"改革意义的认识，包含政治价值、经济价值和社会价值三方面内容。其中政治价值强调"放管服"改革对改善政府形象、提升公信力的意义；经济价值强调"放管服"改革对改善营商环境、促进经济发展的意义；社会价值强调"放管服"改革对提升人民群众获得感、幸福感、安全感的意义。

维度二，改革执行力是指改革者对改革部署的落实能力，包括资源汲取能力、资源配置能力和资源运用能力。其中资源汲取能力强调改革者汲取人力、财力、物力资源的实际水平；资源配置能力强调改革者合理分配人力、财力、物力资源的实际水平；资源运用能力强调改革者科学运用资源，提供公共产品和服务的实际水平。

维度三，文化环境是指改革推进过程中，行政组织的文化氛围，包括服务文化、法治文化、勤政文化。其中服务文化强调行政组织中以人为本的服务理念；法治文化强调行政组织中按章办事的法治理念；勤政文化强调行政组织中尽职务实的勤政理念。

维度四，制度环境是指改革的制度体系建设情况，包括制度的及时性、稳定性、适应性。其中制度的及时性强调改革制度能切实解决新问题、满足新要求；制度的稳定性强调改革制度没有朝令夕改现象；制度的适应性强调改革制度能够有效应对诸多困难和不确定性。

从整体上看，内在潜能量表作为适用于评价地级市政府"放管服"改革效能的重要量表之一，其独特性突出表现在改革执行力和制度环境两个方面。一方面，地级市政府作为行政组织中的中坚力量，其"放管服"改革实践是在中央政府顶层设计和省级政府的战略指导下完成的，其改革能力更多地表现在改革执行上，即如何结合区域发展实际，整合资源，将宏观的发展蓝图落实到位。对此，我们在内在潜能量表中设置了改革执行力维度，试图通过对资源汲取、配置以及运用方面的考察来反映地级市政府的改革执行力水平。另一方面，地级市政府作为行政组织中承上启下的关键力量，在接受中央政府和省级政府的宏观指导的同时，更要为其下级政府，即县级政府和乡级政府提供微观支持，充分发挥其身处改革一线的优势，细化改革施工图，选择恰当的政策工具，引领县级、乡级政府更好地推进改革工作。我们在制度环境维度的指标选取方面，并没有选择制度的科学性、系统性等宏观类指标，而是选择能够直接由本级政府决定、内容指向相对具化、细化且有助于对下级政府形成引领性的微观类指标来反映改革主体的制度环境情况，以期彰显地级市政府与其他行政层级政府之间的区别。

（二）外显效用量表

地级市政府"放管服"改革外显效用部分主要包含改革效率、改革效果和改革成本 3 项一级指标、10 项二级指标和 27 项三级指标，详见表 4-2。

表 4-2 地级市政府"放管服"改革外显效用评价指标体系

评价目标	一级指标	二级指标	三级指标	指标内涵
外显效用	改革效率	行政放权效率	内部放权	行政审批事项向下级政府的下移数量

评价目标	一级指标	二级指标	三级指标	指标内涵
外显效用	改革效率	行政放权效率	外部放权	行政审批事项向市场和社会的转移数量
		政府监管效率	问题识别	监管部门能够及时发现不良现象
			问题处理	监管部门能够迅速制止不良行为
		政务服务效率	一件事、一次办	做到"一件事、一次办"的事项数量
			马上办	做到"马上办"的事项数量
			网上办	做到"网上办"的事项数量
			省内通办	做到"省内通办"的事项数量
			跨省通办	做到"跨省通办"的事项数量
	改革效果	放出活力	生存力	激发了市场和社会的生命力
			改造力	减少政府干预，提升市场与社会的发展自主性
			开放力	提升对外开放水平，打破地方保护主义制约
			吸引力	不断吸收、引进人才、资金等发展要素
			创新力	不断开发新领域、新产品、新技术
		管出秩序	自由的进出秩序	各类主体在准入和退出中的自由度
			公平的竞争秩序	各类主体间竞争的公开、公正、公平性
			诚信的交易秩序	各类主体诚实、守信地开展交易

评价目标	一级指标	二级指标	三级指标	指标内涵
外显效用	改革效果	服出品质	服务环境满意度	被服务者对服务环境的满意度
			服务态度满意度	被服务者对服务态度的满意度
			服务流程满意度	被服务者对服务流程的满意度
			服务能力满意度	被服务者对业务熟练程度的满意度
			服务结果满意度	被服务者对服务结果的满意度
		改革协同	整体协同	改革中“放”“管”“服”三管齐下，协同推进
			预期协同	未来发展中，“放”“管”“服”的协同性会越来越好
	改革成本	人力投入	改革人员投入量	为推进“放管服”改革投入的人员
		物力投入	改革设施投入量	为推进“放管服”改革投入的设施
		财力投入	改革资金投入量	为推进“放管服”改革投入的资金

维度一，改革效率是指改革者在单位时间内完成的实际工作数量，从“放管服”改革举措的角度出发，形成与改革效率维度相对应的 9 项具体指标，设置行政审批事项向下级政府的下移数量、行政审批事项向市场和社会的转移数量两个题项，考察行政审批权下放的数量；设置监管部门对不良现象的发现与制止的及时性两个题项，考察行政监管的及时性；设置“一件事、一次办”、马上办、网上办、省内通办、跨省通办事项数量五个题项，考察政务服务的及时性。该维度下的得分可以解释为：某地“放管服”的改革效率得分高，意味着该地实际改革能够在行政放权、政府监管、政务服务方面以有限的时间完成更多项改革任务；改革效果得分低，意味着该地实际无法实

现足够多的改革任务。

维度二，改革效果是指改革预期目标的实现程度，从"放管服"改革举措的角度出发，形成与改革效果维度相对应的 15 项具体指标，设置生存力、改造力、开放力、吸引力、创新力水平题项，考量简政放权改革在多大程度上激发、释放了市场和社会的自我生存和自我发展能力；设置各类主体在行业准入和退出中的自由度、竞争中的公平公开性、交易中的诚实守信题项，考量放管结合改革在多大程度上规范了市场和社会中的各类行为；设置服务环境、服务态度、服务流程、服务能力、服务结果满意度题项，考量优化服务改革在多大程度上提升了政府服务质量；设置简政放权、放管结合、优化服务改革的整体协同和预期协同题项，考量改革举措的协同性，是否能够切实达到"放""管""服"三管齐下，协同推进的总体性目标。该维度下的得分可以解释为：某地"放管服"的改革效果得分高，意味着该地实际改革能够更好地实现放出活力、管出秩序、服出品质、改革协同等预期目标；改革效果得分低，意味着该地实际改革没有能够实现上述目标。

维度三，改革成本是指为推进改革而付出的代价，从组织具备的核心要素角度出发，形成与改革成本维度相对应的 3 项具体指标，设置政府在改革人员方面的实际投入量题项，衡量"放管服"改革的人力投入；设置政府在改革设施方面的实际投入量题项，衡量"放管服"改革的物力投入；设置政府在改革资金方面的实际投入量题项，衡量"放管服"改革的财力投入。需要注意的是，调查问卷中本部分设置了 3 个题项"改革中政府按照实际需求，配备人员，没有人员过剩现象""改革中政府投入的各类设施（如政务服务中心的自助服务系统等）得到广泛应用，没有闲置现象""改革中政府坚持少花钱、多办事"，由于题项都设计为反向问题，因此区别于前述两个维度，该维度的得分解释应为：某地"放管服"改革的改革成本整体得分或其中单项得分偏低，意味着该地实际改革成本偏高、付出偏多，人力、物力或财力存在过度投入；反之，改革成本项得分高则表明在改革成本上表现好，人力、物力或财力的投入适当，能够实现"少花钱多办事儿"。

从整体上看，外显效用量表作为适用于评价地级市政府"放管服"改革效能的重要量表之一，其独特性突出表现在对三条改革主线的兼顾上。如前文所述，在"放管服"改革实践中，处于中观层次的地级市政府在积极开展职能"瘦身"，下放行政职权的同时，也要直接面向市场主体和社会主体履行相应的监管和服务职能，相较于其他行政层级，需要更为全面地承担简政放权、放管结合、优化服务三条主线的改革任务。因此，我们在改革效率和改革效果维度的指标设计中，同时兼顾三项改革举措，设置行政放权效率、政府监管效率、政务服务效率、放出活力、管出秩序、服出品质等指标，以完成对地级市政府"放管服"改革结果的全方位考察。

三、样本数据来源及说明

相关研究表明，对于"放管服"改革而言，人民群众的评价是必不可少的。唯有了解人民群众的评价，才能真正了解"放管服"改革的实际进展。同时，考虑到当前关于地级市政府"放管服"改革的客观数据较为匮乏，能够在地方政府网站以及新闻报道中收集到的零散的客观数据也存在统计时间、统计口径、统计标准不一致等一系列现实问题，难以应用于实证测评之中，我们最终选择通过问卷调查来收集指标数据。

学界认为，问卷调查法是管理学定量研究中最为普及的方法[1]，具有效率高、费用低、较少受到外界干扰、便于统计处理与分析、能够做大样本的调查研究等显著优势。尤其在公共管理研究中，很多问题无法直接测量，只能通过问卷的方法进行间接调查[2]。对于本研究而言，"放管服"改革的内在潜

---

[1] 陈晓萍，沈伟. 组织与管理研究的实证方法（第二版）[M]. 北京：北京大学出版社，2017：190.

[2] 范柏乃，蓝志勇. 公共管理研究与定量分析方法（第二版）[M]. 北京：科学出版社，2016：79.

能和外显效用是两个难以直接测量的变量，需要通过问卷调查的方式来完成间接调查。因此，为切实保证调查问卷的科学性与实用性，我们将严格遵循问卷设计的基本原则和相关程序，应用李克特七级量表设计、编制关于地级市政府"放管服"改革效能评价的调查问卷。需要说明的是，为全方位、多角度地了解地级市政府在"放管服"改革实践中的实际进展，我们尝试从服务提供者和服务接受者的双重角度出发，针对地级市政府公务员和普通市民两大群体分别设计调查问卷。

（一）评价区域的选择

本研究选择评价东北地区"放管服"改革效能的原因有二：

其一，东北振兴战略是党中央、国务院作出的一项重大决策。2003年10月，中共中央、国务院正式印发《关于实施东北地区等东北老工业基地振兴战略的若干意见》，首次吹响振兴东北的号角；2009年9月，发布《关于进一步实施东北地区等老工业基地振兴战略的若干意见》。经过十余年的不懈努力，东北振兴战略取得阶段性成果，开启了全面振兴的新篇章。2016年4月出台《中共中央国务院关于全面振兴东北地区等老工业基地的若干意见》，明确指出要"进一步理顺政府和市场关系，着力解决政府直接配置资源、管得过多过细以及职能错位、越位、不到位等问题"，"进一步推动简政放权、放管结合、优化服务"[①]。2018年9月28日，习近平总书记在振兴东北的座谈会上进一步强调，要"以优化营商环境为基础，全面深化改革，做实改革举措，释放改革活力，提高改革效能"[②]。2021年9月，国务院对东北全面振兴"十四五"实施方案作出批复，强调要"以深化供给侧结构性改革为主线，以改革创新为根本动力，从推动形成优势互补高质量发展的区域经济布局出

---

① 新华社.中共中央、国务院关于全面振兴东北地区等老工业基地的若干意见[N].人民日报，2016-04-27(1).
② 新华社.习近平在东北三省考察并主持召开深入推进东北振兴座谈会时强调 解放思想锐意进取深化改革破解矛盾 以新气象新担当新作为推进东北振兴[J].奋斗，2018(19)：1-12.

发,着力破解体制、机制障碍,着力激发市场活力,着力推动产业结构调整优化,着力构建区域动力系统,着力在落实落细上下功夫,推动全面振兴东北实现新突破"[①]。

其二,"放管服"改革在东北全面振兴进程中占据着举足轻重的地位。新中国成立初期,东北曾以其丰富的资源、坚实的产业、独特的地理位置,在众多地区中脱颖而出,成为我国经济与社会发展的先行者和排头兵,在我国发展初期发挥着重要作用。但是在改革开放的浪潮中,东北地区未能适应发展的迅速转型,以致其在发展初期的优势地位逐步丧失,困扰东北发展的体制、机制等深层次矛盾越发突显。"放管服"改革作为供给侧结构性改革的重要内容之一,是破解体制、机制等深层次障碍的良方。通过这场刀刃向内的自我革命,能够引导东北地区的各级政府明确政府、市场、社会之间的界限,推动政府"瘦身""强体",解决根植于东北地区内部的结构性问题,激发市场活力和社会创造力,充分发挥市场在资源配置中的决定性作用和更好地发挥政府作用,促进行政要素、市场要素和社会要素的充分涌流,实现有为政府、有效市场、有序社会的协同配合,为市场松绑,为群众解忧,构建人民满意的服务型政府。围绕东北地区地级市政府的"放管服"改革工作开展阶段性评价,能够使地级市政府明确其在改革实践中的优势与现状,迅速厘清其在改革中存在的问题与不足,进而有的放矢地补齐短板和弱项。在以评促建、以评促改的价值引领下,评价"放管服"改革更成为助力东北全面振兴,激发改革创新活力的必然选择。

（二）抽样范围及方法

关于抽样范围,按照区域划分标准,东北地区包括黑龙江省、吉林省、辽宁省和内蒙古自治区呼伦贝尔市、兴安盟、通辽市、赤峰市和锡林郭勒盟

---

① 国务院.国务院关于东北全面振兴"十四五"实施方案的批复[EB/OL].(2021-11-08)[2021-09-13].http://www.gov.cn/zhengce/content/2021-09/13/content_5637015.htm.

（蒙东地区）^①。但是考虑到内蒙古自治区作为少数民族的聚集地，其在生产、生活方式以及治理模式上与东北地区的其他省份或多或少地存在一定差异，因此，本研究中的东北地区特指黑龙江、吉林、辽宁三个省份。东北地区的地级市政府是指黑龙江、吉林、辽宁三个省份的地级市。其中黑龙江省包括哈尔滨、齐齐哈尔、鸡西、鹤岗、双鸭山、大庆、伊春、佳木斯、七台河、牡丹江、黑河、绥化12个地级市，需要说明的是，大兴安岭地区虽然也属于黑龙江省，且其行政级别与地级市相同，但该地区还有一部分属于内蒙古，故暂不将其纳入本研究的抽样范围；吉林省包括长春、吉林、四平、辽源、通化、白山、松原、白城8个地级市，需要说明的是，虽然延边也属于吉林省，且其行政级别与地级市相同，但该地作为一个少数民族自治州，其在生产生活方式、治理模式等方面与一般地级市存在一定区别，故暂不将其纳入本研究的抽样范围；辽宁省主要包括沈阳、大连、鞍山、抚顺、本溪、丹东、锦州、营口、阜新、辽阳、盘锦、铁岭、朝阳、葫芦岛14个地级市。按照研究设计，调查样本应为来自黑龙江、吉林、辽宁三省地级市的地级市政府公务员和普通市民。需要说明的是，结合前文对地级市政府的概念界定，本文的地级市政府公务员特指市本级行政机关的公务员，考虑到新冠疫情对实地调研的影响，我们最终将抽样的城市数目确定为9个，预计面向地级市政府公务员发放问卷500份左右，预计面向普通市民发放问卷1500份左右。

关于抽样方法，为保证调研样本的代表性，本研究采用四阶段分层抽样，即第一阶段，梳理黑龙江省、吉林省、辽宁省所包含的城市数量，按照城市数量和人口比例，确定好在每个省份抽取的城市数量；第二阶段，将每个省份的城市按照抽取的数量进行分类，确定好每个省份将抽取的城市名单；第三阶段，为抽取的城市按照人口比例匹配样本数量；第四阶段，在照顾性别、年龄、职业等层次的基础上，以方便抽样方式抽取受访者，详见表4-3。

---

① 国家发展和改革委员会，国务院振兴东北地区等老工业基地领导小组办公室.东北地区振兴规划[EB/OL].(2007-08-20)[2021-06-08].http://www.gov.cn/gzdt/2007/08/20/content_721632.htm.

表4-3 东北地区地级市政府"放管服"改革效能测评的抽样方案

省份	总体数据				抽样方案		
	城市数量（个）	城市数量占比（%）	总人口（万人）	总人口占比（%）	抽样城市数（个）	地级市政府公务员总体样本数（人）	普通市民总体样本数（人）
黑龙江省	12	35.29	3512.9	34.79	3	175	525
吉林省	8	23.53	2394.44	23.71	2	115	350
辽宁省	14	41.18	4190.2	41.50	4	210	625
总计	34	100	10097.54	100	9	500	1500

资料来源：作者根据各省份2020年的统计年鉴整理、计算而来

（三）抽样计划及实施

在明确各省份所需要的调研城市数以及地级市政府公务员和普通市民的总体样本数后，我们需要进一步确定调研的具体城市，并完成对地级市政府公务员和普通市民的样本量匹配。

1. 黑龙江省的抽样计划

我们首先采用聚类分析法，根据GDP总量和人均GDP两项指标将黑龙江省的12个地级市划分为3类，聚类分析结果如表4-4所示；以此保证在黑龙江省选取的3个地级市具有代表性，能够在一定程度上反映出该省份的"放管服"改革现状。在3个类别中随机抽取调研城市，我们最终将哈尔滨市、齐齐哈尔市、大庆市确定为黑龙江省的样本城市，并按照相应的城市人口比重来分别匹配地级市政府公务员和普通市民的抽取样本数，详见表4-5。

表4-4 黑龙江省地级市的聚类分析结果

类别	第一类	第二类	第三类
城市名称	哈尔滨	齐齐哈尔、牡丹江、黑河、绥化、鸡西、鹤岗、双鸭山、伊春、佳木斯、七台河	大庆
城市数量	1	10	1

资料来源：作者根据黑龙江省2020年统计年鉴整理、计算而来

表4-5 黑龙江省的样本匹配情况

分层编号	城市数（个）	抽样市数（个）	抽样城市人口比重（%）	各层地级市政府公务员抽取样本数（人）	各层普通市民抽取样本数（人）
1（哈尔滨）	1	1	54.28	95	285
2（齐齐哈尔）	10	1	30.05	55	160
3（大庆）	1	1	15.67	25	80
总计	12	3	100	175	525

资料来源：作者根据黑龙江省2020年统计年鉴整理、计算而来

2. 吉林省的抽样计划

与黑龙江省的抽样计划相似，我们首先采用聚类分析法，根据GDP总量和人均GDP两项指标将吉林省的8个地级市划分为2类，聚类分析结果如表4-6所示；以此保证在吉林省选取的2个地级市具有代表性，能够在一定程度上反映出该省份的"放管服"改革现状。而后，在两个类别中随机抽取调研城市，我们最终将长春市和吉林市确定为吉林省的样本城市，并按照相应的城市人口比重，来分别匹配地级市政府公务员和普通市民的抽取样本数，详见表4-7。

表4-6 吉林省地级市的聚类分析结果

类别	第一类	第二类
城市名称	长春	吉林、四平、辽源、通化、白山、松原、白城
城市数量	1	7

资料来源：作者根据吉林省2020年统计年鉴整理、计算而来

表4-7 吉林省的样本匹配情况

分层编号	城市数（个）	抽样市数（个）	抽样城市人口比重（%）	各层地级市政府公务员抽取样本数（人）	各层普通市民抽取样本数（人）
1（长春）	1	1	64.68	75	225

分层编号	城市数（个）	抽样市数（个）	抽样城市人口比重（%）	各层地级市政府公务员抽取样本数（人）	各层普通市民抽取样本数（人）
2（吉林）	7	1	35.32	40	125
总计	8	2	100	115	350

资料来源：作者根据吉林省 2020 年统计年鉴整理、计算而来

3.辽宁省的抽样计划

与黑龙江省和吉林省的抽样计划相似，我们首先采用聚类分析法，根据 GDP 总量和人均 GDP 两项指标将辽宁省的 14 个地级市划分为 4 类，聚类分析结果如表 4-8 所示；以此保证在辽宁省选取的 4 个地级市具有代表性，能够在一定程度上反映出该省份的"放管服"改革现状。在 4 个类别中随机抽取调研城市，我们最终将沈阳市、辽阳市、锦州市、盘锦市确定为辽宁省的样本城市，并按照城市人口比重，匹配地级市政府公务员和普通市民的抽取样本数，详见表 4-9。

表 4-8　辽宁省地级市的聚类分析结果

类别	第一类	第二类	第三类	第四类
城市名称	沈阳、大连	鞍山、抚顺、本溪、营口、辽阳	丹东、朝阳、锦州、阜新、铁岭、葫芦岛	盘锦
城市数量	2	5	6	1

资料来源：作者根据辽宁省 2020 年统计年鉴整理、计算而来

表 4-9　辽宁省的样本匹配情况

分层编号	城市数（个）	抽样市数（个）	抽样城市人口比重（%）	各层地级市政府公务员抽取样本数（人）	各层普通市民抽取样本数（人）
1（沈阳）	2	1	55.82	115	350
2（辽阳）	2	1	12.89	30	80

分层编号	城市数（个）	抽样市数（个）	抽样城市人口比重（%）	各层地级市政府公务员抽取样本数（人）	各层普通市民抽取样本数（人）
3（锦州）	6	1	21.68	45	135
4（盘锦）	4	1	9.61	20	60
总计	14	4	100	210	625

资料来源：作者根据辽宁省 2020 年统计年鉴整理、计算而来

在问卷试测后，我们根据上述确定的调研城市及其样本数量，灵活运用访谈、邮寄、微信、在线网站等多种方式正式开展问卷调查工作，地级市政府公务员类和普通市民类的调查问卷于 2021 年 9 月末同时开始发放。2021 年 11 月末，哈尔滨、大庆、齐齐哈尔、长春、吉林、沈阳、锦州、盘锦、辽阳 9 个城市的调研工作全部完成。期间发放地级市政府公务员类调查问卷 793 份，回收 787 份，获得有效问卷 578 份；发放普通市民类调查问卷 1853 份，回收 1848 份，获得有效问卷 1545 份。

（四）样本的特征分析

选取样本的基本分布情况如表 4-10 所示。在地级市政府公务员类的调查问卷中，被调查者的性别分布较为均衡，几乎各占一半；被调查者的年龄集中分布在 31—50 岁之间，是行政机关的中坚力量，同时也有年龄处于 30 岁以下或 51—60 岁之间的被调查者，这说明本轮调研结果具有一定代表性，能够反映不同年龄段的地级市政府公务员对"放管服"改革效能的认知；被调查者的受教育水平较高，包括专科、本科、研究生不同学历层次，从整体上看以本科学历为主；被调查者的行政级别也涉及厅局级及以上、县处级、乡科级、普通科员等多个层次，能够反映体制内不同级别的群体对改革实践的看法；被调查者的工作年限包括多个层次，低至 5 年以下、高至 30 年以上，就整体而言，其工作年限大多在 10 年以上，说明被调查

者拥有丰富的工作经验，了解政府改革的发展脉络与演进历程，见证了"放管服"改革实践的循序推进与逐步深化，更易于形成对"放管服"改革的全面认知，对问卷题项的理解力更强。在普通市民类的调查问卷中，被调查者的性别分布同样比较均衡，基本各占一半；被调查者的年龄分布也比较均衡，不同年龄层次的人群对政府的需求可能存在一定差异，通过调查能够帮助研究者了解不同年龄段的市民对"放管服"改革的认知；被调查者的单位类型多样，基本覆盖了"放管服"改革所涉及的各类组织，工作年限分布也较为均衡，在一定程度上能够反映出不同群体对"放管服"改革的看法。言而总之，不论是地级市政府公务员类的调查问卷，还是普通市民类的调查问卷，均覆盖了不同年龄、职务、学历、工作年限的被调查者，样本的代表性良好。

表4-10 问卷调查的样本分布情况

样本特征	分类标准	频数（人）	频率（%）	样本特征	分类标准	频数（人）	频率（%）
地级市政府公务员类调查问卷	性别 男	325	56.2	年龄	30岁及以下	92	15.9
	女	253	43.8		31—40岁	197	34.1
	学历 专科	54	9.3		41—50岁	212	36.7
	本科	385	66.6		51—60岁	77	13.3
	研究生	139	24	行政级别	厅局级及以上	19	3.3
	地区 哈尔滨	91	15.7		县处级	190	32.9
	齐齐哈尔	68	11.8	行政级别	乡科级	182	31.5
	大庆	33	5.7		普通科员及以下	176	30.4
	长春	70	12.1		无	11	1.9

地级市政府公务员类调查问卷	样本特征	分类标准	频数（人）	频率（%）	样本特征	分类标准	频数（人）	频率（%）
	地区	吉林	46	8.0	工作年限	5年及以下	82	14.2
		沈阳	172	29.8		6—10年	83	14.4
		锦州	48	8.3		11—20年	200	34.6
		盘锦	22	3.8		21—30年	158	27.3
		辽阳	28	4.8		大于30年	55	9.5
普通市民类调查问卷	性别	男	779	50.4	地区	哈尔滨	317	20.5
		女	766	49.6		齐齐哈尔	154	10.0
	年龄	30岁及以下	298	19.3		大庆	75	4.9
		31—40岁	503	32.6		长春	216	14.0
		41—50岁	455	29.4		吉林	168	10.9
		51—60岁	222	14.4		沈阳	339	21.9
		大于60岁	67	4.3		锦州	136	8.8
	学历	高中及以下	235	15.2		盘锦	69	4.5
		专科	357	23.1		辽阳	71	4.6
		本科	749	48.5	单位类型/身份	党政机关	160	10.4
		研究生	204	13.2		事业单位	429	27.8
	工作年限	5年及以下	286	18.5		企业单位	550	35.6
	样本特征	分类标准	频数（人）	频率（%）	样本特征	分类标准	频数（人）	频率（%）
	工作年限	6—10年	314	20.3	单位类型/身份	自由职业	187	12.1
		11—20年	422	27.3		离退休	92	6.0
		21—30年	342	22.1		学生	51	3.3
		大于30年	181	11.7		其他	76	4.9

四、主要运用的评价方法

在完成调查问卷数据的录入与整理后，信度、效度的分析结果显示数据质量良好。本书主要运用因子分析法分别对内在潜能和外显效用量表中的各项指标进行指标赋权，加权得到内在潜能和外显效用的测量结果，以内在潜能与外显效用的乘积代表实际效能水平，以外显效用与内在潜能的比值代表改革行为过程的有效性，从而完成东北地区"放管服"改革效能评价工作。当前，学界存在多种指标赋权方法，如熵值法、层次分析法、因子分析法等。相关研究表明，因子分析法是确定指标权重的上佳之选。从整体上来看，研究者们在运用因子分析法确定指标权重时，主要通过以下三种方式：一是主成分分析；二是因子载荷系数；三是变量与因子之间的相关系数。据此来计算各指标权重[1]。参照黄鲁成、黄斌[2]，马海群、唐守利[3] 等人的研究成果，我们选择采用因子载荷系数来计算指标权重，例如，在地级市政府公务员类的调查结果中，政治价值、经济价值、社会价值 3 项二级指标的载荷系数分别为 0.901、0.926、0.864，这三项二级指标的载荷系数之和为 2.691，则政治价值的权重为 0.901/2.691，约等于 0.335，据此方式，分别计算地级市政府公务员类和普通市民类调查问卷内在潜能量表和外显效用量表的指标权重。

根据本书中的研究设计以及问卷调查情况，内在潜能、外显效用以及各分项指标的得分情况的最小值为 1，最大值为 7，我们认为其中低于 4 为较差，大于等于 4 小于 5 为一般，大于等于 5 小于 6 为良好，大于等于 6 为优秀。效能水平等于内在潜能与外显效用的乘积，其最小值为 1，最大值为 49，我

---

[1] 郭瑞，杨天通.高校智库评价指标体系的构建及实证研究——基于第四代评估理论视角 [J].智库理论与实践，2021(5)：33-44.

[2] 黄鲁成，黄斌.科技型小微企业技术创新中的管理风险评价指标体系构建 [J].科技进步与对策，2014，31(6)：118-122.

[3] 马海群，唐守利.基于结构方程的政府开放数据网站服务质量评价研究 [J].现代情报，2016(9)：10-15.

们认为，按照内在潜能与外显效用的等级划分说明，两者乘积小于 16 代表较差，大于等于 16 小于 25 代表一般，大于等于 25 小于 36 代表良好，大于等于 36 代表优秀。改革过程的有效性等于外显效用与内在潜能的比值，按照前文的对效能概念的分析与解读，我们认为当比值等于 1 时，说明"放管服"改革的行为过程达到了有效性的基本标准；当比值小于 1 时，说明"放管服"改革的行为过程处在相对低效的水平上；当比值大于 1 时，说明"放管服"改革的行为过程已经进入到高效的领地。

第五章 ❯❯❯❯❯

黑龙江省的"放管服"改革效能评价报告

根据上述研究设计与抽样方案，本书将哈尔滨市、大庆市、齐齐哈尔市作为在黑龙江省开展实地调研的重点城市，分别面向地级市政府公务员和普通市民发放调查问卷，以期从供给侧和需求侧的双维视角，形成对上述三个代表性城市的"放管服"改革效能深刻认知，进而反映出黑龙江省各地在"放管服"改革效能建设中的整体近况。

一、哈尔滨市的"放管服"改革效能评价

从整体上看，面向地级市政府公务员和普通市民的两项调查结果均显示哈尔滨市的改革效能已达到良好水平，是黑龙江省在"放管服"改革效能建设中表现得相对较好的城市，在东北地区的样本城市中也排名靠前。但哈尔滨市在改革执行力、人力和物力资源投入、改革过程有效性等方面尚存在一些短板与不足。因此，为进一步深化"放管服"改革，使之持续取得更大成效，未来哈尔滨市政府需要在强化改革执行力、调整冗员、控制设施投入、激发改革主体潜能上下功夫。

（一）哈尔滨市"放管服"改革的基本情况

近年来，哈尔滨市以中央政府和黑龙江省政府的顶层设计与宏观战略为

指导，结合地方发展实际，积极推进、落实"放管服"改革的相关任务部署，持续加大放权力度，强化监管责任，提升服务水平[1]，始终坚持多措并举原则，先后出台了《哈尔滨市"最多跑一次"改革实施方案》《哈尔滨市加快"互联网＋政务服务"一体化建设 推进"一网、一门、一次"改革实施方案》，坚持"跑一次是原则、跑多次是例外"的标准，努力打造高效便民的政务服务体系[2]，持续深化商事制度改革，开办企业时间实现大幅度压缩，首创"政务简码"APP，促进哈尔滨市信用信息共享平台以及"信用中国（黑龙江哈尔滨）"网站的升级改造，打造征信、用信、管信"一张网"[3]。2021年7月，哈尔滨市政府印发《关于进一步优化营商环境更好服务市场主体的若干举措》，从提升投资建设便利度、简化企业生产经营审批和条件、优化外贸外资企业经营环境、降低就业创业门槛、提升涉企服务质量和效率、完善优化营商环境长效机制六个方面出发，明确持续深化改革的36项具体举措[4]。

从整体来看，哈尔滨市作为黑龙江省的省会城市，始终践行"先行先试"原则，充分发挥其在省内的带头示范作用，其在深化"放管服"改革、提升改革效能中所形成的经验和面临的问题在黑龙江省甚至在东北地区都具有一定代表性，值得研究者对其展开深入探究。

（二）哈尔滨市"放管服"改革效能的发展现状

两项调查的最终测评结果，如表5-1所示。面向地级市政府公务员和面向普通公民的调查结果仅在得分上略有差异，在等级归属上能够互为印证，

① 王兆力.以深化"放管服"改革为重点 努力打造营商好环境[J].奋斗，2018(22)：4.
② 韩波.哈尔滨：对标"全国最优"推动"放管服"改革[EB/OL].(2019-09-17)[2022-05-26].http://hlj.ifeng.com/a/20190917/7736198_0.shtml.
③ 张立馨.黑龙江哈尔滨：持续优化营商环境 市场活力竞相迸发[J].中国报道，2021(4)：80-81.
④ 哈尔滨市人民政府办公厅.哈尔滨市人民政府办公厅印发关于进一步优化营商环境更好服务市场主体的若干措施的通知[EB/OL].(2021-07-28)[2022-05-26].https://www.harbin.gov.cn/art/2021/8/2/art_13791_20837.html.

这也在一定程度上证明了本次调研结果科学、可信，的确能够真实地反映出哈尔滨市"放管服"改革效能的发展现状，即哈尔滨市的"放管服"改革效能达到良好水平，但是在改革过程有效性方面的表现相对较差，与"1"这一有效性基准线的距离相对较远。换言之，在改革过程中，哈尔滨市政府及其行政人员未能对其所具备、拥有的改革要素实现充分、有效运用，只是将有限的或部分改革要素转化为了改革效用。值得注意的是，根据前文的理论构建，无论是效能水平还是改革过程的有效性结果均由内在潜能和外显效用两个变量计算而来，为了更好地了解、判断哈尔滨市"放管服"改革效能的发展现状，我们将分别围绕内在潜能和外显效用两个方面展开详细剖析。

表5-1　哈尔滨市"放管服"改革效能的发展现状

	地级市政府公务员	普通市民
效能水平	34.890	28.584
过程有效性	0.942	0.936

资料来源：作者根据软件运行结果整理、计算而成

1.哈尔滨市内在潜能的发展现状

综合两项调查结果来看，供给侧视域下的调查结果显示，哈尔滨市的内在潜能刚刚达到优秀水平，需求侧视域下的调查结果显示，哈尔滨市的内在潜能尚处于良好水平，但已与优秀水平的距离相对较近。因此，结合哈尔滨市的实际发展情况判断，本书认为哈尔滨市的内在潜能正处于从良好迈向优秀水平的发展成熟期。

价值判断、改革执行力、文化环境、制度环境作为考察内在潜能水平的四个关键变量，其实际情况如表5-2所示。面向哈尔滨市政府公务员的问卷调查结果表明，价值判断和文化环境已达到优秀水平，而改革执行力和制度环境尚处于良好阶段，按照其得分排序，由高至低依次为：文化环境＞价值判断＞制度环境＞改革执行力；面向普通市民的问卷调查结果表明，价值判断、改革执行力、文化环境、制度环境全部达到良好水平，按照其得分排序，

由高至低依次为：价值判断＞文化环境＞制度环境＞改革执行力。综合来看，虽然两项调查结果在分数等级以及分数排序上略有差异，但都证明了在哈尔滨市的内在潜能发展与建设中，四个要素的发展水平并不同步，不平衡现象颇为严重。尤其是改革执行力，与其他三要素之间的分数差距较大，即哈尔滨市政府及其行政人员在价值判断和文化环境方面均取得了较为优异的成绩，能够对"放管服"改革的意义形成全面、科学的认知，并在组织内部形成了有益于深入推进"放管服"改革实践的文化氛围，这两个维度在四个维度的排名中始终稳居在前两位，基本处于从良好水平迈向优秀水平的发展成熟期，而相较于此，哈尔滨市政府的改革执行力则是内在潜能中最为明显的弱项和短板，在四个维度的排名中始终处于末位，需要在未来的改革中进行重点的优化与提升。

表5-2 哈尔滨市政府的内在潜能现状

	地级市政府公务员	普通市民
价值判断	6.509	5.734
改革执行力	5.472	5.400
文化环境	6.568	5.556
制度环境	5.822	5.418
内在潜能	6.087	5.528

更具体的评价结果，如图5-1所示。在市政府公务员的眼中，哈尔滨市政府及其行政人员表现得相对较好的四项指标分别是勤政文化（6.659）、法治文化（6.615）、政治价值（6.516）和社会价值（6.516），表现得相对较差的四项指标分别是资源汲取能力（5.231）、资源配置能力（5.549）、资源运用能力（5.604）和制度的稳定性（5.736）。在普通市民眼中，哈尔滨市政府及其行政人员表现得相对较好的四项指标分别是社会价值（5.785）、经济价值（5.757）、政治价值（5.659）、法治文化（5.606），表现得相对较差的四

项指标分别是制度的及时性（5.281）、资源汲取能力（5.350）、资源配置能力（5.413）、资源运用能力（5.420）。由此可见，在各项具体指标中，公认表现较好的是政治价值、社会价值和法治文化三项，即哈尔滨市政府及其行政人员不仅能够充分地认识到“放管服”改革对于改善政府形象、增强政府公信力以及提升人民群众获得感、幸福感、安全感的重要意义，而且能够将按章办事的法治理念蕴含于行政改革之中；公认表现较差的是资源汲取能力、资源配置能力和资源运用能力三项内容，即汲取、合理配置以及运用人力、财力、物力资源，提供公共产品和服务是哈尔滨市在推进“放管服”改革中的薄弱之处。

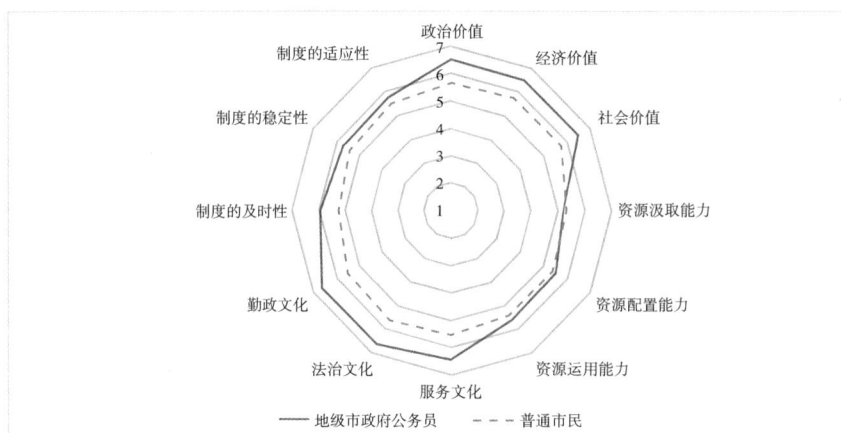

图 5-1　哈尔滨市内在潜能的各分项指标得分

2. 哈尔滨市外显效用的发展现状

两项调查结果均显示哈尔滨市的外显效用处于良好水平。但需要注意的是，供给侧视域下的测评结果高达 5.732 分，已在不断向优秀水平靠近、冲刺，但需求侧视域下的测评结果却不尽理想，刚刚高于 5 分，这说明哈尔滨市的外显效用正处于达到良好水平的战略机遇期，即在一定程度上已经具备了向优秀水平冲击的可能性，哈尔滨市要紧紧抓住这个战略机遇期，弥补短板、强化不足，努力向优秀水平冲击。

其中改革效率、改革效果以及改革成本作为考察哈尔滨市外显效用的三个维度，其测评结果如表 5-3 所示。面向市政府公务员的调查结果与面向普通市民的调查结果在分数等级和分数排序上的结果完全一致，即改革效率、改革效果、改革成本均达到良好水平，按照其分数高低的排序结果为：改革效果 > 改革效率 > 改革成本。从分数的分布情况来看，改革效率、改革效果两项指标之间的分数差异并不大，可见，哈尔滨市基本做到了的效率、效果的双管齐下、齐头并进，发展水平相对均衡，但在成本控制方面则有所欠缺。

表 5-3 哈尔滨市外显效用的发展现状

	地级市政府公务员	普通市民
改革效率	5.768	5.207
改革效果	5.809	5.214
改革成本	5.612	5.080
外显效用	5.732	5.171

更具体的评价结果，如图 5-2 所示。在市政府公务员的眼中，哈尔滨市政府及其行政人员在行政放权效率（6.094）、改革协同（5.992）和服务品质（5.929）这三项指标上表现得相对较好，在人力投入（5.484）、物力投入（5.516）和政府监管效率（5.588）这三项指标上表现得相对较差。在普通市民的眼中，哈尔滨市政府及其行政人员在改革协同（5.373）、行政放权效率（5.288）和服出品质（5.241）这三项指标上表现得相对较好，在物力投入（5.006）、管出秩序（5.011）和人力投入（5.038）这三项指标上表现得相对较差。由此可见，在各分项指标中，公认表现较好的是行政放权效率、服务品质和改革协同三项内容，即哈尔滨市政府及其行政人员在"放管服"改革实践中不仅切实做到减权、限权，将行政审批事项下放给下级政府、转移给市场和社会，而且注重优化政务服务质量，并良好地兼顾了简政放权、放

管结合、优化服务三条改革主线的协同；公认表现较差的是人力投入和物力投入两项内容，即哈尔滨市政府在推进"放管服"改革实践的过程中，投入了过多的人力和物力资源，存在一定的人员冗余以及设施闲置等现象。

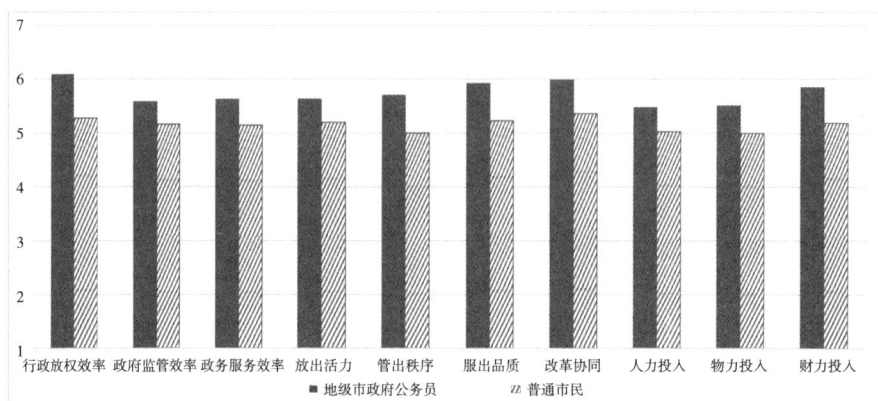

图5-2　哈尔滨市外显效用的各分项指标得分

（三）哈尔滨市"放管服"改革效能存在的主要问题

虽然哈尔滨市的"放管服"改革效能水平在黑龙江省乃至整个东北地区的排名都相对靠前，但从长远发展的角度来看，依旧存在一些需要进一步解决和改进的现实问题。

1. 改革执行力略显不足

众所周知，改革重在落实，到位的改革执行力是将设计理念转化为现实生产力的关键，但哈尔滨市政府及其行政人员未能充分认识到执行力在改革实践中的重要性，以致在一定程度上忽视了对改革执行力的修炼与提升，使之成为哈尔滨市内在潜能发展中的弱项与短板，与价值判断、文化环境方面的表现存在较大差距，难以和内在潜能中的其他改革要素齐头并进。更进一步来说，经过供给侧和需求侧的双维论证，资源汲取能力、资源配置能力以及资源运用能力始终是哈尔滨市表现得相对较差的指标，其中资源汲取能力最差，资源配置能力次之，资源运用能力稍好。由此可见，哈尔滨市政府及其行政人员能够汲取到的组织资源相对有限，在整合、运用各类现有资源方面也有所欠缺，未能灵活调动、配置组织内外部的各类资源形成合力助推改革实践，易造成行为结果与预期之间的偏差，进而导致哈尔滨在改革执行力方面的整体表现欠佳。

2. 改革人员投入量过剩

调研数据显示，哈尔滨市在人力投入方面的得分偏低，根据调查问卷中的题目设计，偏低的分数表明哈尔滨市在推进"放管服"改革的实践过程中，存在改革人员投入量过剩的现象。正所谓"一个和尚挑水喝，两个和尚抬水喝，三个和尚没水喝"，当人员过剩时，易出现"搭便车"等不良现象，造成责任推诿等负面影响。在行政改革实践中亦是如此，投入与改革任务相匹配的人员是组织发展与运行中的理想状态。改革人员投入量超出既定的改革任务，即改革人员的实际供给量大于需求量，则会导致组织机构的臃肿与膨胀、人员闲置，不仅无助于改革任务的有序推进，反而容易滋生人浮于事、推诿扯皮等乱象，难以保证改革人员各司其职、人尽其才，无法最大限度地发挥出每个人的长处与优势，降低行政效率和组织的整体战斗力，形成对改革进程的阻力。

3. 改革设施投入量过大

通过面向供给侧和需求侧的实地调研发现，哈尔滨市的物力投入是公认的得分较低的指标项，按照本书中的问卷设置，物力投入得分偏低则意味着哈尔滨市在深化"放管服"改革的过程中对改革设施的投入量过大，出现了相关设施的闲置现象。从本质上来说，物力资源的投入量与改革结果之间并没有绝对的正向关系，并不是投入量越大，改革结果就会越好，反而过量的物力资源投入会导致边际效用的下降，直至趋近于 0。正所谓"好钢要用在刀刃上"，唯有如此，才能真正地实现物尽其用。过度的物力资源消耗，会造成资源浪费，不仅无法带来良好的改革效果，无助于现实问题的解决和改革目标的实现，而且也不符合行政机关控制成本的行为准则，会对组织的长远发展造成一定的负面影响。

4.改革过程有效性偏低

根据前文的理论架构,改革过程的有效性等于外显效用与内在潜能的比值,用于考量改革主体在多大程度上将其自身所具备的改革要素与能量发挥出来,转化为实际的改革结果。哈尔滨市作为黑龙江省的省会城市,相比于其他普通地级市显然更具吸引力,能够引进更多的人才、资金等各类资源,具备相对优质的内在潜能。但遗憾的是,哈尔滨市却未能灵活、高效地运用其所具备的改革要素,促进各要素之间的协同配合,发挥出其全部实力和水平,以致其改革过程有效性水平偏低,在样本城市的排名中相对靠后,低于东北地区的很多普通地级市。

(四)提升哈尔滨市"放管服"改革效能的对策建议

根据哈尔滨市在"放管服"改革效能中存在的几点突出问题,本书结合经济社会发展新形势,提出以下四点对策建议。

1.强化改革执行力

"放管服"改革在本质上是一场刀刃向内的自我革命,需要改革者拿出壮士断腕的勇气,强大的改革执行力能够进一步坚定改革信念,引导改革者敢于迎难而上,触动利益的奶酪,为深层次、结构化矛盾的破解注入强心剂。为了有效解决哈尔滨市改革执行力不足的现实问题,我们认为可尝试从以下两方面入手。第一,强化对行政人员的日常和专项培训。培训是行政人员提升业务能力和专业素养的重要路径,行政机关要充分发挥培训工作的重要作用,在学习与交流中,将"改革战略重在落实"的观念注入每位行政人员的内心,使之内化为行政人员的行为准则,促进改革实践行为的有序推进。第二,注重各部门之间的协同配合。行政机关是一个精细的行政系统,"放管服"改革更是一项庞大且复杂的系统工程,改革者要鼓励部门之间的通力合作,结合区域发展实际,开展通盘考量,制定出具有地方特色、适用于地方发展的任务分工方案,明确改革的步骤与流程,促进各项工作的顺利衔接,唯有如此，才能真正实现从想干事、敢干事到会干事的飞跃。

2. 调整人员投入

改革人员是改革实践中的具体执行者，适当、合理地调整改革人员的投入量，是杜绝冗员和闲置浪费现象、确保"放管服"改革任务有序推进的关键。一方面，在开展改革实践的过程中，哈尔滨市政府要根据改革任务表和施工图进行科学测算，明确改革工作量，注重统筹协调，按照改革任务量调整改革人员投入量，将闲置人员分散、调配到其他需要的岗位上，以避免行政资源的浪费。另一方面，在开展改革实践的过程中，哈尔滨市政府要不断挖掘其行政人员的优势与长处，提升行政人员与岗位和任务的匹配度，调动行政人员的积极性和主动性，真正做到人尽其才，实现人力资源的效用最大化。

3. 控制物力投入

充足的物力资源是确保"放管服"改革实践有序推进的基础性保障，但过度的物力资源投入不仅不会优化改革结果，更可能适得其反。正所谓"好钢要用在刀刃上"，在"放管服"改革实践的推进过程中，哈尔滨市政府要统筹安排，适度、适量地投入物力资源，邀请相关领域内的专家科学测算，结合地方发展需求和区域客观实际，将物力资源投入量控制在合理的范围之内，坚决抵制各类物力资源的浪费与闲置现象。此外，应注重对闲置物力资源的应用与盘活，统计各类闲置的物力资源，规范管理，提高闲置资源利用率，释放存量。

4. 激发改革潜能

在深化"放管服"改革的过程中，未能将其所具备的改革能量全部有效地发挥出来是哈尔滨市面临的一项亟待解决的问题。换言之，虽然哈尔滨市的外显效用水平在东北地区的排名中相对靠前，但就自身而言，哈尔滨市尚未发挥出全部实力，按照其所拥有的改革要素来看，哈尔滨市的外显效用水平还可以更好。对此，哈尔滨市政府及其行政人员要在明确自身改革实力的基础上，注重价值、执行力以及环境要素之间的密切配合，鼓励不同部门之间的通力合作、有序衔接，积极寻找恰当的改革方法和实现路径，激发改革潜能，释放改革红利。

二、大庆市的"放管服"改革效能评价

通过对有效样本的分析发现，面向地级市政府公务员和面向普通市民群体的两项调查均显示大庆市的"放管服"改革效能达到了良好水平，但在改革执行力、简政放权效果以及改革过程有效性方面尚存极大的上升空间，倘要充分释放改革红利，使"放管服"改革持续取得更大成效，未来大庆市务必在强化改革执行力、提升简政放权效果、充分释放改革潜能上下功夫。

（一）大庆市"放管服"改革的基本情况

近年来，大庆市严格遵循中央政府以及黑龙江省政府的宏观战略安排，结合地方发展实际，深入推进简政放权、放管结合、优化服务改革，并取得了一些阶段性成果，如：大庆市政府从 2017 年 7 月 10 日开始积极开展规范性文件的"瘦身"活动，对 2017 年 5 月 31 日前现行有效的规范性文件（共计 1084 件）开展了清理工作，经过清理，保留 620 件，修改 44 件，废止 420 件。其中以市政府和市政府办公室名义发布的现行有效的规范性文件共计 150 件，经过清理，保留 103 件，修改 22 件，废止 25 件[①]；大庆市积极开展行政审批中介服务事项和行政许可事项的动态清理工作，截至 2018 年，大庆市级行政审批事项由 2014 年的 327 项压缩至 123 项，中介服务事项减少到 88 项，审批提速 64.2%[②]。

从整体来看，大庆市政府在改进行政审批，推动流程再造的过程中，始终坚持"问诊于企""问计于民"的改革路径，全面梳理群众办事中的高频事项，实行"申请即拿证"，审批许可在前，监督承诺在后，例如：小旅店、小饭店、

① 孙佳鑫. 深入推进"放管服"改革 大庆规范性文件再"瘦身"[EB/OL].(2017-11-27)[2022-06-26].http://hlj.ifeng.com/a/20171127/6181928_0.shtml.
② 季琳欢. 以"放管服"改革优化大庆发展环境问题研究[J].学理论，2019(9)：37-38.

小超市等"六十小"个体工商户行业审批,变事前事中审批为事后监管。同时,积极推行并联审批、联审联办,比如:办理建筑许可,将涉及国土、住建等 14 个部门的 57 个事项,纳入工程建设项目审批平台,实行线上全流程并联办理,审批时间得到大幅度缩减[1]。据统计,企业设立等 200 个事项实现"一件事一次办",住房公积金提取等 42 个事项实现跨省通办,政务服务"网上办""跑一次"比例达到 90%[2]。

大庆市是一个以石化、石油而闻名的工业城市,在黑龙江省乃至整个东北地区都具有一定的典型性,通过对大庆市的实地调研,能够以点带面地发现、了解黑龙江省乃至东北地区在"放管服"改革效能建设中存在的一些现实问题,为将"放管服"改革持续向纵深推进提供一定的参考和指导。

(二)大庆市"放管服"改革效能的发展现状

两项调查的最终测评结果,如表 5-4 所示。无论是面向地级市政府公务员的调查结果还是面向普通市民的调查结果均表明,大庆市的"放管服"改革效能在整体上处于良好水平,但改革过程仍旧处于低效的水平,即大庆市政府及其行政人员在改革实践中未能将蕴藏于组织内部的实力、能量全部有效地发挥出来。需要说明的是,在改革过程有效性方面,虽然供给侧和需求侧的调查结果所代表的实际含义相同,但是从两者数值上的差异还是能够看出,大庆市政府及其行政人员在一定程度上具备了高效转化的可能性,并正努力向有效性的基准线逐步靠拢。考虑到效能水平和过程有效性两个结果均是由内在潜能和外显效用两个变量计算而来,为了更好地了解、判断大庆市"放管服"改革效能的发展现状,本书将分别围绕内在潜能和外显效用两个方面展开进一步探讨。

---

[1] 董雪婷. 大庆市持续深化"放管服"改革　改善全市营商环境 [EB/OL].(2021-06-03) [2022-06-26].https://www.chinahlj.cn/news/491419.html.

[2] 石兰兰. 大庆市政府工作报告 (2022 年 1 月 14 日　李岩松)[EB/OL].(2022-03-15)[2022-06-26].http://district.ce.cn/newarea/roll/202203/15/t20220315_37404329.shtml.

表 5-4　大庆市"放管服"改革效能的发展现状

	地级市政府公务员	普通市民
效能水平	32.437	27.671
过程有效性	0.937	0.982

1. 大庆市内在潜能的发展现状

从供给侧和需求侧双维测评的结果来看，大庆市的内在潜能均达到良好水平，不过面向地级市政府公务员的测评结果高达 5.884 分，已非常接近于优秀水平，而面向普通市民的测评结果则为 5.309 分，稍有欠缺。因此，综合来看，我们认为大庆市的内在潜能正处于达到良好水平的战略机遇期，即基本具备向优秀水平冲击的可能性，行政机关及其行政人员要紧握此发展机遇，以良好水平为基础，促进内在潜能的全面发展。

在本研究中，价值判断、改革执行力、文化环境和制度环境是考察、衡量内在潜能水平的四个基本维度。如表 5-5 所示，面向大庆市政府公务员的调查结果显示，价值判断和文化环境已达到优秀水平，制度环境和改革执行力尚处于良好水平，按照分数高低的排序结果为：价值判断 > 文化环境 > 制度环境 > 改革执行力；面向普通市民的调查结果显示，价值判断、改革执行力、文化环境和制度环境四个维度全部处于良好水平，按照分数高低的排序结果与面向市政府公务员的调查结果完全相同。综合来看，虽然两类调查结果在测评分数上略有区别，但是我们基本上可以认为，大庆市在价值判断和文化环境两项指标上的表现基本处于向优秀水平迈进的发展阶段，而改革执行力和制度环境则尚处于良好阶段，尤其是改革执行力仅勉强达到良好的水平基线。此外，完全一致的排序结果更表明，就大庆市而言，价值判断维度始终是其表现得较好的方面，在四个维度中稳居首位，而改革执行力则始终是其表现得较差的方面，在四个维度中稳居末位。这一现象需要大庆市及其行政人员的高度关注，以期在未来的改革中作出相应的改进和提升。

表5-5　大庆市内在潜能的发展现状

	地级市政府公务员	普通市民
价值判断	6.463	5.449
改革执行力	5.123	5.139
文化环境	6.375	5.390
制度环境	5.601	5.258
内在潜能	5.884	5.309

更具体的测评结果，如图5-3所示。在市政府公务员眼中，大庆市政府及其行政人员在社会价值（6.545）、法治文化（6.485）、经济价值（6.455）、勤政文化（6.455）四项指标上的表现相对较好，在资源汲取能力（5.061）、资源配置能力（5.091）、资源运用能力（5.212）、制度的稳定性（5.364）四项指标上的表现相对较差。在普通市民的眼中，大庆市政府及其行政人员在社会价值（5.533）、经济价值（5.467）、勤政文化（5.440）、法治文化（5.387）四项指标上的表现相对较好，而在资源汲取能力（5.067）、资源配置能力（5.147）、资源运用能力（5.187）、制度的及时性（5.187）四项指标上的表现则相对较差。由此可见，大庆市政府及其行政人员已经充分认识到"放管服"改革对优化营商环境，促进经济发展以及提升人民群众获得感、幸福感、安全感的重要意义，并且在组织内部积极营造按章办事、尽职务实的文化氛围，在经济价值、社会价值、法治文化、勤政文化四项指标上相对优异的表现更是得到了其自身和普通公民的双重认可，但是在汲取、合理配置、运用人力、财力、物力资源提供公共产品和服务方面却存在明显的短板与不足，以致资源汲取能力、资源配置能力、资源运用能力成为公认表现得相对较差的三项内容。

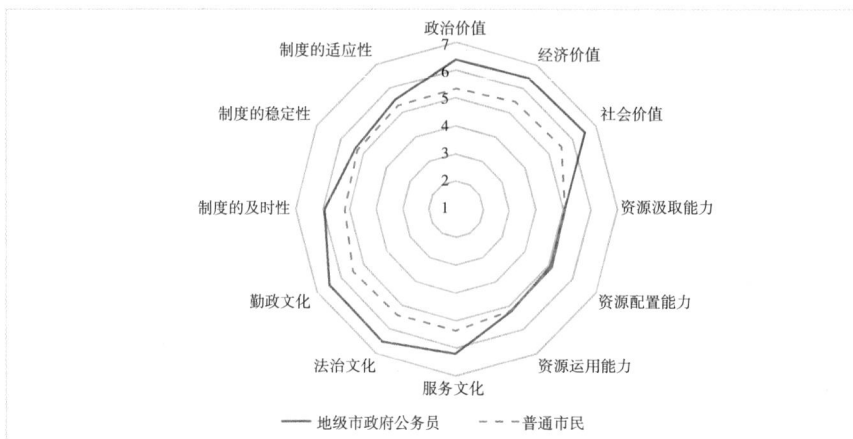

图 5-3　大庆市内在潜能的各分项指标得分

2. 大庆市外显效用的发展现状

通过面向地级市政府公务员和普通市民群体的实地调研发现，大庆市的外显效用已达到良好水平。具体来说，在市政府公务员的眼中，大庆市的外显效用达到 5.513 分，已超过 5.5 分，与优秀水平颇为接近，而在普通市民的眼中，大庆市的外显效用仅为 5.212 分，低于 5.5 分，与优秀水平之间尚存一段差距。对此，结合大庆市政府在"放管服"改革中的实际发展情况来判断，我们认为大庆市的外显效用正处于达到良好水平的战略机遇期，即已基本具备向优秀水平冲击的可能性。

在本研究中，改革效率、改革效果和改革成本是用于了解、判断大庆市外显效用水平的三个重要变量，其具体测评结果，如表 5-6 所示。面向地级市政府公务员的调查结果显示，在分数的等级归属上，改革效率、改革效果以及改革成本均属于良好水平，在分数排序上，其结果为：改革效果 > 改革效率 > 改革成本；面向普通市民的调查结果显示，在分数的等级归属上，改革效率、改革效果以及改革成本三个维度全部处于良好水平，在分数排序上，其结果为：改革成本 > 改革效率 > 改革效果。综合来看，虽然两项调查在分数排序的结果上略有差别，但其在不同维度上的得分差别并不大，即改革效率、改革效果以及改革成本均属于良好水平，由此可见，供给侧和需求侧的两类测评结果基本可以相互印证，这也在一定程度上表明本轮调研具有一定的科学性和说服力，的确能够反映出大庆市的实际情况。

表5-6　大庆市外显效用的发展现状

	地级市政府公务员	普通市民
改革效率	5.486	5.215
改革效果	5.581	5.039
改革成本	5.480	5.413
外显效用	5.513	5.212

更具体测评结果，如图5-4所示。在市政府公务员的眼中，大庆市政府及其行政人员表现得相对较好的三个指标分别是改革协同（5.709）、行政放权效率（5.700）、服出品质（5.666），表现得相对较差的三个指标分别是政府监管效率（5.227）、物力投入（5.333）、放出活力（5.406）。在普通市民眼中，大庆市政府及其行政人员表现得相对较好的三项指标分别是财力投入（5.547）、政府监管效率（5.460）、物力投入（5.453），表现得相对较差的三项指标分别是服出品质（5.006）、放出活力（5.008）、政务服务效率（5.057）。综合两项分析结果来看，并未发现公认的表现相对较好的指标，换言之，由于表现较好的指标得分与表现较差的指标得分之间的差距并不大，因此并不存在具有明显、突出优势的指标；放出活力是公认的表现较差的指标，即大庆市的"放管服"改革实践在激发市场活力和社会创造力方面的作用有限，需要改革者在未来的改革中重点关注。

（三）大庆市"放管服"改革效能存在的主要问题

大庆市在东北地区样本城市中的排名居中，从长远发展的角度来考虑，主要存在以下三个较为突出的短板，需要在未来的改革实践中进一步解决和

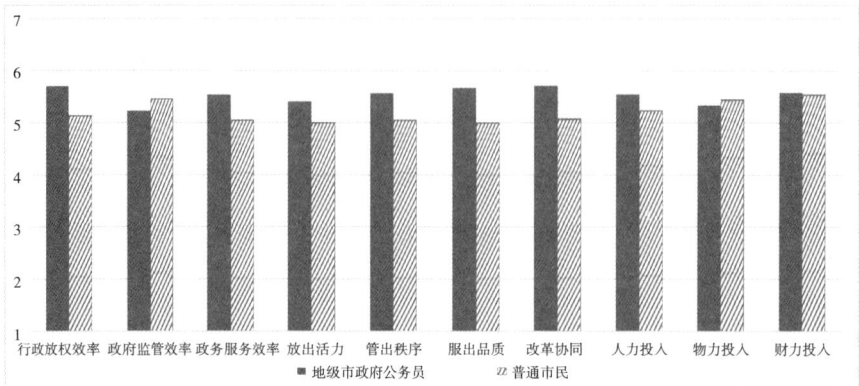

图 5-4 大庆市外显效用的各分项指标得分

改进。

1. 改革执行力略有不足

贯彻始终的改革执行力是将改革任务落到实处的关键，但在大庆市的实地调研中发现，改革执行力中所包含的资源汲取能力、资源配置能力和资源运用能力是公认的表现较差的三项指标。经过测算，在面向大庆市政府公务员的问卷调查中，资源汲取能力的得分为 5.061 分，资源配置能力的得分为 5.091 分，资源运用能力的得分为 5.212 分；在面向大庆市普通市民的问卷调查中，资源汲取能力的得分为 5.067 分，资源配置能力的得分为 5.147 分，资源运用能力的得分为 5.187 分。可见，大庆市政府及其行政人员在汲取、科学合理配置人、财、物等各类资源，提供公共产品和公共服务的能力有所欠缺，未能实现与内在潜能中其他要素的同步发展，需要改革主体高度关注，并在未来的改革实践中作出相应的改进和优化。

2. 简政放权的效果欠佳

改革效果是对改革预期目标实现程度的整体描述和综合判断，对于简政放权改革而言，其改革目标在于通过向下级政府放权、向市场和社会移权，完成职能瘦身，为市场主体松绑，为社会主体解绊，激发市场活力和社会创造力。面向市政府公务员群体的实地调研显示，大庆市在放出活力指标项上的得分为 5.406 分；面向普通市民群体的实地调研显示，大庆市在放出活力指标项上的得分为 5.008 分。这表明无论是在供给者眼中还是在需求者眼中，大庆市的简政放权效果均勉强超过良好等级的基准线，正处于达到良好水平基线的巩固稳定期，是大庆市在外显效用发展中的劣势所在。更进一步来说，在大庆市的简政放权改革中，行政机关及其行政人员未能做到"量"与"质"的兼顾，具有"含金量"的权力下放力度不够，仍旧存在"该放的权力没有放到位"的不良现象，以致简政放权效果大打折扣，无法达到理想预期，难以切实有效地激发出大庆市的市场活力和社会创造力。

3. 改革过程有效性偏低

改革主体是否将其所具备的内在潜能全部有效地转化为外显效用是用于衡量改革过程是否有效的根本标准。简单来说，内在潜能需要通过改革过程的转化才能形成外显效用，在现实的改革实践中，一些改革主体只能够将一部分或有限的内在潜能转化为外显效用，由此两者的水平差异则恰恰是对改革过程有效性的反映。在两类调查研究中，大庆市的改革过程有效性水平分别为 0.937、0.982。虽然需求者眼中的测评结果要优于供给者眼中的测评结果，但大庆市的改革过程有效性水平均未能达到"1"这一有效性的基准线，仍旧处在低效的水平上，尤其是供给侧视角下的测评结果与基准线之间存在较大差距，需要在未来的改革实践中予以重点优化和改进。

（四）提升大庆市"放管服"改革效能的对策建议

根据大庆市在"放管服"改革效能中存在的几点突出问题，结合经济社会发展新形势，提出以下三点提升大庆市"放管服"改革效能的对策建议。

1. 强化改革执行力

优质的执行力是将改革方案转化为现实生产力，确保将改革设计落到实处的重要保障。对此，针对改革执行力不足的问题，大庆市政府要从理论和实践两个层面出发，双管齐下地推进资源汲取能力、资源配置能力和资源运用能力的全方位提升。在理论层面，大庆市的相关部门要有序组织专题培训，以参与改革的行政人员为培训对象，以强化改革执行力为培训重点，致力于提升行政人员对改革执行力的系统化认知，使之清楚地意识到改革执行力及其要素的重要性，明确资源汲取能力、资源配置能力和资源运用能力的本质和内涵，并引导行政人员掌握提升执行力的方法论。在实践层面，鼓励行政人员运用依据理论学习和实践经验结合而成的方法论，展开提升改革执行力的尝试与探索，不仅要充分调动组织内外部的各类资源，努力打造多主体协同共治的新局面，而且要摸清组织内的资源存量和新获取到的资源总量，按照结构分布和职责分工，科学、合理地配置人、财、物等各类资源，实现对各类资源的有效整合和运用。

2. 增强简政放权效果

为了切实增强简政放权效果，大庆市政府及其行政人员要进一步明确政府、市场、社会三者间的界限，在促进权力重心下移的同时，将不该由政府管或政府管不好的事项还给市场和社会。同时进一步了解企业、个体工商户等市场主体以及公民、社会组织等社会主体的现实需求，想群众之所想、急群众之所急，提升权力下放的"含金量"，努力做到"量"与"质"的兼顾，坚决抵制"明放暗不放""放虚不放实""变相审批"等不良现象，综合考虑下级政府、市场以及社会的承接能力，循序渐进地推动权力下放工作，将该下放的权力放到位，减少政府的过度干预，打破地方保护主义，不断吸收、引进人才、资金等发展要素、鼓励开发新领域、新技术、新产品，以实现生存力、改造力、开放力、吸引力和创新力的全面增强。

3. 充分释放改革潜能

从两项测评结果来看，大庆市的确具有较为优质的内在潜能，但是行政机关及其行政人员却未能将其所具备的内在潜能全部有效地转化为外显效用，为了改善、解决改革过程有效性偏低这一现实问题，大庆市需要从以下两方面着手：第一，明确释放改革潜能在提升政府效能中的重要地位。从长远发展的角度来看，效能水平的提升需要内在潜能和外显效用的共同努力，考虑到内在潜能和外显效用之间的互促关系，充分释放内在潜能，将其全部高效地转化为外显效用，不仅有助于外显效用水平的提升，而且获得提升的外显效用也能够反过来进一步促进内在潜能的优化，有助于实现"放管服"改革效能水平的全面提升。第二，了解大庆市的内在潜能情况，明确其所具备的改革潜能总量以及结构分布，探索、分析大庆市在改革要素中的优势与劣势，保持、发扬优势要素，强化、补救劣势要素，注重各要素之间的有机配合，以期将内在潜能更好地转化为外显效用。

三、齐齐哈尔市的"放管服"改革效能评价

通过供给侧和需求侧的双维调研，我们获得了对齐齐哈尔市的"放管服"改革效能进展较为全面的认知，即在深化"放管服"改革、助推政府职能转变的过程中，齐齐哈尔市的效能水平在整体上处于勉强达到良好水平的阶段，将其放置于整个东北地区来看，其效能水平的排名相对靠后，在内在潜能和外显效用的诸多方面都存在极大的上升空间，突出表现在改革执行力不到位、政府监管效率有限、简政放权效果不显著等方面。未来齐齐哈尔市需要重点从强化改革执行力、提升政府监管效率、增强简政放权效果方面入手，持续深化"放管服"，助力政府治理效能得到新提升。

（一）齐齐哈尔市"放管服"改革的基本情况

近年来，齐齐哈尔市拿出壮士断腕的勇气，积极推进"放管服"改革，坚持简政放权、放管结合、优化服务三管齐下，为市场解绑，为群众纾困。2020 年 9 月，更专门出台《齐齐哈尔市深化"放管服"改革优化提升营商环境若干措施》，从商事制度、工程建设审批制度、公共设施接入、不动产登记、税收服务、招标和政府采购、跨境贸易、金融服务、法治环境、劳动力市场

监管、市场开放度、创新活跃度[①]12 个方面出发,为齐齐哈尔市的"放管服"改革实践提供了一套系统、全面、具体的施工图和任务表,为改革工作和持续推进和深化指明了发展方向。

整体来看,通过齐齐哈尔市的不懈努力,其"放管服"改革工作在"十三五"期间取得了一定的实质性进展,如:工程建设项目的审批时限大幅度压缩,在黑龙江省内率先建立政务大数据平台,且其数据调用量在黑龙江省居于前列;全面推行电子印章和"不见面"审批服务,"一件事一次办"达到 118 项,秒批秒办服务达到 80 项[②],政务服务平台事项全流程网上可办率达 96.5%,实办率达 91.8%[③]。此外,齐齐哈尔市致力于破解市场主体准入不准营难题,对"照后涉企审批事项"提出了"减、合、转、移"四种改革方向,对照《市场准入负面清单》,按照《国民经济行业分类》,梳理出"准入即准营事项"清单 1929 项、"承诺即准营事项"清单 154 项、"帮办许可即准营事项"清单 704 项[④],在一定程度上破解了"办照容易办证难"的问题。

(二)齐齐哈尔市"放管服"改革效能的发展现状

如表 5-7 所示,综合面向市政府公务员和普通市民的调查结果来看,齐齐哈尔市的"放管服"改革效能水平在整体上处于良好水平,但是其分数并不高,基本处于刚刚达到"良好"基准线的水平,在东北地区样本城市中排名相对靠后,改革过程依旧尚未达到有效性的基准线。不过值得注意的是,虽然其改革过程有效性水平依旧低于 1,但相较于其他地级市而言,其与"1"

---

① 齐齐哈尔市人民政府办公室.齐齐哈尔市人民政府关于印发齐齐哈尔市深化"放管服"改革优化提升营商环境若干措施的通知 [EB/OL].(2020-09-30)[2022-06-23].http://www.qqhr.gov.cn/Newsgk_showselectNews.action?messagekey=214134.
② 石兰兰.齐齐哈尔市政府工作报告(2022 年 1 月 13 日 沈宏宇)[EB/OL].(2022-03-15)[2022-06-23].http://district.ce.cn/newarea/roll/202203/15/t20220315_37404369.shtml.
③ 冯虎.黑龙江优化营商环境重在抓实 持续深化"放管服"改革 [EB/OL].(2022-03-30)[2022-06-23].http://www.ce.cn/xwzx/gnsz/gdxw/202203/30/t20220330_37445755.shtml.
④ 王艳.齐齐哈尔市、佳木斯市持续推动"放管服"改革措施落地见效[EB/OL].(2020-09-10)[2022-06-23].https://www.hlj.gov.cn/n200/2020/0910/c42-11007781.html.

这一有效性的基准线已非常接近，换言之，尽管齐齐哈尔市所具备的内在潜能并不高，更无法与哈尔滨、长春、沈阳等省会城市相比拟，不过其行政人员正在努力地将其内在潜能更多、更好地转化为外显效用。考虑到内在潜能和外显效用是用于计算效能水平和改革过程有效性的两个关键性变量，为了更好地了解、判断齐齐哈尔市"放管服"改革效能现状，我们将分别围绕内在潜能和外显效用两个方面展开进一步探讨。

表5-7　齐齐哈尔市"放管服"改革效能的发展现状

	地级市政府公务员	普通市民
效能水平	29.072	25.787
过程有效性	0.982	0.984

1. 齐齐哈尔市内在潜能的发展现状

综合两项调查结果来看，齐齐哈尔市的内在潜能处于良好水平，但其得分均不高，刚刚超过良好水平的基准线，因此，结合齐齐哈尔市的实际发展情况来看，我们认为齐齐哈尔市的内在潜能正处于达到良好水平基线的巩固稳定期，还存在很大的进步和上升空间。现阶段，齐齐哈尔市的当务之急是巩固、稳定好其达到的良好水平。

在本报告中，价值判断、改革执行力、文化环境以及制度环境是评价齐齐哈尔市内在潜能水平的四项关键指标。如表5-8所示，两类调查结果均表明，价值判断、文化环境和制度环境均已达到良好水平，但改革执行力尚处于一般水平，按照分数高低的排序结果均为：价值判断 > 文化环境 > 制度环境 > 改革执行力，这说明供给侧和需求侧的调查结果能够形成印证关系，足以见得本轮调研的可靠性和可信性。同时，根据调查结果也能够发现在齐齐哈尔市内在潜能的发展和建设中，四个要素的发展水平并不同步，存在明显的不平衡，尤其是改革执行力要素，与其他三个要素之间的分数差异较大，且归属于不同的分数等级。简单来说，在四个维度当中，齐齐哈尔市政府及其行政人员在价值判断方面的表现相对较好,在两项调查结果中始终稳居首位,改革执行力方面的表现则相对较差,在两项调查结果中始终居末位,需要组织的高度关注。

表5-8 齐齐哈尔市内在潜能的发展现状

	地级市政府公务员	普通市民
价值判断	5.897	5.230
改革执行力	4.907	4.905
文化环境	5.656	5.187
制度环境	5.337	5.162
内在潜能	5.442	5.120

更具体的测评结果,如图5-5所示。在市政府公务员的眼中,齐齐哈尔市政府及其行政人员在经济价值(5.912)、社会价值(5.897)、政治价值(5.882)、勤政文化(5.721)这四项指标上表现得相对较好,在资源汲取能力(4.676)、资源配置能力(4.985)、资源运用能力(5.029)、制度的适应性(5.250)这四项指标上表现得相对较差。在普通市民眼中,齐齐哈尔市政府及其行政人员在经济价值(5.273)、制度的稳定性(5.247)、政治价值(5.227)、服务文化(5.221)这四项指标上表现得相对较好,在资源汲取能力(4.799)、资源配置能力(4.948)、资源运用能力(4.948)、制度的及时性(5.104)这四项指标上表现得相对较差。由此可见,在各项具体指标中,公认表现较好的是政治价值和经济价值两项指标,即齐齐哈尔市政府及其行政人员能够明确且充分地认识到"放管服"改革实践对改善政府形象、提升政府公信力,优化营商环境、促进经济发展的重要作用,不过与同省份的哈尔滨市相比,尚存在一定差距。公认表现较差的是资源汲取能力、资源配置能力以及资源运用能力三项指标,即齐齐哈尔市政府及其行政人员在汲取、合理配置、运用人力、财力、物力资源提供公共服务方面存在明显不足,急需在未来的改革

中改进和提升。

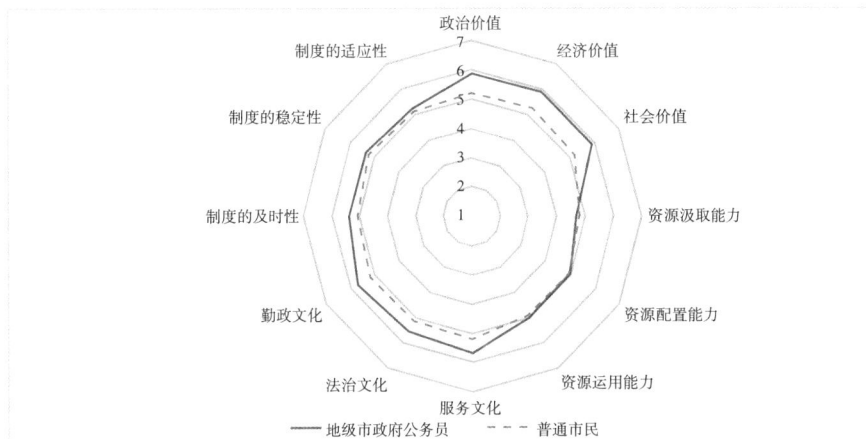

图5-5 齐齐哈尔市内在潜能的各分项指标得分

2. 齐齐哈尔市外显效用的发展现状

综合两项调查结果来看，齐齐哈尔市的外显效用得分并不高，刚刚达到良好水平的基准线，与优秀水平之间尚存在较大差距，对此，行政机关及其行政人员应该率先巩固、稳定好目前所达到的良好水平，而后再考虑如何向优秀水平逐步靠近。

按照此前的理论分析框架，改革效率、改革效果和改革成本是评价齐齐哈尔市外显效用水平的三个重要指标，测评结果详见表5-9。面向市政府公务员的调查结果显示，改革效率、改革效果以及改革成本三项指标均处于良好水平，按照分数高低排序，依次为：改革效果＞改革成本＞改革效率；面向普通市民的调查结果显示，改革效率和改革成本处于良好水平，而改革效果则仅处于一般水平，按照分数高低排序，依次为：改革成本＞改革效率＞改革效果。两项调查结果看似存在较大差异，实则不然，分数排序虽然存在明显差别，但是从三项指标得分来看，指标间的分数差异并不大，因此，我们认为，齐齐哈尔市的外显效用水平虽然无法与省会城市相比拟，但从整体上看，基本保持了改革效率、改革效果、改革成本三驾齐驱、齐头并进的发展态势。

表5-9 齐齐哈尔市外显效用的发展现状

	地级市政府公务员	普通市民
改革效率	5.243	5.049
改革效果	5.407	4.975
改革成本	5.400	5.095
外显效用	5.342	5.037

更具体的测评结果，如图5-6所示。在地级市政府公务员眼中，齐齐哈尔市政府及其行政人员表现得相对较好的三项指标分别是服出品质（5.523）、改革协同（5.498）、管出秩序（5.470），表现得相对较差的三项指标分别是放出活力（5.156）、政府监管效率（5.184）、行政放权效率（5.229）。在普通市民眼中，齐齐哈尔市政府及其行政人员表现得相对较好的三项指标分别是改革协同（5.635）、行政放权效率（5.331）、服出品质（5.278），表现得相对较差的三项指标分别是放出活力（4.329）、政府监管效率（4.532）、管出秩序（4.601）。由此可见，在各分项指标中，服出品质和改革协同是公认的表现较好的两项指标，即齐齐哈尔市政府及其行政人员在"放管服"改革实践中注重对服务质量的提升以及简政放权、放管结合、优化服务三条改革主线之间的协同性，并取得了一定成绩，虽然与东北地区的哈尔滨市、长春市、沈阳市等相比还存在一定差距，但就其自身而言，服出品质和改革协同两项指标的调查结果的确优于其他指标。政府监管效率和放出活力则是公认的表现较差的两项指标，即齐齐哈尔市政府及其行政人员发现、制止不良现象和不良行为的及时性较差，且在激发市场活力和社会创造力的改革目标实现上还存在明显的不足之处。

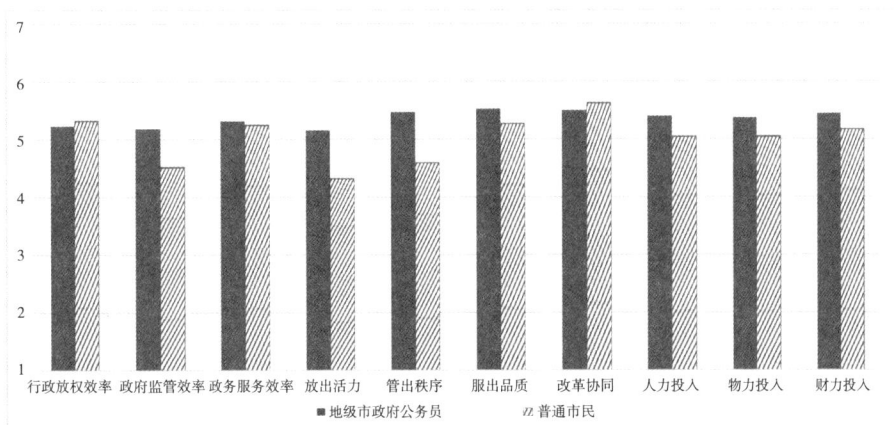

图 5-6 齐齐哈尔市外显效用的各分项指标得分

（三）齐齐哈尔市"放管服"改革效能存在的主要问题

从整体上看，齐齐哈尔市在内在潜能和外显效用等诸多方面都存在极大的上升空间，就现阶段而言，以下三点是齐齐哈尔市存在的较为突出且亟待改进的现实问题。

1.改革执行力不足

在本研究中，资源汲取能力、资源配置能力和资源运用能力是构成改革执行力的三个核心要素。其中面向地级市政府公务员的调查结果显示，资源汲取能力的得分为 4.676 分，资源配置能力的得分为 4.985 分，资源运用能力的得分为 5.029 分，这表明在供给者眼中，齐齐哈尔市除了资源运用能力能够勉强达到良好水平外，资源汲取能力和资源配置能力均处于一般水平。在面向普通市民的实地调研中，资源汲取能力的得分为 4.799 分，资源配置能力的得分为 4.948 分，资源运用能力的得分为 4.948 分，这表明在需求者眼中，齐齐哈尔市改革执行能力中包含的三个要素均处于一般水平。综合两项调查结果来看，齐齐哈尔市政府及其行政人员汲取、科学合理配置人、财、物资源，提供公共产品和服务的能力有所欠缺，资源汲取能力和资源配置能力处于一般水平，资源运用能力处于从一般水平迈向良好水平的攻坚期。这些是齐齐哈尔市在内在潜能发展中公认的弱项和短板，需要改革者高度重视。

2. 政府监管效率有限

政府监管是放管结合改革中的核心举措，强调行政机关在放开事前审批的同时，要加强事中事后监管，不仅要"放得开"，更要"管得住"，以防陷入"一放就乱、一管就死"的行为怪圈。相关调查结果显示，在供给者眼中，齐齐哈尔市的政府监管效率得分为5.184分，即勉强达到良好水平；在需求者眼中，齐齐哈尔市的政府监管效率得分为4.532分，即仅仅处于一般水平。综合两项调查结果来看，齐齐哈尔市的相关监管部门及其工作人员在监管的及时性上存在明显不足，未能及时地发现、制止市场和社会中的各类不良现象和行为，其政府监管效率基本上处于从一般水平迈向良好水平的攻坚期，是外显效用发展中的弱项和短板。

3. 简政放权效果不显著

简政放权，即精简行政，下放权力，既包括面向下级政府的内部放权，也包括面向市场和社会的外部放权。在面向齐齐哈尔市的两项调研中，其放出活力指标项的得分分别为5.156分和4.329分，在供给者眼中，齐齐哈尔市的简政放权效果勉强达到良好水平，而在需求者眼中，齐齐哈尔市的简政放权效果仅仅处于一般水平。因此，结合齐齐哈尔市的发展实际综合分析，我们认为齐齐哈尔市的简政放权效果基本上处于从一般水平迈向良好水平的攻坚期，行政机关及其行政人员对简政放权效果的关注度不够，下放权力的含金量不足，且在实际操作中可能存在"放虚不放实""明放暗不放"甚至是"变相审批"等不正当行为，以致行政权力下放不到位，未能真正有效地激发起市场活力和社会创造力。

（四）提升齐齐哈尔市"放管服"改革效能的对策建议

根据齐齐哈尔市在"放管服"改革效能建设中存在的具体问题，结合经济社会发展新形势，提出以下三点对策建议。

1. 增强改革执行力

改革重在落实，改革执行力更是确保改革任务落实到位的有力保障，如果缺乏改革执行力，无论多么美好的改革蓝图，终将化为泡影。考虑到齐齐哈尔市改革执行力不足的现实问题，改革主体需要从三个构成要素入手，全方位强化改革主体的执行力。首先，在资源汲取能力方面，改革者要积极构建多主体协同共治的新局面，灵活应用座谈会、政府热线、实地走访等方式，充分调动企业、个体工商户等市场主体和公民、社会组织等社会主体的政治参与积极性，全面地吸纳组织内外的各类人、财、物等各类资源，以为改革实践的有效开展提供坚实的资源基础。其次，在资源配置能力方面，行政机关及其行政人员要明确组织所具备的资源总量和分布情况，包括既有的资源存量、新获取到的资源以及可能获取到的资源等，根据不同部门的职责分工和改革需求对各类资源展开科学、有效配置，并及时地征集相关反馈意见，以对资源配置中的不当之处作出迅速调整。最后，在资源运用能力方面，改革主体要注重对人、财、物等各类资源的整合以及对自身职业能力和素养的修炼，提升资源的利用效率，以更好地提供公共产品和公共服务。

2. 提升政府监管效率

为切实提升齐齐哈尔市的政府监管效率，可尝试从以下方面着手。第一，明确政府监管的重要性。相关监管部门及其行政人员要从思想理念上彻底转变"重审批、轻监管"的固化思维，摒弃传统的审批式监管，强化事中事后监管，注重与简政放权密切配合，走出"一放就乱、一管就死"的泥潭与囹圄。第二，及时地发现、识别不良现象。相关监管部门及其行政人员要加大对问题多发领域的监管力度，同时灵活运用互联网、大数据等现代信息技术，通过数据共享、数据挖掘等方式对市场和社会中的各类不良现象作出及时且精准的识别。第三，及时地制止不良行为。相关监管部门及其行政人员在发现市场和社会中的不良现象后，要迅速采取相应行动，灵活运用行政约谈、行政处罚等多种方式，对已经出现的不良现象和行为做出制止，并注重对不良现象和问题的回访工作,以防止问题反弹。

　　3.增强简政放权效果

　　在"放、管、服"三条改革主线中,简政放权是深化"放管服"改革的突破口和切入点,增强简政放权效果,更是持续深化"放管服"改革中的关键一环。齐齐哈尔市政府要在注重放权数量的同时,也强调放权质量,综合考虑下级政府、市场以及社会的实际承接能力,循序渐进地完成权力下放,保证该下放的权力下放到位,提升权力下放的含金量,坚决抵制简政放权中的形式主义,杜绝"明放暗不放""放虚不放实""变相审批"等不正当现象,要减少政府的过度干预,打破地方保护主义制约,不断吸收、引进人才和资金等发展要素,不断开发新领域、新产品、新技术,切实强化市场和社会的生命力,提升市场与社会的发展自主性以及对外开放水平,全面激发市场和社会的生存力、改造力、开放力、吸引力和创新力。此外,齐齐哈尔市要加强组织内外部对简政放权工作的监督,以多主体监督倒逼改革者将减权、限权、放权工作落到实处,切实激发市场活力和社会创造力。

四、黑龙江省"放管服"改革效能的整体情况

　　哈尔滨市、大庆市和齐齐哈尔市是黑龙江省较具代表性的城市,上述三个城市的评价结果,能够在一定程度上反映出黑龙江省的整体情况。

(一)黑龙江省"放管服"改革效能的发展现状

　　近年来,各地级市政府在中央政府以及黑龙江省政府的领导下,八仙过海、各显神通,积极深化"放管服"改革,助推政府治理现代化进程,呈百花齐放之势。在"放管服"改革效能建设中,改革者们更是在明确发展实际的基础上,努力寻找合适的改革方式,在争先发展之余也形成了一些能够代表黑龙江省的共同优势和不足。

1. 黑龙江省内在潜能的总体表现

综合各改革主体在价值判断、改革执行力、文化环境以及制度环境方面的实际表现，发现黑龙江省各地在内在潜能建设中主要存在以下共通之处。

各改革主体基本能够对"放管服"改革价值形成理性认知。从实地调研结果来看，哈尔滨市在政治价值和社会价值方面的良好表现得到了供给侧和需求侧的双维认证；经济价值和社会价值是为大庆市政府公务员和普通市民所公认的表现较好的方面；在齐齐哈尔市得到供需双方公认表现较好的指标项中也包含政治价值和经济价值两项内容。总体而言，我们认为，黑龙江省的各地级市在价值判断方面取得了颇为优异的成绩，基本能够较为充分地理解并认同"放管服"改革的重要意义。

各改革主体的执行力存在明显不足。在哈尔滨市、大庆市和齐齐哈尔市的实地调研中发现，改革执行力中所包含的资源汲取能力、资源配置能力以及资源运用能力始终是表现得较差的指标项，且得到了地级市政府公务员和普通公民两大群体的公认。有鉴于此，我们认为，薄弱的改革执行力很可能是黑龙江省各地级市政府在推进"放管服"改革中存在的共性问题。

除了上述两个较为明显的优势与短板外，在余下的两项内容中，文化环境的整体表现趋近于价值判断，其综合得分明显优于制度环境，可见，黑龙江省各改革主体的制度环境虽然不似改革执行力一般薄弱，但也是一项需要不断重点加强和优化的内容。

2. 黑龙江省外显效用的总体表现

在面向黑龙江省典型城市的实地调研中，发现各地级市在外显效用建设中不存在共同的优势或劣势。更具体来说，关于共同的优势，调研结果显示大庆市在外显效用建设中不存在突出优势，哈尔滨市和齐齐哈尔市在服出品质和改革协同两项指标上的突出表现得到了地级市政府公务员和普通市民两大群体的双重认可；关于共同的劣势，调研结果显示，哈尔滨市作为省会城市，其在人力投入和物力投入方面的表现，使地级市政府公务员和普通市民将上述两项指标认定为哈尔滨市在外显效用方面的短板，放出活力则是大庆市和齐齐哈尔市表现得相对较差的指标，且得到了供给侧和需求侧的双维认定。但明确的是，黑龙江省各地级市的改革过程有效性水平均尚未达标，换言之，各地均无与内在潜能相匹配的外显效用水平，综合来看，其在改革效率、效果以及成本方面均存在较大的上升空间。

（二）提升黑龙江省"放管服"改革效能的对策建议

面对黑龙江省"放管服"改革效能的发展现状，未来黑龙江省的各地级市要持续发扬优势、及时补齐短板，助力内在潜能和外显效用的协同发展，促进"放管服"改革效能的全面提升。

1. 持续发扬优势

明确并发扬自身优势，是持续提升黑龙江省"放管服"改革效能的"有力武器"。一方面，要对自身的改革优势形成明确认知，就目前而言，黑龙江省各地级市普遍在价值判断方面取得了一定成绩，各改革主体要尝试通过制度化等方式努力将这来之不易的成绩固化下来。正所谓，改革犹如逆水行舟，不进则退，在面对改革中形成的优势与长处时，改革者切不可松懈，以防优势丧失。另一方面，要积极开发可能形成或出现的潜在优势，集中力量将其打造为真正的改革优势。现阶段，黑龙江省各地级市的文化环境是最有可能成为改革优势的一项内容，其整体得分与价值判断较为接近，且明显高于其他指标项，因此，黑龙江省政府有责任和义务为各地的文化环境建设与发展提供相关的助力和支持。

2. 及时补齐短板

及时地补齐弱项与短板，不仅是提升改革效能的先决条件，更是持续深化"放管服"改革，并使之取得更大成效的关键。第一，要及时发现短板，明确不足，据此有针对性地发力，以免迷失改进方向。现阶段，相比于其他指标，内在潜能中的改革执行力是黑龙江省各地政府改革中普遍的薄弱地带，外显效用中的改革效率、改革效果以及改革成本方面也存在不同程度的问题，各改革主体需结合自身情况，对症下药，从最容易改进的问题入手，由易入难，以防因难以解决的棘手问题而丧失改革信心。第二，树立省内的发展典型，形成"传帮带"的改革模式。考虑到发展背景以及改革任务的相似性，黑龙江省内各地级市的"放管服"改革也必然具备一定的同质性，对此，可由省政府牵头，在省内树立发展典型，对于表现优异的地级市予以及时鼓励，并总结、凝练可复制的典型经验在省内推广，促进省域内各地的共同发展。第三，加强与东部沿海地区之间的交流与学习。国家关于东北地区与东部地区的对口合作方案，确定了黑龙江省与广东省、哈尔滨市与深圳市之间的对口合作关系，对此，黑龙江省要积极引导省内各地认真学习东部地区的好经验、好做法，并结合本地发展实际，使先进经验"落地生花"。

3. 全面协同发展

在"放管服"改革效能建设中，改革主体要始终坚持内在潜能、外显效用两手抓的基本原则，以两手都要硬为基本目标，夯实内在潜能，提升改革过程的有效性，促进改革主体更好地将内在潜能转化为外显效用，多快好省地完成改革任务。从改革主体自身队伍建设的角度来看，行政人员作为行政组织的核心要素，其职业素养和专业技能更会对本地的内在潜能、外显效用以及改革过程有效性产生直接影响。结合人才流失严重的现实问题，黑龙江省各地级市政府要注重、爱惜人才，并为留住人才、引进人才给予大力支持，及时地为公务员队伍填充优质的新鲜力量。从推进改革实践任务的角度来看，改革主体不仅要注重服务设施、自动化设备等硬件建设，还要注重文化、制度、流程等软件建设，使硬件与软件互为补充，促进改革工作的有序开展。

第六章 ▶▶▶▶

吉林省的"放管服"改革效能评价报告

按照上述研究设计与抽样方案，我们将长春市和吉林市作为在吉林省开展实地调研的重点城市，为了能够从供给侧和需求侧的双重维度实现对"放管服"改革效能的综合研判，分别面向地级市政府公务员和普通市民两个群体发放调查问卷，尝试通过对上述两个典型城市的调研与剖析，反映吉林省"放管服"改革效能近况。

一、长春市的"放管服"改革效能评价

从整体上看，两项调查结果均显示长春市的改革效能达到良好水平，且在东北地区的排名相对靠前，但是其在资源配置能力、资源运用能力、制度的适应性、政府监管效率、人力投入以及改革过程有效性等方面仍旧存在较大的上升空间，为了持续深化"放管服"改革，使之取得更大成效，未来长春市需要在强化资源配置能力、优化资源运用能力、增强制度的适应性、提升政府监管效率、控制人力投入、释放改革潜能上下功夫。

（一）长春市"放管服"改革的基本情况

近年来，为全面深化行政体制改革，促进政府职能转变，长春市政府推出了一系列"放管服"改革举措，聚焦于企业和群众反映的难点、堵点、痛

点问题,大胆创新,探索设立行政审批局,积极推进并联审批[1],鼓励各部门之间的协同配合,如:长春市市场监管局牵头联合市商务局、市公安局、市应急管理局、市生态环境局、市税务局等部门组成联合检查工作组,对全市成品油销售企业开展检查等[2],以期形成"进一次门、查多项事"的改革新局面。与此同时,长春市注重对"放管服"改革的统筹规划,增设负责市政府推进职能转变协调小组办公室日常工作的专门处室,强化工作统筹,不断地减权、放权,深化商事制度改革,放宽市场准入条件,推行清单制,强化事中事后监管,优化政务服务,清理中介服务[3]。

伴随着改革实践的不断深入,长春市的"放管服"改革工作也取得了一些实质性进展。企业开办的审批时限不断压缩,长春市实行"管家式"服务、"手机端"办理、"个性化"定制、"智慧化"管理[4],让企业经营者越来越真切地感受到营商环境的不断改善,政务服务的便捷和温暖[5]。2020年,长春市新登记企业数量增长31%,在2020年国家营商环境评价中,长春市被评为营商便利度提升最快的18个典型城市之一[6]。

(二)长春市"放管服"改革效能的发展现状

如表6-1所示,两项调查结果均表明,长春市的"放管服"改革效能达

① 杨刘保,张永新.深化"放管服"改革　推动长春高质量发展[J].长春市委党校学报,2019(1):59-62.
② 乔砚.长春市场监管新实践——联合　随机　公开　减负　高效[EB/OL].(2021-05-12)[2022-05-28].http://www.changchun.gov.cn/zw_33994/yw/zwdt_74/jjdt/202105/t20210512_2817707.html.
③ 杨敬东,张鹏.长春稳步推进放管服改革[J].中国机构改革与管理,2016(8):20-22.
④ 长春市人民政府.作为全国营商便利度提升最快的18个典型城市之一　我市在全国优化营商环境现场会作经验介绍[EB/OL].(2021-05-14)[2022-05-29].http://www.changchun.gov.cn/zw_33994/yw/zwdt_74/jjdt/202105/t20210514_2819167.html.
⑤ 乔砚.75.09万户新增市场主体迸发新活力[EB/OL].(2020-11-03)[2022-05-29].http://www.changchun.gov.cn/zw_33994/yw/zwdt_74/jjdt/202011/t20201103_2528096.html.
⑥ 中国日报网.长春市加快迈入全国营商环境第一方阵[EB/OL].(2021-07-13)[2022-05-29].https://www.360kuai.com/pc/9cee2483307194803?cota=3&kuai_so=1&tj_url=so_vip&sign=360_57c3bbd1&refer_scene=so_1.

到良好水平，但是改革过程有效性水平并不高，与标准值 1 的距离相对较远，即长春市政府及其行政人员的改革过程仍旧处在相对低效的水平上，未能收获与其所具备的、拥有的改革要素或实力相匹配的改革结果。考虑到效能水平和过程有效性均由内在潜能和外显效用两个变量计算而得，为了更加精准地、具体地把握长春市"放管服"改革效能的发展现状，我们将分别围绕内在潜能和外显效用两个方面展开进一步探索。

表 6-1　长春市"放管服"改革效能的发展现状

	地级市政府公务员	普通市民
效能水平	32.944	28.537
过程有效性	0.924	0.949

1. 长春市内在潜能的发展现状

综合两项调查结果来看，长春市的内在潜能正处于良好水平，尤其是在市政府公务员的自评结果中，其内在潜能水平已高达 5.970 分，已非常接近优秀水平，普通市民的评分结果虽然不如自评结果"美观"，但也达到了 5.483 分。综合长春市政府的实际发展情况判断，我们认为长春市的内在潜能正处于达到良好水平的战略机遇期，即具备了向优秀水平冲刺的可能性，其当务之急是抓住当前的战略机遇，及时地补齐弱项和短板，以实现内在潜能水平的全面提升。

在本报告中，价值判断、改革执行力、文化环境和制度环境是用于考察长春市内在潜能水平的四个主要维度。如表 6-2 所示，面向市政府公务员的调查结果显示，价值判断和文化环境已达到优秀水平，改革执行力和制度环境尚处于良好水平，按照分数高低排序，其结果为：价值判断＞文化环境＞制度环境＞改革执行力；面向普通市民的调查结果显示，价值判断、改革执行力、文化环境和制度环境四个维度全部达到良好水平，按照分数高低排序，其结果为价值判断＞文化环境＞改革执行力＞制度环境。综合来看，两项调查结果虽然在分数等级和分数排序上略有差异，但是都证明了长春市政府及其行政人员在价值判断方面取得了较为突出的成绩，这一维度在内在潜能的四个维度中始终稳居首位，且在得分上也明显高于其他三个维度，基本处于从良好阶段迈向优秀阶段的发展成熟期，而在改革执行力和制度环境建设方面则有所欠缺，这两个维度在四个维度的排名中始终处于后两位，需要改革者在未来的改革中予以优化与提升。

表6-2 长春市内在潜能的发展现状

	地级市政府公务员	普通市民
价值判断	6.430	5.660
改革执行力	5.570	5.419
文化环境	6.182	5.499
制度环境	5.737	5.350
内在潜能	5.970	5.483

更具体的测评结果，如图6-1所示。在市政府公务员眼中，长春市政府及其行政人员表现得相对较好的四项指标分别是政治价值（6.514）、经济价值（6.429）、社会价值（6.343）、法治文化（6.329），表现得相对较差的四项指标分别是资源运用能力（5.529）、资源配置能力（5.586）、资源汲取能力（5.600）、制度的适应性（5.671）。在普通市民眼中，长春市政府及其行政人员表现得相对较好的四项指标分别是社会价值（5.681）、政治价值（5.653）、经济价值（5.648）、法治文化（5.514），表现得相对较差的四项指标分别是制度的及时性（5.310）、制度的适应性（5.347）、制度的稳定性（5.394）、资源配置能力（5.407）、资源运用能力（5.407）[①]。由此可见，长春市政府

---

① 注：面向长春市普通市民的调查结果中，资源配置能力和资源运用能力得分相同，并列成为得分相对较差的第四项指标。

及其行政人员已经充分地认识到"放管服"改革对改善政府形象、增强政府公信力，改善营商环境、促进经济发展以及提升人民群众获得感、幸福感、安全感的重要意义，并在长期的行政实践中形成了按章办事的法治理念。政治价值、经济价值、社会价值以及法治文化是公认发展较好的方面，而资源配置能力、资源运用能力、制度的适应性则是公认发展较差的方面，即长春市政府及其行政人员在合理配置、运用人力、财力、物力资源，提供公共服务和产品方面略显不足，且在面对困难与不确定性时，改革制度的韧性仍有欠缺。

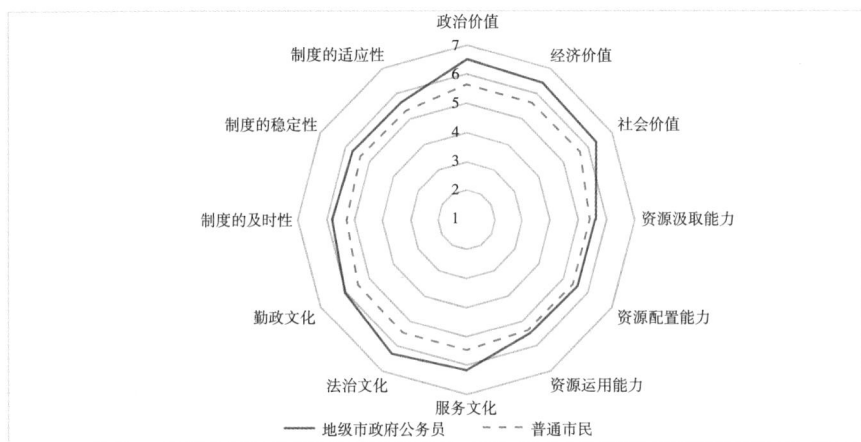

图6-1　长春市内在潜能的各分项指标得分

2. 长春市外显效用的发展现状

两项调查结果显示，长春市外显效用得分分别为5.518分和5.205分，这表明长春市的外显效用在整体上处于良好水平，其中面向地级市政府公务员的测评分数相对较高，与优秀水平之间的距离较小，而面向普通市民的测评分数则相对较低，与优秀水平之间尚存一定差距。综合来看，长春市要牢牢把握住此战略机遇期，弥合差距，努力向优秀水平冲刺。

改革效率、改革效果以及改革成本是衡量长春市外显效用水平的关键指

标。如表 6-3 所示，两项调查在分数等级和分数排序上的结果均完全一致，
能够互相印证，即无论是在供给侧视角下，还是在需求侧视角下，改革效率、
改革效果以及改革成本三项指标均处于良好水平，按照分数高低排序，其结
果均为：改革效果 > 改革成本 > 改革效率，其中改革效果在三项指标中始终
居于首位，说明长春市政府及其行政人员比较强调目标导向，注重改革实践
行为对预期目标的实现程度，而改革效率在三项指标中始终居于末位，则说
明长春市政府及其行政人员在一定程度上忽视了对改革效率的关注，在完成
改革实践任务的速度和数量上尚存一定上升空间。

表6-3　长春市外显效用的发展现状

	地级市政府公务员	普通市民
改革效率	5.395	5.172
改革效果	5.704	5.227
改革成本	5.455	5.217
外显效用	5.518	5.205

　　更具体的测评结果，如图 6-2 所示。在市政府公务员眼中，长春市政府
及其行政人员在服出品质（5.843）、改革协同（5.781）、财力投入（5.686）
这三项指标上的表现相对较好，在政务服务效率（5.189）、政府监管效率
（5.328）、人力投入（5.329）这三项指标上的表现则相对较差。在普通市民
眼中，长春市政府及其行政人员在改革协同（5.375）、财力投入（5.278）、
放出活力（5.250）这三项指标上的表现相对较好，而在政府监管效率（5.060）、
管出秩序（5.096）、人力投入（5.176）这三项指标上的表现则相对较差。

　　由此可见，在各分项指标中，公认表现较好的是改革协同和财力投入两
项内容，即长春市政府及其行政人员在"放管服"改革中不仅注重简政放权、
放管结合和优化服务三条改革主线的协同性，而且坚持"少花钱、多办事"
的原则，在一定程度上控制了改革的财力投入；公认表现较差的是政府监管

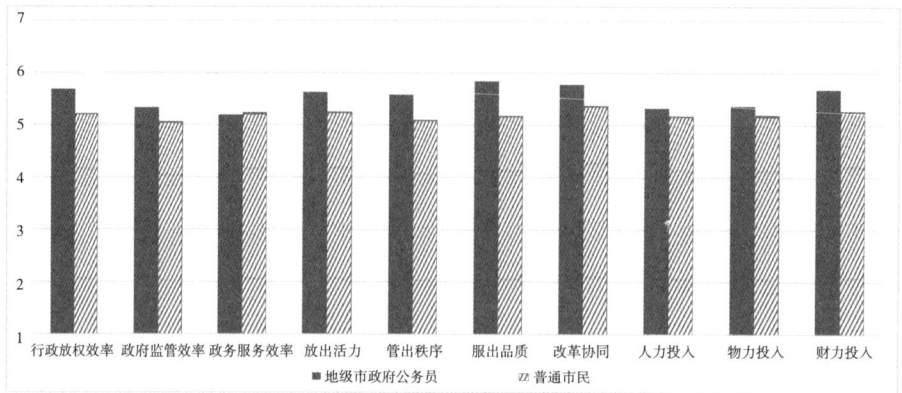

图 6-2 长春市外显效用的各分项指标得分

效率和人力投入两项内容，即长春市政府及其行政人员发现、制止不良现象和行为的及时性不足，在推进"放管服"改革的过程中也存在一定的人员冗余现象。

（三）长春市"放管服"改革效能存在的主要问题

放眼整个东北地区，长春市的"放管服"改革效能水平的确名列前茅，但从长远发展来看，依旧存在一些需要进一步解决和改进的现实问题。

1. 资源配置能力不足

两项调查结果显示，长春市在资源配置能力方面的得分分别为 5.586 分和 5.407 分，从分数等级来看，已达到良好水平，且普遍优于东北地区的其他普通地级市，但是对比内在潜能中的其他指标项来看，其资源配置能力则是明显的弱项和短板，换言之，长春市政府及其行政人员在人、财、物等各类资源的配置过程中的科学性略有不足，未能最大限度地合理配置资源，很可能会对改革结果造成直接的负面影响。

2. 资源运用能力有限

从实际测评结果来看，长春市在资源运用能力方面的得分分别为 5.529 分、5.407 分，即供给侧视角下的得分略高于需求侧，但分数的等级归属并无差异，均表明长春市的资源运用能力已达到良好水平，且在东北地区的排名相对靠前。但是与内在潜能中的其他指标进行比对，不难发现长春市的资源运用能力得分明显偏低，改革主体在灵活运用新获取到的和既有存量资源提供公共产品和公共服务方面存在一定问题，未能实现对资源的最大化利用。

3. 制度的适应性欠佳

制度环境作为内在潜能中的重要组成部分，是影响改革实践进程的有力支点。优质的制度环境能够为改革任务的有序推进保驾护航，而恶劣的制度环境则会在一定程度上对改革实践的有序开展造成阻碍。在面向市政府公务员和普通市民群体的实地调研中发现，长春市政府在制度环境的适应性方面表现欠佳，相关制度设计的地方特色不够鲜明，且在应对发展中的诸多困难和不确定性时也略显捉襟见肘。

4. 政府监管效率不高

"放管服"改革主要包含简政放权、放管结合、优化服务三条改革主线，政府监管正是"放管结合"改革中的重要任务，要求地方政府不仅要"放得开"，更要"管得住"，以防陷入"一放就乱、一管就死"的行为怪圈。但通过实地调研发现，长春市的政府监管效率基本处于勉强达到良好水平的阶段，行政机关及其行政人员在发现并制止各类市场和社会不良现象和不良行为（如：生产、销售假冒伪劣产品等）不够及时，监管效率不高，需要在未来改革中积极探寻改进与提升之道。

5. 改革人员投入过大

根据问卷设计思路，人力投入项得分偏低，代表改革人员投入量过大。两项调查结果现实，长春市在人力投入指标项的得分分别为 5.329 分、5.176 分，基本处于勉强达到良好水平的阶段。这说明，在推进"放管服"改革的实践过程中，长春市政府对改革工作量的把握缺乏精准性和系统性，未能始终坚持供给与需求一致的实践原则，忽视了改革人员数量与改革实际工作量的对应性，投入了过量的改革人员，以致存在改革人员的闲置与冗余现象，易于引发人浮于事、推诿扯皮等不良后果。

6. 改革过程有效性偏低

按照前文的理论构建思路，衡量改革过程是否有效的标准在于改革主体是否将其所具备的改革实力全部发挥出来，转化为了实际的改革结果。相关调查结果表明，长春市改革过程的有效性水平整体偏低，虽然在与东北地区其他地级市的横向比较中，长春市的内在潜能和外显效用水平均名列前茅，但从自我比对的角度来看，长春市政府及其行政人员尚未完全发挥出其真实的改革实力和水平，未能将其所拥有和具备的优质的改革要素和能量全部有效地转化为外显效用，实属遗憾。

（四）提升长春市"放管服"改革效能的对策建议

根据长春市在"放管服"改革效能建设中存在的现实问题，结合经济社会发展新形势，提出以下六点对策建议，以期为提升长春市的"放管服"改革效能提供一定的借鉴与参考。

1. 强化资源配置能力

根据长春市"放管服"改革效能的发展建设情况来看，强化资源配置能力是提升长春市政府内在潜能水平的重要举措之一。一方面，地方政府要对新获取到的资源以及存量资源的数量及其分布形成明确且清晰的认知，结合不同部门的职能分布和具体的任务情况，进行科学研判，统筹安排，提升资源配置的合理性。另一方面，地方政府要对资源的配置情况开展定期总结，及时地查缺补漏，明确不足与短板，并在后续实践中做出有针对性的改进，以实现资源配置能力的不断增强。

2. 优化资源运用能力

优化资源运用能力是进一步夯实改革主体改革实力和水平的关键性举措之一。对此，长春市政府务必要努力做好以下三点。第一，把好"入口关"。地方政府要积极制定并落实人才引进政策，及时地为公务员队伍补充优质的新鲜力量。第二，注重培训。地方政府要进一步加强对行政人员的职业技能培训，从充实理论知识和强化方法论的角度，引导行政人员提升资源运用能力，实现对各类资源的整合和灵活运用。第三，定期复盘。地方政府要对资源运用情况展开实时监测并及时复盘，在行政实践中寻找到资源运用中的短板与不足，有针对性地探寻优化之道。

3. 增强制度的适应性

一般来说，制度体系建设并不是静态的也并非是千篇一律的，结合长春市在制度环境方面的实际表现来看，适应性作为制度环境的必备特质之一，需要行政机关及其行政人员高度关注。为进一步增加制度的适应性，一方面，长春市政府要增强对区域发展现状的把握，结合地方发展实际，在制度中融入地方特色，使之与地方发展更加契合，切忌照搬照抄。另一方面，地方政府要注重提升制度韧性，组织相关咨询会和讨论会，对未来可能出现的情况和问题作出合理预判，以使之能够有效应对改革中面临的困难与诸多不确定性因素。

4. 提升政府监管效率

为了更好地深化"放管结合"改革，长春市需要进一步提升政府监管效率，以更多更快地完成政府监管任务，具体地说：一方面，相关监管部门及监管人员要系统化梳理以往的政府监管实践，分析市场、社会中各类不良现象和不良行为的发生领域和出现时间，建立问题多发领域的监管清单，加大对重点领域的监管力度，并对该清单实行动态化管理，根据监管实际，进行不定期的调整、更换。另一方面，要充分发挥互联网、大数据、云计算等技术优势，用技术赋能政府监管，帮助监管部门精准发现、识别不良现象和不良行为，提升政府监管的及时性。

5. 控制改革人力投入

为了有效解决改革人员投入量过大的问题，在未来的"放管服"改革实践中，长春市需要注重对改革人员投入量的控制。一方面，要根据改革方案，明确改革的实际工作量，科学测算出与改革任务量相适应的人员数量，将改革人员数量控制在合理范围内，灵活调配闲置人员至更需要的工作岗位上。另一方面，要充分了解不同改革岗位的职能定位和工作需求，将改革人员投入至与其相匹配的工作岗位上，最大限度地发挥改革人员的优势与长处，真正实现人尽其才。

6. 注重改革潜能释放

激发、释放改革潜能是长春市政府及其行政人员深化"放管服"改革，全面提升政府治理效能的有力抓手和重要突破口。一方面，改革主体要明确自身所具备的潜在实力及能量分布，明确自身的实力定位，积极寻找有效的政策工具和改革路径，以期最大限度激发自身能量，促进不同改革要素之间的有机互动。另一方面，改革主体应定期开展自我审视和自我检查工作，将既有的改革能量与实际的改革结果进行比对，及时地发现尚未释放到位的改革要素及能量，进而作出有针对性的改进。

二、吉林市的"放管服"改革效能评价

为了能够同时兼顾供给侧和需求侧的观点，我们分别面向市政府公务员和普通市民两个群体发放调查问卷。通过对有效样本的分析发现，吉林市的"放管服"改革效能水平在整体上处于良好阶段，放眼整个东北地区，其排名基本仅次于省会城市，但在内在潜能和外显效用的发展中依旧存在一些明显的短板与不足，如资源汲取能力有限、资源配置能力不足、简政放权效果欠佳、改革人员投入过大等，从长远发展的角度考虑，未来吉林市需要重点从增强资源汲取能力、提升资源配置能力、优化简政放权效果、控制改革人员投入等方面入手，提升"放管服"改革效能，助力政府治理现代化。

（一）吉林市"放管服"改革的基本情况

近年来，吉林市紧跟中央政府和吉林省政府的改革步伐，结合地方发展实际，聚焦于企业和群众的难点、堵点和痛点，深化行政体制改革，促进政府职能转变，时刻紧握简政放权、放管结合、优化服务三条改革主线，先后

出台了《吉林市推进落实行政审批"两集中、两到位"工作方案》《吉林市"只跑一次"改革事项清单梳理和办事指南编制工作方案》《吉林市加快推进"只跑一次"改革实施方案》《吉林市需求端证明事项清单》《关于加强证明事项需求端管控方便群众和企业办事的意见》《吉林市"只跑一次"改革考核办法》《吉林市落实深化"放管服"改革转变政府职能会议精神工作分工方案》《吉林市2020年深化"放管服"改革优化营商环境工作要点》等诸多相关改革的政策方案。

伴随着改革实践的不断深入,吉林市的"放管服"改革工作也取得了一些阶段性成果,如:企业发展服务中心顺利建成并投入使用,设置"怎么能办"窗口,建立企业诉求接诉即办制度,启动"证照一码通"改革试点,全面推行企业简易注销程序;通过"拿地即开工""交房即办证"改革,低风险、一般风险工业类建设项目审批时限分别压减至13个工作日和29个工作日;企业登记注册时间压减至2小时;公共资源交易"六个不见面"典型经验在全国推广,城市信用监测指数地级市排名由127位提升至60位[①];2021年招商引资到位资金比上年增长36.8%,其中当年新签约招商引资项目316个,投资额2756.3亿元,当年新开工招商引资项目169个,投资额346.3亿元,当年签约当年开工155个,投资额291.4亿元[②]等。

(二)吉林市"放管服"改革效能的发展现状

相关调查结果,如表6-4所示。以市政府公务员为代表的供给侧调查结果和以普通市民为代表的需求侧调查结果虽然在分数上略有差异,但从分数等级归属上来看,两项调查结果基本上能够相互印证,这也从侧面证明了本

---

① 石兰兰 . 吉林市政府工作报告 (2022 年 1 月 10 日 王路)[EB/OL].(2022-03-11)[2022-06-27].http://district.ce.cn/newarea/roll/202203/11/t20220311_37394972.shtml.
② 吉林市人民政府 . 吉林市 2021 年国民经济和社会发展统计公报 [EB/OL].(2022-06-28)[2022-07-25].http://www.jlcity.gov.cn/jlszf/20tjgb/2021tjgb/202206/t20220628_1043932.html.

次实地调研结果的可信度，的确能够真实地反映出吉林市"放管服"改革效能的发展现状。具体来说，吉林市的"放管服"改革效能水平处于良好阶段，在东北地区的排名基本仅次于省会城市，其改革过程有效性尚处于较低水平，不过值得关注的是，吉林市改革过程的有效性水平已与"1"这一有效性的基准线颇为接近，说明吉林市政府及其行政人员已经在为更好将其所具备、拥有的改革要素转化为实际的改革结果而付诸努力。考虑到内在潜能和外显效用是测量效能水平和改革过程有效性的两个核心变量，为了更好地完成对吉林市"放管服"改革效能的解构，我们将分别围绕内在潜能和外显效用两个方面展开详细论述。

表6-4 吉林市"放管服"改革效能的发展现状

	地级市政府公务员	普通市民
效能水平	31.257	27.197
过程有效性	0.967	0.964

1. 吉林市内在潜能的发展现状

综合来看，两项调查结果均显示，吉林市的内在潜能达到良好水平，不过值得说明的是，面向市政府公务员类的内在潜能测评结果为5.686，与优秀水平着实颇为接近，这说明吉林市在一定程度上具备了向优秀水平冲击的可能性，在未来的改革实践中，吉林市政府要牢牢地抓住此战略机遇期，及时地补齐弱项、强化短板，努力向优秀水平靠近。

价值判断、改革执行力、文化环境和制度环境作为衡量内在潜能的四个核心变量，其测评结果如表6-5所示。面向市政府公务员的调查结果显示，价值判断和文化环境已达到优秀水平，制度环境尚处于良好水平，而改革执行力仅仅达到一般水平，按照分数高低进行排序，其结果为：价值判断＞文化环境＞制度环境＞改革执行力。面向普通市民的调查结果显示，价值判断、改革执行力、文化环境和制度环境均处于良好水平，按照分数高低进行排序，其结果同样为：价值判断 > 文化环境 > 制度环境 > 改革执行力。综合来看，价值判断和文化环境正处于从良好水平向优秀水平迈进的阶段，制度环境正处于达到良好水平的战略机遇期，改革执行力正处于从一般水平向良好水平努力的爬坡期。一致的排序结果更说明，吉林市政府及其行政人员的确在价值判断方面取得了较为优异的成绩，这一维度分数始终稳居四个维度之首；而在改革执行力方面则存在明显不足，始终稳居四个维度之末，需要改革者高度关注，并在未来的改革实践中予以解决。

表6-5 吉林市内在潜能的发展现状

	地级市政府公务员	普通市民
价值判断	6.094	5.417
改革执行力	4.829	5.178
文化环境	6.218	5.391
制度环境	5.608	5.265
内在潜能	5.686	5.313

更具体的测评结果，如图6-3所示。在市政府公务员眼中，吉林市政府及其行政人员表现得相对较好的四项指标分别是法治文化（6.283）、勤政文化（6.217）、服务文化（6.152）、经济价值（6.130），表现得相对较差的四项指标分别是资源汲取能力（4.587）、资源配置能力（4.935）、资源运用能力（4.935）、制度的稳定性（5.543）。在普通市民眼中，吉林市政府及其行政人员表现得相对较好的四项指标分别是社会价值（5.583）、法治文化（5.435）、经济价值（5.423）、服务文化（5.387），表现得相对较差的四项指标分别是资源汲取能力（5.024）、制度的及时性（5.101）、资源配置能力（5.226）、政治价值（5.244）。由此可见，在吉林市的内在潜能建设中，经济价值、服务文化、法治文化是公认的表现较好的三项内容，即吉林市政府及其行政人员不仅充分意识到了"放管服"改革对于优化营商环境、促进经济发展的重

要作用，而且还致力于营造以人为本的服务氛围和按章办事的法治氛围；而资源汲取能力和资源配置能力则是公认的表现相对较差的两项指标，即吉林市政府及其行政人员在汲取、合理配置人力、财力、物力资源方面存在明显不足，在一定程度上使得改革任务落实受阻。

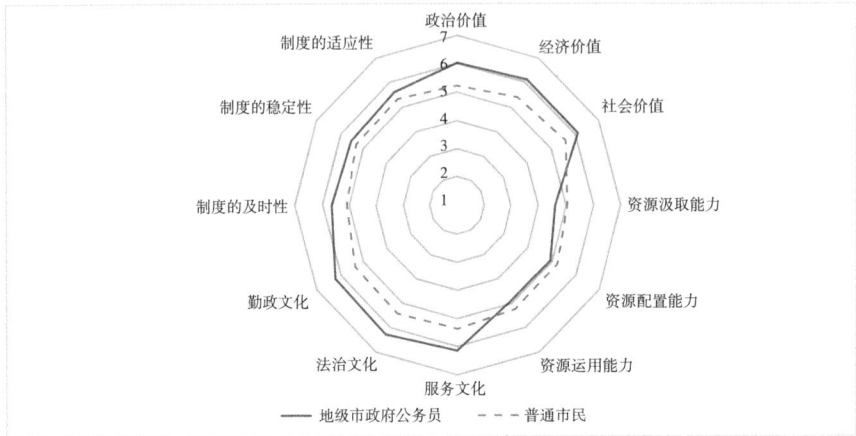

图6-3 吉林市内在潜能的各分项指标得分

2.吉林市外显效用的发展现状

从两项调查结果来看，吉林市的外显效用正处于良好水平，但是无论是在供给侧视角下还是需求侧视角下，其外显效用得分均不高，基本处于刚刚超过良好水平基准线的阶段，因此，结合吉林市的实际发展情况，我们认为吉林市的外显效用正处于达到良好水平基准线的巩固稳定期，行政机关及其行政人员的首要任务是要巩固好其目前已达到的良好水平，稳中求进。

改革效率、改革效果和改革成本是判断、衡量吉林市外显效用水平的三个核心指标，其测评结果如表6-6所示。面向市政府公务员的调查结果显示，在分数等级上，改革效率、改革效果以及改革成本三个维度均处于良好水平，在分数排序上，其结果为：改革效率＞改革效果＞改革成本。面向普通市民的调查结果显示，在分数等级上，三个维度全部属于良好水平，与面向地级市政府公务员的调查结果完全一致，在分数排序上，其结果为：改革效果＞

改革效率＞改革成本。从整体上看，吉林市注重对量和质的追求，在改革效率和改革效果上表现颇为接近，并取得了阶段性成果，这两个维度在三个维度的排名中始终稳居前两位；而在改革成本上的表现则未能尽如人意，始终处于末位。

表6-6　吉林市外显效用的发展现状

	地级市政府公务员	普通市民
改革效率	5.671	5.138
改革效果	5.542	5.143
改革成本	5.251	5.069
外显效用	5.498	5.119

更具体的测评结果，如图6-4所示。在市政府公务员眼中，吉林市政府及其行政人员表现得相对较好的三项指标分别是行政放权效率（5.958）、改革协同（5.794）、服出品质（5.722），表现得相对较差的三项指标分别是人力投入（5.130）、放出活力（5.253）、物力投入（5.261）。在普通市民眼中，吉林市政府及其行政人员表现得相对较好的三项指标分别是改革协同（5.276）、行政放权效率（5.248）、服出品质（5.196），表现得相对较差的三项指标分别是人力投入（4.988）、放出活力（4.991）、政府监管效率（5.000）。可见，吉林市政府及其行政人员在改革实践中努力减权、限权、下放、转移大量的行政审批事项放给下级政府、市场和社会，注重服务质量的提升，并兼顾三条改革主线的协同推进，行政放权效率、服出品质和改革协同也由此成为公认的表现较好的三项指标，但其在激发市场活力和社会创造力方面的改革效果却始终未能尽如人意，且消耗了过多的人力资源，放出活力和人力投入也由此成为公认的表现较差的两项指标，需要吉林市在未来的改革中相应地改进和提升。

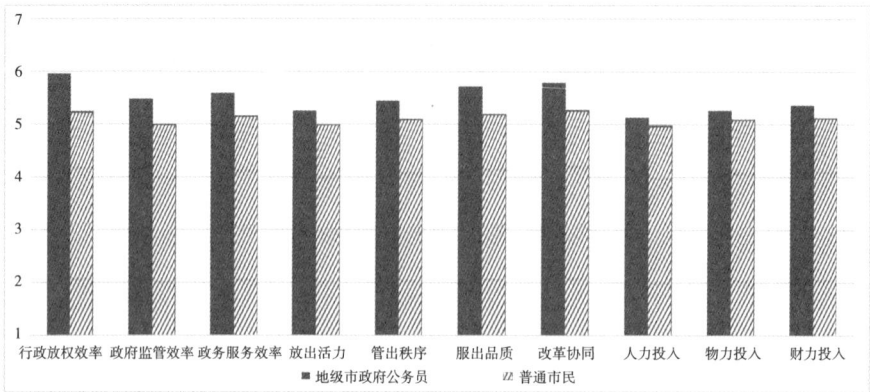

图 6-4　吉林市外显效用的各分项指标得分

（三）吉林市"放管服"改革效能存在的主要问题

吉林市在东北地区样本城市中的排名居中，在内在潜能和外显效用的建设和发展中，存在一些共识性的短板和不足，需要吉林市行政机关及其行政人员的关注。

1. 资源汲取能力有限

在两项调查中，吉林市在资源汲取能力方面的得分分别为 4.587 分和 5.024分。从得分上来看，无论是供给侧还是需求侧的调查结果均显示，资源汲取能力是吉林市内在潜能中公认表现最差的指标，未能实现与内在潜能中其他要素的同步发展。从分数等级来看，在供给侧视角下吉林市的资源汲取能力仅属于一般水平，在需求侧视角下吉林市的资源能力虽然属于良好水平，但也仅仅勉强超过良好水平的基准线而已。综合来看，吉林市的资源汲取能力尚处于从一般水平迈向良好水平的爬坡过坎阶段，行政机关及其行政人员未能充分调动组织内外部的人、财、物等各类资源，难以为改革实践的有序推进保驾护航。

2. 资源配置能力不足

综合两项调查结果，吉林市在资源配置能力指标上的得分分别为 4.935 分和 5.226 分,从分数等级上来看,面向市政府公务员的测评结果表明,吉林市的资源配置能力尚处于一般水平,面向普通市民的测评结果表明,吉林市的资源配置能力刚刚超过良好水平的基准线。从整体上看,吉林市的资源配置能力得分明显低于内在潜能中的其他要素,在等级归属上,尚处于从一般水平迈向良好水平的攻坚期,其发展的薄弱性仅次于资源汲取能力。可见,吉林市的行政机关及其行政人员在配置既有存量资源和新获取资源中的科学性有所欠缺,未能充分结合岗位需求和发展实际,难以完成对各类资源的合理调配。

3. 简政放权效果欠佳

"放出活力"是衡量简政放权实际效果的具体指标项。在市政府公务员眼中,吉林市在放出活力方面的得分为 5.253 分,这表明该市的简政放权效果超过良好水平基准线,达到良好阶段。在普通市民眼中,吉林市在放出活力方面的得分为 4.991 分,这表明该市的简政放权效果尚处于一般水平。综合两项调查结果来看,吉林市的简政放权效果正处于从一般水平迈向良好水平的爬坡过坎阶段,相较于改革效果维度中的其他要素而言,其表现相对欠佳,即吉林市在简政放权工作中未能将该下放的权力下放到位,难以充分实现激发市场活力和社会创造力的预期目标。

4. 改革人员投入过大

人力投入是衡量改革成本高低的一项重要指标,按照问卷设计,人力投入的得分偏低代表改革人员投入量过大,存在人员的浪费和闲置现象。从实地调研结果出发,供给侧视角下吉林市的人力投入得分为 5.130 分,这意味着在市政府公务员眼中,该市的人力投入勉强达到良好水平。需求侧视角下吉林市的人力投入得分为 4.988 分,这意味着在普通市民眼中,该市的人力投入尚处于一般水平。综合来看,吉林市的人力投入正处于从一般水平迈向良好水平的努力攻坚阶段,存在改革人员投入过大的现实问题,在一定程度上造成了人员的冗余和闲置现象,与人尽其才的理想标准尚存一段距离。

（四）提升吉林市"放管服"改革效能的对策建议

针对吉林市在"放管服"改革效能中存在的短板与不足，结合经济社会发展新形势，提出以下四点对策建议。

1. 增强资源汲取能力

调查结果表明，资源汲取能力是吉林市内在潜能发展中的共识性短板。为了增强该市的资源汲取能力，吉林市要积极开展改革人员的专项培训活动，邀请领域内的理论专家和实践专家传授经验，提升行政人员的专业技能，积极打造多主体协同共治的发展新格局，强化对资源汲取能力的理论认知，明确资源汲取能力是组织发展的必备条件，良好的资源汲取能力更能够为改革实践的有效开展提供坚实的资源供给。此外，要通过实地考察、日常交流等方式，学习、借鉴东南沿海等先进城市在资源汲取方面的典型经验，并结合吉林市的发展实际，将之吸收、应用至本地的发展建设之中。

2. 提升资源配置能力

为切实提升吉林市的资源配置能力，在未来的改革实践中，吉林市政府及其行政人员可尝试从以下三方面入手。第一，组织行政人员参与专项培训活动，明确资源配置能力在改革执行以及组织发展中的重要作用，提升行政人员的相关专业技能和理论认知水平。第二，对改革主体所能调配的资源展开系统化、动态化梳理，包括资源存量、新获取的资源总量等，了解人、财、物等各类资源的结构化分布，明确改革主体的优势资源和劣势资源，进而根据资源供给和现实需求，制定资源配置计划，科学、合理地调配各类资源。第三，注重对以往资源配置情况的分析和总结，在成功案例中寻找可复制、推广的好经验和好做法，在失败的案例中吸取教训，避免"重蹈覆辙"。

3. 优化简政放权效果

针对简政放权效果欠佳的现实问题，吉林市政府要进一步明确简政放权的改革内容，以全方位提升市场和社会的生存力、改造力、开放力、吸引力和创新力为目标，全面激发市场活力和社会创造力。第一，要明确简政放权的重要性。简政放权作为"放管服"改革的"先手棋"和"当头炮",不仅是有效破解体制、机制障碍的关键环节,更是解决"投资不过山海关"等难题的制胜法宝;第二,积极通过面向下级政府的内部放权以及面向市场和社会的外部放权,实现"瘦身"、"健体"、精简行政,坚决抵制"明放暗不放""放虚不放实""变相审批"等不良现象,做到放权数量与质量的兼顾,提升简政放权的含金量;第三,在简政放权的过程中,行政机关及其行政人员要综合考虑下级政府、市场以及社会的承接能力,循序渐进地完成放权任务,以确保该下放的权力放到位,而非"一放了之"。

4. 控制改革人员投入

为了避免人员浪费,杜绝人员的冗余与闲置现象,吉林市政府在未来的"放管服"改革中要着力控制改革人员的投入量。一方面,按照改革的施工图和任务表,对改革的实际工作量作出科学测算,据此统筹安排改革人员的投入量,并按照改革实践进展,对改革人员数量及时作出动态性调整;另一方面,了解改革人员在行政工作中的优势与短板,将其安排至合适的工作岗位,提升人员与岗位的匹配度,最大限度地发挥出改革人员的优势与特长。此外,在控制好改革人员的投入量后,更要及时地将改革中的闲置人员调动至其他需要的岗位上,提高人才利用率,真正地实现人尽其才。

三、吉林省"放管服"改革效能的整体情况

长春市和吉林市是吉林省较具代表性的城市,上述两个城市的评价结果,能够在一定程度上反映出吉林省的整体情况。

(一)吉林省"放管服"改革效能的发展现状

伴随着政府职能转变步入"深水区"和"攻坚期","放管服"改革作为一项有助于破解体制、机制等深层次障碍的改革战略应运而生。各地级市政府在中央政府和吉林省政府的宏观指导下,牢牢抓住简政放权、放管结合、

优化服务三条改革主线，促进改革任务的有序开展。在此过程中，各地级市政府也形成了一些属于吉林省的共通优势和劣势。

1.吉林省内在潜能的总体表现

综合各改革主体在价值判断、改革执行力、文化环境以及制度环境方面的实际表现，能够发现吉林省的地级市政府在内在潜能建设中，主要存在以下共通之处。

第一，从实地调研结果来看，经济价值和法治文化始终是长春市和吉林市表现得相对较好的两项指标，且得到了地级市政府公务员和普通公民两大群体的公认。由此，我们认为，价值判断维度的经济价值、文化环境维度的法治文化是吉林省各地级市政府在内在潜能建设中的共通性优势，即各改革主体基本能够认识到"放管服"改革对于促进经济发展的重要价值，并积极推动法治化建设，努力营造按章办事的法治氛围。

第二，在实地调研中发现，地级市政府公务员和普通市民普遍认为资源配置能力是长春市和吉林市在内在潜能建设中的薄弱环节，由此，改革执行力中的资源配置能力是吉林省内各改革主体的共通劣势，即改革主体在资源配置过程中的科学性、合理性不足，难以为改革任务的顺利落地提供有效支撑。

2.吉林省外显效用的总体表现

综合各改革主体在改革效率、改革效果以及改革成本方面的实际表现，能够发现吉林省的地级市政府在外显效用建设中，主要存在以下共通之处。

第一，各地基本能够保证放、管、服之间的协同性。从实地调研结果来看，改革效果维度中的改革协同是为长春市和吉林市所共有的、获得地级市政府公务员和普通市民两大群体公认的优势指标。由此，能够兼顾简政放权、放管结合、优化服务三条改革主线之间的协同性是吉林省内各改革主体在外显效用建设中的共通优势。

第二，各地普遍存在改革人员冗余现象。通过对调研结果的分析发现，改革成本维度中的人力投入始终是长春市和吉林市的劣势指标，且得到供给侧和需求侧的双重认可。吉林省内各改革主体未能将改革人员数量控制在合理范围，改革人员投入过量是省内各地普遍存在的"通病"。

此外，从改革过程的有效性水平来看，省内样本城市的测评结果均尚未达到有效性的水平线，仍旧处于低效水平，可见，各地的外显效用水平在整体上均有所欠缺，暂时未能收获与内在潜能相匹配的改革结果。

（二）提升吉林省"放管服"改革效能的对策建议

结合吉林省"放管服"改革效能的发展现状，我们认为未来吉林省的各地级市要遵循补劣势、共发展、强优势的"三步走"战略，助力"放管服"改革效能的全面提升。

第一步，补劣势。按照木桶原理，木桶盛水量的多少取决于最短的木板。因此，我们将补齐劣势置于"三步走"战略的首位。结合上述分析，资源配置能力和人力投入两项指标是省内各地级市在"放管服"改革效能建设中较为明显的短板。吉林省政府要充分发挥其宏观引导作用，敦促各改革主体从改善这两个最薄弱的指标项入手，加强理论学习和实践探索，并在省内树立发展典型，提炼、传递好经验、好做法，全面激发各地的主观能动性，打造"你追我赶"的良性竞争机制。同时，遵循东北地区与东部地区的对口合作方案，积极学习、借鉴浙江省和天津市的宝贵经验，结合本地发展实际，有针对性地提升弱项、弥补不足。

第二步，共发展。我们将共同发展视为"三步走"战略中的第二步。在"放管服"改革效能的分析框架之中，存在一部分既非优势亦非劣势的指标项，它们正是推动效能建设的中间力量，对此，我们认为，在补齐了劣势之后，理应把对这一部分指标的改善与优化提上议事日程，以促进各维度的共同发展。此外，各改革主体还要注重内在潜能和外显效用之间发展的同步性，这也是共同发展步骤中的关键环节，在夯实内在潜能的同时，也要提升改革过程有效性水平，以形成与内在潜能相匹配的外显效用。

第三步，强优势。我们将强优势作为"三步走"战略中的最后一步。根据调研结果来看，经济价值、法治文化以及改革协同是吉林省内各地级市在"放管服"改革效能建设中的共同优势。正所谓，改革犹如逆水行舟，不进则退。对于优势指标，改革主体切不可松懈，务必要守住这来之不易的改革成果。同时，要深入挖掘、积极开发新的优势指标，助力"放管服"改革效能实现长效发展。

第七章 >>>>

辽宁省的"放管服"改革效能评价报告

根据研究设计与抽样方案，我们将沈阳市、锦州市、盘锦市和辽阳市作为在辽宁省开展实地调研的重点城市，综合考虑到供给和需求相统一的问题，分别面向地级市政府公务员和普通市民两个群体发放调查问卷，以期了解、掌握上述四个代表性城市的"放管服"改革效能建设情况，进而以点带面地映射出辽宁省改革的全貌。

一、沈阳市的"放管服"改革效能评价

从整体上看，沈阳市的"放管服"改革效能在东北地区排名靠前，已达到良好水平，但在资源汲取与配置能力、制度的及时性和稳定性、政府监管效率、改革的人力和物力投入以及改革过程有效性方面仍旧存在一定的上升空间。为了更好地深化"放管服"改革，提升政府治理效能，沈阳市在未来的"放管服"改革实践中需要对强化资源汲取能力、优化资源配置能力、提升制度的及时性、增强制度的稳定性、提高政府监管效率、控制改革人员投入、节约改革物力投入、全面激发改革潜能等内容予以重点关注。

（一）沈阳市"放管服"改革的基本情况

近年来，在中央政府以及辽宁省政府的指导下，沈阳市政府深入推进"放

管服"改革，注重简政放权、放管结合、优化服务三管齐下，先后出台了《关于推广随机抽查规范事中事后监管的实施意见》《沈阳市投资项目在线审批监管平台建设工作方案》《沈阳市政府工作部门权责清单动态管理办法》《关于推进办事"最多跑一次"改革的实施意见》《关于进一步做好简政放权落实承接和加强事中事后监管的办法》《沈阳市人民政府关于推进部门协同综合执法加强事中事后监管的意见》《沈阳市人民政府关于调整一批行政职权事项的决定》《沈阳市人民政府关于取消下放调整一批政务服务事项的决定》《沈阳市"只提报一次"改革实施方案》《沈阳市深入推进工程建设项目审批制度改革实施方案》等多项政策文件，实实在在地为企业减负，为群众谋福，并取得阶段性成果。

2017年，沈阳市新登记市场主体16.9万户，同比增长62.4%[1]；2018年，沈阳市持续深化商事制度改革，全面实现"32证合一"登记制度改革，实现登记注册全程电子化办理"零见面"，据统计，截至2018年10月，全市市场主体总量达到76.42万户，注册资本达到35376.89亿[2]；2019年，沈阳市在国家营商环境评价中进入15个优秀城市行列；2020年被评为"中国国际化营商环境建设标杆城市"，截至2020年8月底，沈阳市实有市场主体90.4万户，同比增长8.58%[3]；2021年沈阳市市场主体数量突破百万，据统计，截至2021年10月18日，新登记各类市场主体14.73万户，同比增长26.05%，市场主体登记数量占全省22.73%，居全省第一[4]。

① 张弛.沈阳市打造国际化营商环境入选全国十大年度优秀改革案例[EB/OL].(2018-01-15)[2022-07-23].http://www.shenyang.gov.cn/zwgk/zwdt/zwyw/202201/t20220123_2690145.html.
② "放管服"改革优化营商环境，今年前10个月沈阳每天诞生481户市场主体[EB/OL].(2018-11-08)[2022-06-21].http://www.shenyang.gov.cn/zwgk/zwdt/jjkx/202112/t20211201_1706416.html.
③ 高志广,吴妍焱."放管服"改革不断深化 企业群众办事方便快捷 沈阳打造优质营商环境促进"硬发展"[EB/OL].(2020-09-16)[2022-06-21].http://www.shenyang.gov.cn/zt/jjlwlb/gzdt/202112/t20211202_1776299.html.
④ 田理.沈阳市市场主体突破百万[EB/OL].(2021-10-20)[2022-06-21].http://ms.nen.com.cn/network/people/yingshanghjtous/2021/10/20/305369797242132428.shtml.

（二）沈阳市"放管服"改革效能的发展现状

两项调查结果，如表 7-1 所示。综合来看，沈阳市的"放管服"改革效能已达到良好水平，但是其在改革过程有效性上的表现却未能尽如人意，其结果距离"1"这一有效性的基准线相对较远，换言之，在"放管服"改革实践中，沈阳市政府及其行政人员未能将其所具备的改革要素和能量全部有效地发挥出来，改革结果与其自身的改革实力尚不匹配。考虑到内在潜能和外显效用是计算效能水平、衡量改革过程有效性的两个关键性变量，为了更好地厘清、展现沈阳市"放管服"改革效能的发展现状，我们将分别围绕沈阳市的内在潜能和外显效用情况开展剖析。

表 7-1　沈阳市"放管服"改革效能的发展现状

	地级市政府公务员	普通市民
效能水平	33.677	29.099
过程有效性	0.939	0.949

1. 沈阳市内在潜能的发展现状

综合来看，无论是在供给侧视域下，抑或是在需求侧视域下，沈阳市的内在潜能均达到良好水平，且均高于 5.5 分，距离优秀水平相对接近，因此，结合沈阳市的实际发展情况综合判断，我们认为沈阳市的内在潜能已经进入到以优秀水平为目标的努力突破期，即在突破良好水平后，便可向优秀水平迈进。

价值判断、改革执行力、文化环境以及制度环境是衡量沈阳市内在潜能水平的四个关键维度，其评价结果如表 7-2 所示。面向市政府公务员的调查结果显示，沈阳市在价值判断和文化环境两个维度上的表现属于优秀水平，在改革执行力和制度环境两个维度上的表现属于良好水平，按照分数高低排序，其结果为：价值判断 > 文化环境 > 制度环境 > 改革执行力。面向普通市民的调查结果显示，沈阳市在价值判断、改革执行力、文化环境和制度环境四个维度上的表现全部属于良好水平，按照分数高低进行排序，其结果与面向地级市政府公务员的调查结果完全一致，同样为：价值判断 > 文化环境 > 制度环境 > 改革执行力。由此可见，沈阳市政府及其行政人员注重对"放管服"改革价值的理性认知以及组织文化氛围的营造，并取得了较为优异的成绩，正处于从良好水平迈向优秀水平的成熟发展期。与价值判断和文化环境两个维度相比，沈阳市政府及其行政人员在制度环境和改革执行力两个方面上的表现则有所欠缺，仍旧存在一定上升空间，需要在未来的改革实践中探寻改进之道。

表 7-2　沈阳市的内在潜能发展现状

	地级市政府公务员	普通市民
价值判断	6.353	5.759
改革执行力	5.602	5.399
文化环境	6.227	5.568
制度环境	5.805	5.424
内在潜能	5.989	5.538

更具体的测评结果，如图 7-1 所示。在地级市政府公务员眼中，沈阳市政府及其行政人员在以下四项指标上表现得相对较好，即经济价值（6.378）、政治价值（6.360）、社会价值（6.320）、勤政文化（6.273）；在以下四项指标上表现得相对较差，即资源汲取能力（5.512）、资源配置能力（5.599）、资源运用能力（5.686）、制度的及时性（5.791）、制度的稳定性（5.791）[1]。在普通市民眼中，沈阳市政府及其行政人员在以下四项指标上表现得相对较好，即社会价值（5.796）、经济价值（5.752）、政治价值（5.729）、法治

---

① 注：制度的及时性和制度的稳定性两项指标的得分相同，并列成为表现得较差的第四项指标。

文化（5.602）；在以下四项指标上表现得相对较差，即资源汲取能力（5.360）、资源配置能力（5.407）、制度的及时性（5.407）、制度的稳定性（5.407）。由此可见，在各项具体指标中，公认的表现得较好的是政治价值、经济价值和社会价值三项指标，即沈阳市政府及其工作人员能够明确且充分地认识到"放管服"改革对于改善政府形象、提升政府公信力，优化营商环境、促进经济发展以及增强人民群众获得感、幸福感、安全感方面的重要意义和作用；公认表现得较差的是资源汲取能力、资源配置能力、制度的及时性、制度的稳定性四项指标，即沈阳市政府及其行政人员在汲取、合理配置人力、物力、财力资源方面仍有所欠缺，在制度设计以及建设上的及时性和稳定性略有不足。

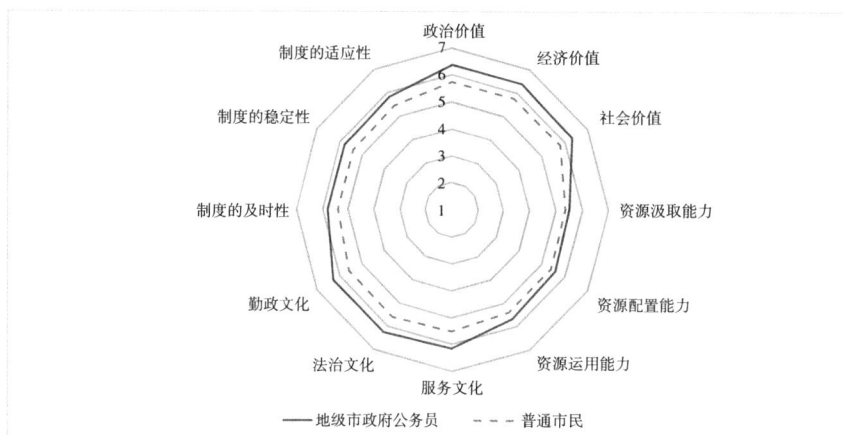

图 7-1　沈阳市内在潜能的各分项指标得分

2. 沈阳市外显效用的发展现状

综合两项调查结果来看，沈阳市的外显效用已达到良好水平，不过值得注意的是，面向地级市政府公务员的测评结果为 5.623，与优秀水平颇为接近。可见，沈阳市的外显效用正值达到良好水平的战略机遇期，即在一定程度上已经具备了向优秀水平冲刺的可能性，行政机关及其行政人员应该抓住这一战略机遇期，以既有的良好水平为基点，全面促进外显效用的发展与提升。

改革效率、改革效果和改革成本作为衡量、判断外显效用水平的关键性维度，其评价结果如表 7-3 所示。两项调查结果在分数的等级归属上完全一致，即改革效率、改革效果以及改革成本三个维度均处于良好水平，但按照其分数高低的排序结果则略有不同，即面向地级市政府公务员的调查结果显示，三个维度排序结果为改革效果＞改革成本＞改革效率，面向普通市民的调查结果显示，三个维度的排序结果为改革效果＞改革效率＞改革成本。其中改革成本和改革效率的两项指标不仅始终处于末两位，且得分颇为接近，可见，在外显效用发展中，沈阳市政府及其行政人员比较注重目标导向原则，通过改革实践解决了一系列亟待解决的现实问题，而在改革任务完成的快慢、多少以及成本控制上存在一定不足，有待提升。

表 7-3 沈阳市外显效用的发展现状

	地级市政府公务员	普通市民
改革效率	5.537	5.212
改革效果	5.790	5.375
改革成本	5.539	5.164
外显效用	5.623	5.255

更具体的测评结果，如图 7-2 所示。在地级市政府公务员眼中，沈阳市政府及其行政人员在服出品质（5.845）、改革协同（5.816）、管出秩序（5.797）这三项指标上的表现相对较好，而在政府监管效率（5.346）、物力投入（5.453）、人力投入（5.483）这三项指标上的表现相对较差。在普通市民眼中，沈阳市政府及其行政人员在改革协同（5.574）、服出品质（5.385）、管出秩序（5.335）这三项指标上的表现相对较好，在政府监管效率（5.056）、人力投入（5.091）、物力投入（5.159）这三项指标上的表现相对较差。由此可见，在各分项指标中，管出秩序、服出品质、改革协同是三项公认的表现较好的指标，即沈阳市政府及其行政人员注重简政放权、放管结合以及优化服务三条改革主线之间的协同性；在改革实践的过程中，通过恰当的监管工具和方式有效地规范

了市场和社会中的各类行为，并在服务质量的提升上取得了较为突出的成绩。而政府监管效率、人力投入和物力投入则是三项公认的表现较差的指标，即沈阳市在推进"放管服"改革的过程中，投入了较多的人力和物力资源，存在一定的人员冗余和设施闲置现象，且在发现、制止不良现象、行为方面的及时性不足，虽然既有的监管工具和方式达到了较好的监管效果，但是监管效率上还是有所欠缺，需要在未来的改革中改进和提升。

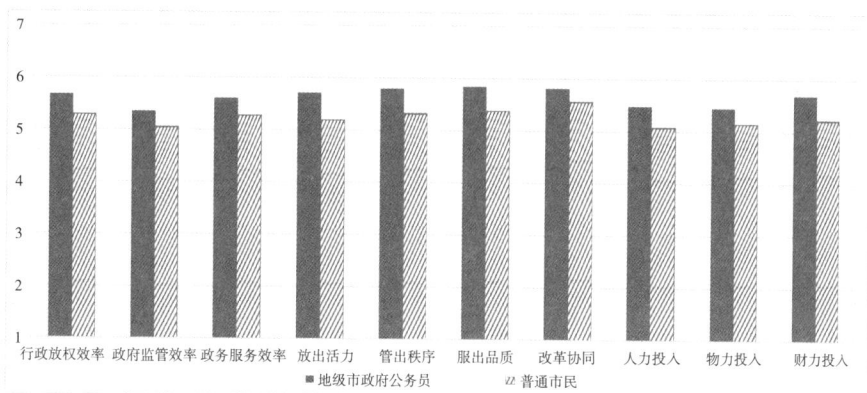

图 7-2　沈阳市外显效用的各分项指标得分

（三）沈阳市"放管服"改革效能存在的主要问题

沈阳市作为辽宁省的省会城市，在东北地区的发展中始终处于"领头雁"的位置，但从长远发展来看，的确存在一些需要进一步改进和完善的问题。

1. 资源汲取能力不足

在两项调查中，沈阳市在资源汲取能力方面的得分分别为 5.512 分、5.360分，虽然普遍高于东北地区的其他普通地级市，但与其自身相比，明显低于其内在潜能中的其他改革要素，未能实现与其他改革要素的同步、平衡发展。换句话说，沈阳市在调动、吸纳组织内外的人力、财力、物力等各类资源的能力上存在一定不足，难以为改革任务的有效实施和顺利落实提供有力保障，这是其内在潜能发展中的弱项和短板。

2. 资源配置能力有限

面向市政府公务员和面向普通市民群体的两类调查结果显示，沈阳市在资源配置能力上的得分分别为 5.599 分和 5.407 分。从分数等级上看，沈阳市的资源配置能力已达到良好水平，且在东北地区排名相对靠前，但距离优秀水平尚存较大差距，相较于沈阳市内在潜能中其他得分趋近于甚至达到优秀水平的指标项来说，沈阳市行政机关及其行政人员在科学、合理配置人、财、物等各类资源的能力是当前发展中所面临的短板和弱项，未能实现与其他指标的同步发展。

3. 制度的及时性欠佳

伴随着新问题的不断产生与出现，及时的制度设计，是有效缓和问题、解决矛盾的重要方法和渠道，能够防止问题叠加、矛盾激化，造成积重难返的局面。但在实地调研中发现，沈阳市政府在制度环境的及时性方面表现欠佳，行政机关的制度设计与出台存在一定程度的滞后现象，未能及时解决发展过程中出现的新问题，需要在未来的改革中予以重点关注和完善。

4. 制度的稳定性偏低

一般来说，稳定的制度设计不仅有助于强化行政机关内部的凝聚力和向心力，而且也有利于企业、公民等市场和社会主体形成稳定的发展预期，而不稳定的制度设计与建设则一直为社会所诟病。综合两项调查结果来看，相较于内在潜能中的其他指标项，沈阳市在制度稳定性上的表现有些不尽如人意，制度设计的"朝令夕改"仍旧难以避免。

5. 政府监管效率不高

在两项调查中，沈阳市政府监管效率的指标得分分别为 5.346 分和 5.056 分，综合来看，虽然勉强达到良好水平，但分数整体上偏低，与优秀水平之间尚存较大差距。这说明沈阳市的监管部门及其工作人员对监管效率的关注度不足，未能及时地发现并制止有违市场、社会发展秩序的不良现象和不良行为，需要在未来的改革实践中改进和提升。

6. 改革人员投入过多

过少的人员投入会导致改革人员难以应付庞大的工作任务,捉襟见肘、应接不暇,而过多的人员投入会导致人员冗余和闲置,人浮于事、推诿扯皮,唯有与改革任务相对应的适量人员投入才能保证改革任务的稳步、有序推进。但通过实地调研发现,沈阳市在推进"放管服"改革的进程中,未能将改革人员的投入量控制在合理的范围,存在一定的人员浪费现象,未能真正实现人尽其才。

7. 改革物力投入过大

面向市政府公务员和面向普通市民群体的两类调查结果均显示,沈阳市在物力投入方面的得分相对偏低,这表明在"放管服"改革实践中,沈阳市未能将物力资源投入控制在合理区间内。换言之,沈阳市在物力资源上的投入量过大,办公设施、设备等各类物力资源的利用率不高,存在一定的资源浪费与闲置现象,未能真正实现物尽其用。

8. 改革过程有效性颇低

改革过程的有效与否,由内在潜能和外显效用两个变量所呈现出的水平差异来反映。根据调研结果,沈阳市的外显效用得分明显低于内在潜能得分,外显效用与内在潜能的比值结果距离数值"1"这一有效性基准线的差距较大,即在"放管服"改革实践中,沈阳市政府及其行政人员未能将其所具备的优质化的内在潜能全部有效地转化为外显效用,其改革过程仍旧处在相对低效的水平上。

(四)提升沈阳市"放管服"改革效能的对策建议

根据沈阳市在"放管服"改革效能建设中存在的现实问题,结合经济社会发展新形势,提出以下八项对策建议。

1. 强化资源汲取能力

正所谓打铁还需自身硬,充足的资源是促进改革实践有序开展的重要保障,更是促进地方政府长足发展的客观要求。为了强化沈阳市的资源汲取能力，加强其在内在潜能中的短板和弱项，行政机关及其行政人员要灵活调动企业、公民、社会组织等各类市场主体和社会主体的政治参与积极性，积极促进多主体协同共建、共治，广泛吸收人力、财力、物力等各类资源。此外，应注重对东南沿海城市的走访与调研，学习、借鉴其在资源汲取方面的宝贵经验，结合本地发展实际，对资源汲取能力作出有针对性的改进与提升。

2. 优化资源配置能力

为了促进沈阳市内在潜能中各要素的同步、平衡发展，进一步夯实改革实力，行政机关及其行政人员要注重对资源配置能力的修炼和提升。第一，要厘清改革主体自身所掌握的资源存量和新获取到的资源总量，了解资源结构分布以及稀缺、富足程度；第二，要根据具体的改革任务安排和职责分工，高效、精准发力，对资源配置方案进行反复论证，以实现对人、财、物等各类资源的合理配置；第三，考虑到改革实践的动态性和任务的复杂性，改革者要对资源配置情况进行实时监测，并结合实际，对资源配置的不当之处作出及时调整。

3. 提升制度的及时性

考虑到沈阳市在制度及时性方面存在的不足，在未来的"放管服"改革实践中，行政机关及其行政人员可尝试从以下三方面入手：第一，要准确把握沈阳市的发展实际，针对新问题，及时地提出解决方案，出台相关制度；第二，伴随着经济的发展、社会的进步，现有制度中可能会存在一些与现实发展不相符合的内容，改革主体要及时地发现制度中的不当之处，并对其作出及时调整；第三，制度体系建设是一个动态化的发展过程，对于完全不再适用的规章制度，改革主体要及时地予以废止。

4. 增强制度的稳定性

为切实增强制度的稳定性，优化制度环境，沈阳市政府及其行政人员要从以下两方面入手：一是改革主体要明确"朝令夕改"模式的弊端以及随之而来的负面效应，在制度设计之初，开展科学论证和严密规划，确保制度的适用性和可延续性；二是改革主体要坚决抵制"新官不理旧账"等"打太极""踢皮球"式的不当行为,在面对职位调动时,务必做好交接工作,以保障制度的稳定性和延续性,促进改革工作的有序开展。

5. 提高政府监管效率

强化事中事后监管是深入推进"放管服"改革的重要环节之一。为切实改善政府监管效率不高的问题,在未来的"放管服"改革实践中,沈阳市政府及其行政人员要彻底转变"重审批、轻监管"的传统固化思维,明确事中事后监管的重要性,了解市场和社会乱象的多发领域,灵活运用互联网、大数据、云计算等先进技术,以技术赋能监管,杜绝监管盲区和真空地带,有效提升发现、制止不良现象和不良行为的及时性。

6. 控制改革人员投入

控制好改革人员的投入量是降低改革成本的重要路径之一。为了杜绝人浮于事或应接不暇等两类极端现象的出现,在未来的改革实践中,沈阳市政府务必将改革人员投入量控制在合理区间内,根据既定的改革方案,对其所需的人员数量作出科学计算;同时将闲置人员调动至更为重要的工作岗位上,避免人才浪费,实现人尽其才。

7. 节约改革物力投入

沈阳市政府及其行政人员要严格按照改革任务图和施工表,综合运用其所掌握的理论知识和实践经验对"放管服"改革的实际工作量作出科学、严谨的测算,而后根据实际的改革工作量投入与之相适应的物力资源,以确保物力资源的投入量适中,在满足改革任务的物力需求的同时减少资源的浪费,并注重对既有闲置资源的盘活,以最大限度地实现物尽其用。

8. 全面激发改革潜能

沈阳市作为辽宁省的省会城市,其内在潜能水平在东北地区的排名相对靠前,但由于改革过程的有效性水平有限,始终未能收获与其内在潜能相匹配的改革结果,对此,在未来的"放管服"改革实践中,沈阳市政府及其行政人员要时刻牢记全面激发改革潜能的重要任务,在厘清其所具备的改革要素和能量的基础上,积极探寻有效的改革方法和路径,定期展开自我审查和追踪，了解改革潜能的释放情况，促进其实力和能量的高效发挥。

二、锦州市的"放管服"改革效能评价

通过实地调研发现，锦州市的"放管服"改革效能在整体上勉强达到良好水平，在东北地区样本城市的排名中相对靠后，其内在潜能和外显效用中也存在一些明显的短板和不足，突出表现为改革执行力不到位、制度的及时性不足、改革设施投入过大等。为有效解决上述问题，未来锦州市需要以强化改革执行力、增强制度的及时性、调整改革物力投入等内容为重点，提升"放管服"改革效能，促进政府治理现代化。

（一）锦州市"放管服"改革的基本情况

近年来，在中央政府和辽宁省政府的指导下，锦州市紧紧抓住简政放权、放管结合、优化服务三条改革主线，促进"放""管""服"三管齐下、协同推进。

在简政放权方面，锦州市积极开展面向下级政府的内部放权和面向市场和社会的外部放权，制定并动态调整《锦州市依申请政务服务事项清单》，排查、整改变相审批事项，解决职权下放不配套、不衔接、不到位等问题[1]；同时重点关注群众办事"四处开证明"、企业开办"准入不准营"等热点问题[2]。在放管结合方面，锦州市注重从事前审批转向事中事后监管，制定并出台《轻微违法行为不予行政处罚实施办法》《轻微违法行为包容免罚清单》《信用风险分类管理实施办法》等相关政策，积极推进包容审慎监管和信用风险分类监管；同时对全市的行政许可、行政备案、行政处罚、行政强制等

---

[1] 营商局专题管理员．锦州市持续优化政务服务 提升营商环境便利度 [EB/OL].(2022-06-16)[2022-07-06].http://www.jz.gov.cn/info/2016/103205.htm.

[2] 董晓雪．锦州市深化"放管服"改革 持续提升服务效能 [EB/OL].(2021-06-01)[2022-07-03].http://www.jz.gov.cn/info/1024/85211.htm.

信息数据进行整合，为"双随机、一公开"监管和部门联合抽查提供有力支撑[①]。在优化服务方面，锦州市积极促进政务服务标准化建设，按照前台综合受理、后台分类审批、统一窗口出件的标准推进政务大厅"无差别"综合窗口改革[②]；不动产登记、入学报名、新生儿落户等多部门联办事项一次办在全省实现率先突破，"一件事一次办"改革作为全省典型在全国会议上作典型经验交流。此外，锦州市注重加强数据的共享工作，目前锦州市数据共享交换平台已汇集86个部门，拥有超过12亿条数据资源，梳理数据资源目录8400余条并已全部挂载数据，提供12625个库表、文件、接口类数据共享服务接口[③]。

（二）锦州市"放管服"改革效能的发展现状

两项调查结果，如表7-4所示。锦州市的"放管服"改革效能勉强超过基准线，达到良好水平，改革过程的有效性方面仍旧处于较低水平，不过值得注意的是，其距离有效性基准线已较近，即锦州市所具备的内在潜能虽然不及省会城市，但是其行政人员也在努力地将其现有的潜在能量更多、更好地转化为外显效用。从整体上看，两项调查结果仅在分数高低上稍有区别，在分数等级的归属上完全一致，能够形成印证关系，这也侧面表明上述调查结果具有稳健性和可靠性，的确能够较为真实地反映出锦州市"放管服"改革效能的发展现状。考虑到效能水平和改革过程有效性均由内在潜能和外显效用两个变量计算而成，为了更好地展现锦州市的"放管服"改革效能现状，我们将分别围绕内在潜能和外显效用两个方面展开进一步论述。

---

① 董晓雪.锦州市持续深化"放管服"改革 推动营商环境优化提升[EB/OL].(2021-11-25)[2022-07-03].http://www.jz.gov.cn/info/1024/94991.htm.

② 营商局专题管理员.锦州市三举措持续推进政务服务提档升级[EB/OL].(2022-04-27)[2022-07-06].http://www.jz.gov.cn/info/2016/101715.htm.

③ 营商局专题管理员.锦州市加强数据共享 持续推进"一网通办"工作[EB/OL].(2022-06-29)[2022-07-26].http://www.jz.gov.cn/info/2016/103663.htm.

表7-4 锦州市"放管服"改革效能的发展现状

	地级市政府公务员	普通市民
效能水平	28.765	25.972
过程有效性	0.960	0.972

1. 锦州市内在潜能的发展现状

综合来看，锦州市的内在潜能达到良好水平，但其分数相对偏低，仅仅刚刚超过良好水平基线，与优秀水平尚存较大差距。因此，结合锦州市的实际发展情况，我们认为锦州市的内在潜能正处于达到良好水平基线的巩固稳定期，该市行政机关及其行政人员所面临的核心任务是巩固、稳定好当前所达到的良好水平，而后再考虑如何靠近、达到优秀水平。

从价值判断、改革执行力、文化环境和制度环境四个维度来考察锦州市的内在潜能水平，评价结果如表7-5所示。无论是在分数的等级归属上，还是在按照分数高低的排序上，市政府公务员与普通市民的测评结果完全相同，即价值判断、文化环境、制度环境三个维度已经达到良好水平，而改革执行力维度尚处于一般水平，按照分数高低的排序结果为：文化环境＞价值判断＞制度环境＞改革执行力。由此可见，锦州市政府及其行政人员比较注重组织氛围的营造，并取得了显著成效，这一维度始终稳居首位；但在改革执行力方面却存在明显不足，这一维度始终稳居末位，且与其他要素间的分数差距较大，未能达到良好水平，需要在未来的改革中予以改进和加强。

表7-5 锦州市内在潜能的发展现状

	地级市政府公务员	普通市民
价值判断	5.875	5.259
改革执行力	4.781	4.995
文化环境	5.895	5.272

	地级市政府公务员	普通市民
制度环境	5.354	5.155
内在潜能	5.473	5.170

更具体的测评结果,如图7-3所示。在市政府公务员眼中,锦州市政府及其行政人员表现得相对较好的四项指标分别是勤政文化(5.938)、服务文化(5.917)、社会价值(5.917)、经济价值(5.896),表现得相对较差的四项指标分别是资源汲取能力(4.542)、资源配置能力(4.875)、资源运用能力(4.896)、制度的及时性(5.333)。在普通市民眼中,锦州市政府及其行政人员表现得相对较好的四项指标分别是经济价值(5.368)、勤政文化(5.331)、服务文化(5.309)、社会价值(5.287),表现得相对较差的四项指标分别是资源汲取能力(4.956)、制度的及时性(4.963)、资源配置能力(4.985)、资源运用能力(5.029)。由此可见,在各项具体指标中,公认表现得较好的是经济价值、社会价值、服务文化、勤政文化四项内容,即锦州市政府及其行政人员能够充分认识到"放管服"改革对改善营商环境、促进经济发展以及提升人民群众获得感、幸福感、安全感的重要价值,注重对以人为本的服务文化和尽职务实的勤政文化的营造,并取得了一定成绩。公认表现较差的指标是资源汲取能力、资源配置能力、资源运用能力以及制度的及时性四项内容,即锦州市政府及其行政人员在汲取、合理配置、运用人力、财力、物力等各类资源提供公共产品和服务方面的表现相对较差,且未能及时地制定、出台相关制度规定,对现实问题的解决存在一定滞后性。

2.锦州市外显效用的发展现状

从两项调查结果来看,锦州市的外显效用处于良好水平,但是其分数不高,刚刚达到良好水平的基准线,与优秀水平之间的差距相对较大,总体来说,锦州市正处于达到良好水平基准线的巩固稳定期。

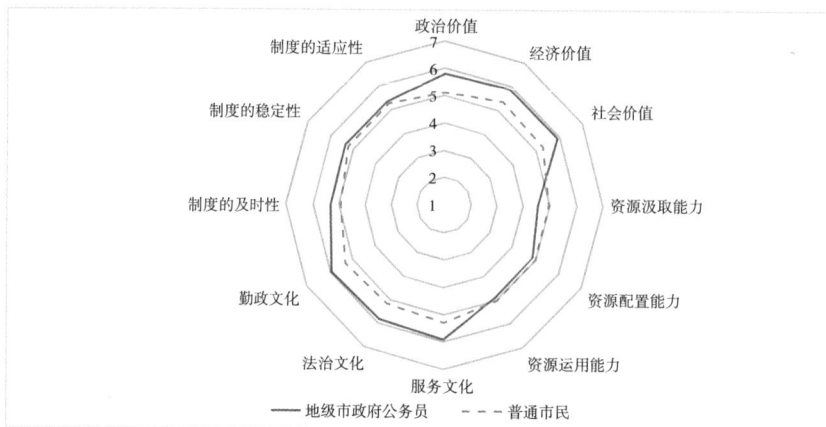

图 7-3　锦州市内在潜能的各分项指标得分

从改革效率、改革效果以及改革成本三个维度来考察、评价锦州市的外显效用水平，结果如表 7-6 所示。面向市政府公务员的调查结果显示，在分数等级上，改革效率、改革效果以及改革成本三个维度均属于良好水平，按照分数高低进行排序，其结果为：改革效果＞改革效率＞改革成本。面向普通市民的调查结果显示，在分数等级上，改革效率和改革效果两个维度属于良好水平，改革成本维度尚处于一般水平，按照分数高低进行排序，其结果为：改革效果＞改革效率＞改革成本，与市政府公务员的测评结果顺序完全一致。综上所述，锦州市的改革效率和改革效果基本能够达到良好水平，而改革成本仍旧处于从一般水平向良好水平迈进的关键期。在三个维度之中改革效果的表现相对较好，始终稳居首位，即锦州市政府及其行政人员强调目标导向原则，注重改革实践对预期目标的实现和现实问题的解决程度。与之不同，改革成本的表现则相对较差，始终稳居末位，即锦州市政府及其行政人员缺乏对成本问题的关注，对改革成本的控制力度不足。

表 7-6　锦州市外显效用的发展现状

	地级市政府公务员	普通市民
改革效率	5.188	5.021

	地级市政府公务员	普通市民
改革效果	5.396	5.060
改革成本	5.185	4.984
外显效用	5.256	5.023

　　更具体的测评结果，如图7-4所示。在市政府公务员眼中，锦州市政府及其行政人员表现得相对较好的三项指标分别是服出品质（5.469）、管出秩序（5.433）、改革协同（5.371），表现得相对较差的三项指标分别是物力投入（5.083）、政府监管效率（5.104）、政务服务效率（5.173）。在普通市民的眼中，锦州市政府及其行政人员表现得相对较好的三项指标分别是财力投入（5.176）、管出秩序（5.105）、改革协同（5.078），表现得相对较差的三个指标分别是物力投入（4.860）、人力投入（4.919）、行政放权效率（4.942）。由此可见，在各分项指标中，公认表现较好的是管出秩序和改革协同两项内容，即锦州市政府及其行政人员在改革实践中注重对各类市场和社会行为的规范，且强调简政放权、放管结合和优化服务改革之间的协同性，并取得了一定成

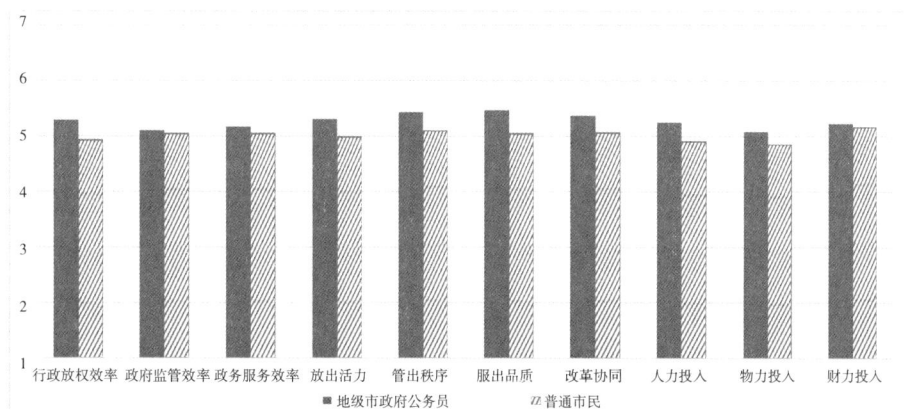

图7-4　锦州市外显效用的各分项指标得分

绩。公认表现较差的是物力投入，即锦州市政府及其行政人员在改革设施上的投入量过大，存在一定的闲置现象。

（三）锦州市"放管服"改革效能存在的主要问题

从整体来看，锦州市的"放管服"改革效能在东北地区的样本城市中排名相对靠后，在内在潜能和外显效用的建设与发展中的确存在一些不足，需要不断地改进和完善，突出表现在以下三个方面。

1. 改革执行力不强

改革执行力作为内在潜能中的关键性要素，主要由资源汲取能力、资源配置能力和资源运用能力三个要素构成。在两项调查中，锦州市在资源汲取能力方面的得分分别为 4.542 分和 4.956 分，在资源配置能力方面的得分分别为 4.875 分和 4.985 分，在资源运用能力方面的得分分别为 4.896 分和 5.029 分，即在地级市政府公务员这一供给者眼中，锦州市的资源汲取能力、资源配置能力和资源运用能力均属于一般水平，在普通市民这一需求者眼中，锦州市的资源汲取能力和资源配置能力属于一般水平，资源运用能力则勉强达到良好水平。综合来看，锦州市的资源汲取能力和资源配置能力属于一般水平，资源运用能力正处于从一般水平迈向良好水平的攻坚期，其分数明显低于内在潜能中的其他要素，未能实现与其他要素的同步发展，是内在潜能发展中的短板与弱项。换言之，锦州市在调动、吸纳、配置、整合组织内外部的人力、物力、财力等各类资源，提供公共产品和公共服务方面的能力有所欠缺，未能满足改革实践的资源需求，无法为实践的有序推进提供充足的资源储备和保障。

2. 制度的及时性不足

具有及时性的制度是制度环境中的一项重要元素，能够为新问题的解决与改善提供制度引领和方案指导。但在锦州市的实地调研中发现，制度的及时性是为地级市政府公务员和普通市民所公认的短板和弱项。更进一步来说，两类调查结果显示，锦州市制度及时性的得分分别为 5.333 分和 4.963 分，即在供给者眼中，锦州市在制度及时性方面的表现刚刚达到良好水平，在需求者眼中，锦州市在制度及时性方面的表现则仅为一般水平。由此综合判断，锦州市在制度及时性方面的表现基本处于从一般水平迈向良好水平的攻坚期，这是锦州市在制度环境建设和内在潜能发展中的薄弱之处。换言之，锦州市在制度建设中存在一定滞后性，面对新鲜问题或突发现象，未能及时地出台相关制度文件，难以为新问题的解决提供思路和指导方案，易于导致问题叠加，甚至造成积重难返的困难局面。

3. 改革设施投入过大

物力投入是用于衡量改革成本的一项重要标尺，按照问卷的设计思路，如果物力投入的指标得分偏低，则表明改革设施的投入量超出了改革任务的实际工作量，存在改革设施浪费的现象。在锦州市的两项实地调研结果显示，物力投入的指标得分分别为 5.083 分和 4.860 分，即在市政府公务员眼中，锦州市的物力投入勉强超过基准线，达到良好水平，在普通市民眼中，锦州市的物力投入尚处于一般水平，但已与良好水平非常接近。由此，综合来看，锦州市在物力投入方面的表现基本处于从一般水平迈向良好水平的爬坡过坎阶段，改革设施投入量与改革实际工作量的匹配度不足，仍旧存在改革设施投入量过大的问题。这在一定程度上导致了改革设施的浪费与闲置现象，造成改革成本增加，无益于改革实践的持续推进，需要改革主体的高度关注。

（四）提升锦州市"放管服"改革效能的对策建议

根据锦州市在"放管服"改革效能建设中存在的突出问题，结合经济社会发展新形势，提出以下三点对策建议。

1. 强化改革执行力

正所谓改革重在落实，强而有力的改革执行力是将改革方案转变为现实生产力的关键一环，倘若缺乏强大的改革执行力，那么无论多美好的改革蓝图，终究都会沦为泡影。为了有效解决锦州市改革执行力不足的问题，可尝试从以下三点出发：第一，积极组织针对改革人员的专项培训活动，邀请富有理论深度和实践经验的专家举行讲座，通过培训使改革人员明确执行力在改革实践中的重要性，提升其对执行力中所包含的资源汲取能力、资源配置能力以及资源运用能力等要素的理论认知；第二，鼓励行政人员将理论学习中的方法论知识应用到现实的改革实践当中，在创新与试错中积累实践经验，总结教训和切实可用、值得复制和推广的好经验、好做法；第三，积极与东部沿海城市展开交流活动，充分借鉴、学习先进城市在强化改革执行力方面的宝贵经验，并结合锦州市的发展实际，使之落地生花。

2. 增强制度的及时性

在未来改革中，为了有针对性地提升"放管服"改革效能，锦州市的行政机关及其行政人员要重点关注制度的及时性问题，并以增加制度的及时性为突破口，优化制度环境，夯实改革主体的内在潜能。更进一步来说，一方面，行政机关及其行政人员要积极开展动态化考察工作，对发展的实际情况和新出现的问题做出有效、精准的把握，及时组织工作人员制定、出台相关制度文件，以实现对新问题的及时解决，避免问题堆积，以致小问题滚雪球式地演变为大问题，造成难以挽回的恶劣局面；另一方面，要注重对既有制度文件的动态化清理，对于现存制度中不符合现实发展的部分，要及时做出调整，对于完全不符合现实发展的制度文件，更要及时地予以废止，以防止在指导实践中造成混乱。

3. 调整改革物力投入

改革的物力投入量过大是造成锦州市改革成本偏高的主要原因之一，在未来的"放管服"改革中，锦州市行政机关及其行政人员需要注重对改革物力投入的调整，切实降低改革成本。一方面，改革主体要对"放管服"改革的实际工作量作出具体测算，根据改革的施工图与任务表，统筹安排，按照改革实际和任务需求，制定出科学的物力投入方案，合理地配备相应的改革设施，增强改革设施投入量与改革实际工作量的匹配度，提升改革设施利用率，避免改革设施的浪费与闲置现象；另一方面，改革主体要注重对闲置设施的盘活，系统化梳理闲置设施，了解其本来的用途和闲置的原因，在众多闲置设施中，寻找可以用于改革的设施，真正实现物尽其用。同时，锦州市可制定、出台关于盘活闲置设施的鼓励方案，以使更多的闲置设施能够被盘活，获得充分利用。

三、盘锦市的"放管服"改革效能评价

从整体上看，盘锦市的"放管服"改革效能属于良好水平，不过正处于刚刚达到良好水平基准线的发展阶段，在东北地区的9个样本城市中排名相对靠后，存在制度的及时性欠佳、制度的适应性不足、政府监管效率不高、政务服务效率偏低等突出问题。为了更好地深化"放管服"改革，促进政府职能转变，未来盘锦市需要将其任务重点放置在增加制度的及时性、增强制度的适应性、提高政府监管效率、提升政务服务效率上。

（一）盘锦市"放管服"改革的基本情况

近年来，盘锦市积极响应中央政府、辽宁省政府的政策号召和战略部署，始终抓牢简政放权、放管结合、优化服务三条改革主线，深入推进"放管服"改革实践，大力开展"大脚板走一线，小分队破难题"专项行动，全面整治市场和社会主体反映突出的"四风"和办事难问题；多次召开民营企业家座谈会，积极落实减税降费政策①；积极建设12345政务服务便民热线平台，打造集政务服务、公共服务、社会服务于一体的综合性、非紧急救助类服务平台②。同时重视"放管服"改革的"回头看"工作，通过自查自纠、实地调研、座谈走访、问卷调查、征求意见等方式，对各项改革措施的落实情况开展全

---

① 李昂.盘锦不断发力改善营商环境 "放管服"改革成效明显[EB/OL].(2019-09-05)[2022-07-08].https://finance.sina.com.cn/roll/2019-09-05/doc-iicezzrq3537568.shtml.
② 王晗.盘锦市营商环境建设步伐稳健[EB/OL].(2021-08-19)[2022-07-08].http://ln.chinadaily.com.cn/a/202108/19/WS611e351ba3101e7ce975f7da.html.

面回查,列明问题清单,并提出相应的整改方案,明确整改完成时限[①]。经过多年的持续努力,2018—2021 年间盘锦市市场主体净增长 31.9%,其总量达到 13.3 万户[②]。

此外,盘锦市政府的各职能部门也结合各自的职能定位和业务范围积极开展"放管服"改革,如:盘锦市应急管理局为规范"放管服"改革工作,起草、出台《盘锦市应急管理局行政审批工作制度》,明确工作办事要求和流程,实行首问负责制和分管领导审批责任制,严格落实"一个窗口"受理要求,所有行政审批事项全部入驻政务大厅窗口受理,严格落实行政审批事项"一次性告知单",并充分运用"双随机一公开""互联网 + 监管"和全国信用信息平台,对监管企业情况进行督导检查,对违法违规企业行为进行公示[③];盘锦市农业农村局积极落实"最多跑一次"改革部署,大力减权、放权、治权,梳理、公布行政权力清单和公共服务事项目录,编制权力运行流程图,实行"容缺预审、承诺补齐"制度,并积极推进"互联网 + 执法"改革,强化执法服务意识教育,提升执法效率,实现双随机抽查覆盖,加强重点领域监管[④] 等。

(二)盘锦市"放管服"改革效能的发展现状

两项调查的最终测评结果,如表 7-7 所示。供给侧和需求侧的调查结果虽然在分数高低上略有差异,但在分数等级上能够形成印证关系,这也在一定程度上证明了本次调查结果及结论的可信性,即盘锦市"放管服"改革效

---

① 盘锦市人民政府办公室.盘锦市人民政府办公室印发关于开展"放管服"改革"回头看"工作实施方案的通知 [EB/OL].(2018-09-03)[2022-07-08].http://www.panjin.gov.cn/html/1892/2018-09-03/content-67741.html.

② 盘锦市政府.2022 年 政府工作报告 [EB/OL].(2022-01-06)[2022-07-08].http://www.panjin.gov.cn/html/1910/2022-01-06/content-109501.html.

③ 盘锦市应急管理局.市应急管理局:扎实做好"放管服"工作 [EB/OL].(2021-10-11)[2022-07-12].http://yjglj.panjin.gov.cn/2021_10/11_14/content-341655.html.

④ 盘锦市农业农村局.我局多举措推进"放管服"工作 [EB/OL].(2020-01-03)[2022-07-12].http://nyncj.panjin.gov.cn/2020_01/03_08/content-216075.html.

能在整体上已达到良好水平，不过其得分相对偏低，与优秀水平尚存在较大差距，在东北地区的 9 个样本城市中排名相对靠后；其改革过程虽然并未达到"1"这一有效性基准线，但已经与"1"的距离非常接近，这意味着盘锦市政府及其行政人员显然已经意识到了激发、释放改革潜能的重要性，并为之付出了一定的努力。考虑到效能水平和过程有效性均由内在潜能和外显效用两个变量计算而得，我们将分别围绕内在潜能和外显效用两个方面展开详细阐述，以期能够更为完整、全面地展现盘锦市"放管服"效能的发展现状。

表 7-7 盘锦市"放管服"改革效能的发展现状

	地级市政府公务员	普通市民
效能水平	28.851	25.884
过程有效性	0.978	0.978

1. 盘锦市内在潜能的发展现状

从两项调查结果来看，盘锦市的内在潜能已达到良好水平，但其得分均低于 5.5 分，距离优秀水平尚存在较大差距。因此，结合盘锦市的实际发展情况判断，盘锦市的内在潜能正处于达到良好水平基线的稳定巩固期，即巩固、稳定好这来之不易的良好水平方为盘锦市政府目前所面临的重点任务。

价值判断、改革执行力、文化环境和制度环境是考察盘锦市内在潜能水平的四个关键性变量。如表 7-8 所示，面向市政府公务员的调查结果显示，在分数等级上，价值判断、改革执行力、文化环境以及制度环境四个变量均达到良好水平，按照分数高低进行排序，其结果为：价值判断 > 文化环境 > 改革执行力 > 制度环境；面向普通市民的调查结果显示，在分数等级上，价值判断、改革执行力、文化环境以及制度环境四个变量均达到良好水平，按照分数高度进行排序，其结果为：文化环境 > 价值判断 > 制度环境 > 改革执行力。综合来看，两项调查结果在分数等级归属上的结果完全一致，仅在排序结果上略有差异，但价值判断和文化环境始终是两个表现得相对较好的变量，在分数排名中稳居前两位，而改革执行力和制度环境则始终是两个表现相对较差的变量，在分数排名中居后两位。

表7-8 盘锦市政府的内在潜能现状

	地级市政府公务员	普通市民
价值判断	5.730	5.155
改革执行力	5.276	5.059
文化环境	5.652	5.232
制度环境	5.105	5.130
内在潜能	5.432	5.144

更具体的测评结果，如图7-5所示。在市政府公务员眼中，盘锦市政府及其行政人员表现得相对较好的四项指标分别是经济价值（5.864）、法治文化（5.727）、政治价值（5.682）、服务文化（5.682），表现得相对较差的四项指标分别是制度的适应性（5.000）、制度的稳定性（5.136）、资源汲取能力（5.182）、制度的及时性（5.182）。在普通市民眼中，盘锦市政府及其行政人员表现得相对较好的四项指标分别是勤政文化（5.304）、服务文化（5.275）、制度的稳定性（5.232）、社会价值（5.203），表现得相对较差的四项指标分别是资源配置能力（4.884）、制度的适应性（5.029）、政治价值（5.087）、资源运用能力（5.130）、法治文化（5.130）、制度的及时性（5.130）[1]。由此可见，在各项具体指标中，公认表现得较好的指标是服务文化，即盘锦市政府以及行政人员在组织氛围的建设中注重对以人为本服务精神的培育，并取得了一定成效。公认表现得较差的指标是制度的适应性和制度的及时性，即盘锦市政府及其行政人员缺乏对制度及时性和韧性的关注，以致在应对新

---

[1] 注：资源运用能力、法治文化和制度的及时性三项指标的得分恰好相同，并列成为表现得相对较差的第四项指标。

问题以及不确定性因素时有些捉襟见肘。

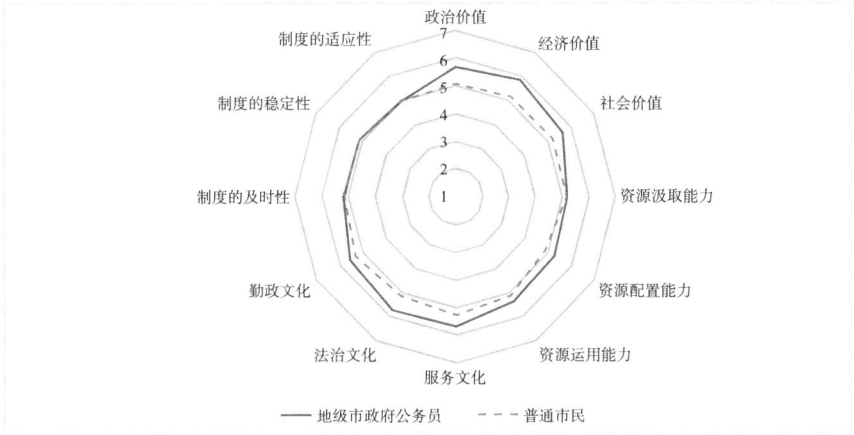

图 7-5　盘锦市内在潜能的各分项指标得分

2. 盘锦市外显效用的发展现状

从两项调查结果来看，盘锦市的外显效用已达到良好水平，但无论是在供给侧视角下还是在需求侧视角下，其测评结果均低于 5.5 分，基本处于刚刚达到良好水平的阶段。因此，结合盘锦市的实际发展情况，我们认为盘锦市的外显效用正处于达到良好水平的巩固稳定期。

从改革效率、改革效果以及改革成本三个维度来判断盘锦市的外显效用水平。如表 7-9 所示，面向市政府公务员的调查结果显示，在分数等级上，改革效率、改革效果以及改革成本三项指标均达到良好水平，按照分数高低进行排序，其结果为：改革成本＞改革效果＞改革效率。面向普通市民的调查结果显示，在分数等级上，改革效果和改革成本已达到良好水平，而改革效率尚处于一般水平，按照分数高低进行排序，其结果也为：改革成本＞改革效果＞改革效率。综合来看，两项调查结果虽然在分数等级上略有差异，但其分数排序结果完全一致。简言之，改革效果和改革成本已基本达到良好的水平，而改革效率尚处于从一般水平迈向良好水平的攻坚期，在上述三个维度中，改革成本是表现得相对较好的指标，始终稳居在首位，而改革效率则是表现得相对较差的指标，始终居在末位。

表 7-9　盘锦市外显效用的发展现状

	地级市政府公务员	普通市民
改革效率	5.259	4.906
改革效果	5.346	5.093
改革成本	5.349	5.106
外显效用	5.311	5.032

　　更具体的评价结果，如图 7-6 所示。在市政府公务员眼中，盘锦市政府及其行政人员表现得相对较好的三项指标分别是放出活力（5.392）、行政放权效率（5.385）、人力投入（5.364）、物力投入（5.364）[①]，表现得相对较差的三项指标分别是政府监管效率（5.114）、政务服务效率（5.284）、管出秩序（5.302）。在普通市民眼中，盘锦市政府及其行政人员表现得相对较好的三项指标分别是管出秩序（5.264）、财力投入（5.188）、放出活力（5.157），

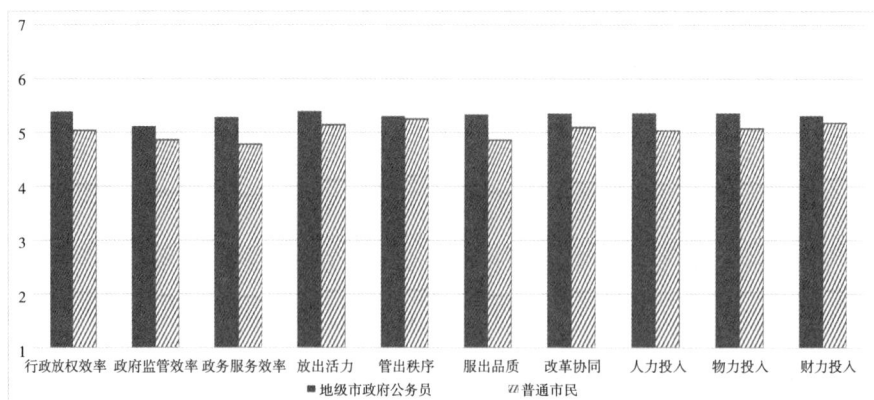

图 7-6　盘锦市外显效用的各分项指标得分

① 注：人力投入和物力投入的得分相同，并列成为表现得相对较好。

表现得相对较差的三项指标分别是政务服务效率（4.794）、服出品质（4.872）、政府监管效率（4.876）。

由此可见，在各分项指标中，公认表现得较好的是放出活力，即盘锦市的相关改革举措能够有效地激发市场活力和社会创造力。公认表现得较差的是政府监管效率和政务服务效率，即盘锦市政府及其行政人员在发现、制止不良行为以及提供政务服务方面的及时性上有所欠缺。

（三）盘锦市"放管服"改革效能存在的主要问题

从整体上看，盘锦市的"放管服"改革效能在东北地区 9 个样本城市中的排名相对靠后，其在内在潜能和外显效用的建设与发展中均存在一些亟待改进的问题，突出表现在以下四个方面。

1. 制度的及时性欠佳

制度的及时性是制度环境建设中一项重要要素，在实地调研中，却发现盘锦市在该项指标上的表现欠佳。两项调查结果显示，制度及时性的指标得分分别为 5.182 分和 5.130 分。可见，无论是在地级市政府公务员的供给侧视角下，抑或是在普通市民的需求侧视角下，其分数水平均不高，仅勉强超过良好水平的基准线，与优秀水平之间尚存较大的差距，是盘锦市在内在潜能发展中公认的劣势，即行政机关及其行政人员在面对新问题时，未能及时地出台相关制度文件予以指导，以致新问题无法获得及时解决，甚至易于造成问题叠加、积重难返的困难局面。

2. 制度的适应性不足

制度的适应性水平是衡量制度环境优劣的一项重要标尺，但在实地调研中发现，盘锦市的制度适应性有所不足。在市政府公务员眼中，盘锦市的制度适应性指标得分为 5.000 分，在普通市民眼中，盘锦市的制度适应性指标得分为 5.029 分。可见，无论是在供给侧视角下还是在需求侧视角下，其制度适应性均勉强达到良好水平，是盘锦市在内在潜能发展中另一项公认的短板，即盘锦市的行政机关及其行政人员对本地的发展现实把握不到位，制度设计的弹性不足，尚不足以应对复杂多变的发展现实。

3. 政府监管效率不高

政府监管效率是衡量改革效率水平的一项重要指标。在面向盘锦市地级市政府公务员的实地调研中，政府监管效率指标项的得分为 5.114 分，这表明在供给者眼中，盘锦市的政府监管效率勉强达到良好水平。在面向盘锦市普通市民的实地调研中，政府监管效率指标项的得分为 4.876 分，这表明在需求者眼中，盘锦市的政府监管效率尚处于一般水平。综合两项调查结果来看，盘锦市的政府监管效率基本上处于从一般水平迈向良好水平的攻坚期，存在政府监管及时性不足、效率不高的现实问题，相关监管部门及其行政人员未能及时地识别与制止市场和社会中出现的各类不良现象和行为，需要在未来的改革中作出相应的改善。

4. 政务服务效率偏低

政务服务效率是判断改革效率高低的一项重要指标。在面向盘锦市政府公务员的实地调研中，政务服务效率指标项的得分为 5.284 分，这表明在供给者眼中，盘锦市的政务服务效率勉强达到良好水平。在面向普通市民的实地调研中，政务服务效率指标项的得分为 4.794 分，这表明在需求者眼中，盘锦市的政务服务效率仅处于一般水平。综合两项调查结果来看，盘锦市的政务服务效率基本上处于从一般水平迈向良好水平的爬坡过坎阶段，是盘锦市在外显效用发展中公认的短板和弱项。换言之，在深化"放管服"改革的进程中，可能囿于业务能力或办事流程的限制，盘锦市未能又多又快地完成政务服务事项。

（四）提升盘锦市"放管服"改革效能的对策建议

针对盘锦市在内在潜能和外显效用建设中存在的短板与不足，为全面提升盘锦市的"放管服"改革效能，结合经济社会发展新形势，提出以下四个发展建议。

1. 增加制度的及时性

制度的及时性是打造优质制度环境的重要一环，为了切实增强制度的及时性，盘锦市的行政机关及其行政人员要重点把握该市的发展实际，对其形成系统的动态化认知，梳理新出现的问题，并注重挖掘其背后的成因，及时地设计、出台相关制度文件，为之提供思路指导和方案引领，助力新问题的有效解决。此外，要对以往的政策制度进行及时、有效的清理，对于制度文件中的不适应内容，及时地进行修改以使其适应当前的发展形势；对于完全不再适用的制度，要及时废止，以免对行政人员造成不必要的误导。

2. 增强制度的适应性

制度的适应性是制度环境中的一项关键性要素，为了有效解决制度适应性不足的难题，一方面，盘锦市的行政机关及其行政人员要注重对制度文本的科学论证，即在制度设计与制定过程中，组织专项论证会，邀请理论和实践领域内的专家，对制度体系展开深入探讨，并对于未来发展中的可能性和不确定性作出一定预判，增强制度的弹性与包容性。另一方面，盘锦市的行政机关及其行政人员要注重向东北地区的省会城市以及东南沿海等发达城市学习先进经验，充分借鉴、吸收其在增强制度适应性方面的典型做法，实现对盘锦市制度环境的优化。

3. 提高政府监管效率

为了有效解决盘锦市政府监管效率不高的问题，第一，相关监管部门及其工作人员要注重对以往市场、社会乱象的系统化梳理，积极探寻市场和社会中各类不良现象和不良行为的发生规律，了解其演化历程，并加强对问题多发领域的监管力度，以保证监管部门能够及时地发现不良问题；第二，充分运用互联网、大数据等新兴技术，开展"互联网＋监管"，充分发挥技术优势，帮助监管部门扩大监管覆盖面，扫清监管盲区，杜绝真空地带，切实提升对市场和社会中不良现象和不良行为的识别速度；第三，大力推动监管结果的公开、透明，接受内外部主体的多元监督，倒逼监管人员在发现在不良现象和不良行为时及时制止。

4.提升政务服务效率

针对盘锦市政务服务效率偏低这一现实问题，行政机关及其行政人员可尝试从以下三方面入手。第一，面向政务服务人员定期组织职业技能培训，帮助工作人员了解服务事项及内容，熟悉办事手续和业务流程，并强化榜样的力量，鼓励各位工作人员向优秀员工学习，以娴熟的工作技能来促进服务效率的提升。第二，积极应用互联网、大数据等先进技术，积极推进"互联网＋政务服务"，充分发挥技术赋能优势，变"群众跑腿"为"数据跑路"，以节约办事时限、增强服务的便捷化，促进服务效率的全面提升。第三，注重对办事流程的简化，在政务服务中，缩减办事手续，减少繁文缛节，仅保留必要的材料和环节，在增强群众的办事体验感之余，提升政务服务效率。

四、辽阳市的"放管服"改革效能评价

从整体上看，辽阳市的"放管服"改革效能正处于从一般水平迈向良好水平的攻坚期，在东北地区9个样本城市中的排名靠后。辽阳市存在改革执行力不足、改革效率不高、改革效果欠佳、改革成本过大、改革过程的有效性偏低等一系列亟待解决的现实问题，为切实提升"放管服"改革效能，使"放管服"改革持续取得更大成效，未来辽阳市需要在强化改革执行力、提升改革效率、增强改革效果、降低改革成本和激发改革潜能上下功夫。

（一）辽阳市"放管服"改革的基本情况

自全面推进"放管服"改革以来，辽阳市在中央政府和辽宁省政府的宏观指导和战略引领下，积极构建行政管理新格局。2016年5月，辽阳市在省内率先开展集中行政许可改革；2016年9月，辽阳市行政审批局正式挂牌，确立为市政府工作部门，正处级建制，内设机构18个，将全市24个部门和3个事业单位涉及审批性质的219项职权全部划入，把原来涉及的40多枚印章合并归一，全面采用"一个窗口受理、集约审批、并联式审批、一站式办结"

的审批方式和"一枚印章"管审批的集中审批模式①，不断压缩行政审批办理时限、审批环节等，全力打造"批准是常态，不批准是个例"的新格局②。

伴随着行政审批改革的不断推进，辽阳市努力结合当地实际，积极做好精准服务，还在法律制度框架内，倾听服务单位的声音，尊重服务单位的意见来优化审批方案，如：2018 年底，国家电网辽阳供电公司提出一份关于优化电网工程审批流程的报告，辽阳市委、市政府经过研究，决定按照"让听得见炮声的人来指挥战斗"的原则，从 2019 年起，在电网建设和通信工程两个领域实行由行政部门和服务单位共同协商确定审批流程，以实现政府职能的真正转变③。

（二）辽阳市"放管服"改革效能的发展现状

两项调查的最终测评结果，如表 7-10 所示。面向市政府公务员的调查结果显示，辽阳市的"放管服"改革效能勉强达到良好水平，改革过程尚处于低效水平，仅将 93.9% 的内在潜能转化为了外显效用。面向普通市民的调查结果显示，辽阳市的"放管服"改革效能尚处于一般水平，改革过程同样处于低效水平，仅将 94.9% 的内在潜能转化为外显效用。综合来看，供给侧和需求侧的调查结论基本相似，即辽阳市的"放管服"改革效能正处于从一般水平迈向良好水平的攻坚期，其改革过程仍旧处于低效水平，仅能够将有限的内在潜能转化为外显效用，未能实现对内在潜能的充分运用。这也从侧面反映出本次调查的确能够真实地反映辽阳市的实际情况，调查结果具有可信性。此外，考虑到效能水平和过程有效性两项指标均是由内在潜能和外显效用两个变量计算而得，为了更加全面地剖析、呈现辽阳市"放管服"改革效

---

① 李伟娟 . 行政审批局改革模式的实证研究——以辽阳市为例分析 [J]. 党政干部学刊，2019(1)：31-36.

② 白丽克孜·帕哈丁 . 辽阳"放管服"改革形成行政管理新格局 [EB/OL].(2017-06-01)[2022-07-15].https://news.gmw.cn/2017-06/01/content_24659021.htm.

③ 张樵苏 . 辽宁辽阳："政企互商"简审批深化放管服改革 [EB/OL].(2020-01-23)[2022-07-15].http://www.xinhuanet.com/politics/2020-01/23/c_1125497829.htm.

能的发展现状，我们将分别围绕内在潜能和外显效用展开详细论述。

表7-10 辽阳市"放管服"改革效能的发展现状

	地级市政府公务员	普通市民
效能水平	27.352	24.285
过程有效性	0.939	0.949

1.辽阳市内在潜能的发展现状

综合两项调查结果来看，无论是在地级市政府公务员这一供给者眼中，还是在普通市民这一需求者眼中，辽阳市的内在潜能均处于良好水平，但是其得分并不高，勉强超过良好水平基准线，与优秀水平之间尚存在较大差距，因此，我们认为巩固好、稳定住这来之不易的良好水平是辽阳市在内在潜能建设中的首要任务。

从价值判断、改革执行力、文化环境和制度环境四个维度来考察辽阳市所具备的改革要素，结果如表7-11所示。面向市政府公务员的结果显示，在分数等级上，价值判断、改革执行力、文化环境以及制度环境全部处于良好水平，按照分数由高至低进行排序，其结果为：文化环境＞价值判断＞制度环境＞改革执行力。面向普通市民的调查结果显示，在分数等级上，价值判断和文化环境已达到良好水平，但改革执行力和制度环境尚处于一般水平，按照分数由高到低进行排序，其结果为：文化环境＞价值判断＞制度环境＞改革执行力，这与地级市政府公务员的测评结果一致。因此，综合来看，辽阳市的价值判断和文化环境两项指标的得分较为相近，均已达到良好水平，在分数排名中始终稳居在前两位，虽然与其他样本城市相比尚存在较大差距，但就其自身而言，是表现得相对较好的两个方面。即辽阳市在一定程度能够对"放管服"改革的现实价值做出科学判断，并能够为"放管服"改革实践的顺利开展营造出相对良好的组织氛围。而改革执行力和制度环境则基本处于从一般水平迈向良好水平的发展攻坚期，在分数排名中始终居于后两位，需要在未来的改革中作出相应的改进和提升。

表 7-11　辽阳市政府的内在潜能现状

	地级市政府公务员	普通市民
价值判断	5.737	5.127
改革执行力	5.009	4.916
文化环境	5.739	5.211
制度环境	5.131	4.975
内在潜能	5.398	5.058

更具体的评价结果，如图 7-7 所示。在地级市政府公务员眼中，辽阳市政府及其行政人员在法治文化（5.821）、社会价值（5.786）、勤政文化（5.750）、政治价值（5.714）、经济价值（5.714）[1]四项指标上的表现相对较好，在资源配置能力（4.929）、制度的稳定性（5.000）、资源运用能力（5.036）、资源汲取能力（5.071）四个指标上的表现相对较差。在普通市民眼中，辽阳市政府及其行政人员在勤政文化（5.338）、服务文化（5.211）、经济价值（5.169）、社会价值（5.155）四项指标上的表现相对较好，在制度的适应性（4.845）、资源运用能力（4.901）、资源汲取能力（4.915）、资源配置能力（4.915）四项指标上的表现相对较差。

由此可见，在各项具体指标中，公认表现较好的是经济价值、社会价值、勤政文化三项内容，即辽阳市政府及其行政人员能够科学、有效地认知"放管服"改革对优化营商环境、促进经济发展，提升人民群众获得感、幸福感、安全感的重要意义，并在培育、营造尽职务实的组织氛围方面取得了一定成绩，虽然与其他样本城市相比还存在一定差距，但就其自身而言，上述三项内容的确是辽阳市政府在内在潜能方面的优势所在。公认表现得较差的是资

---

① 注：政治价值和经济价值的得分相同，并列成为表现较好的第四项指标。

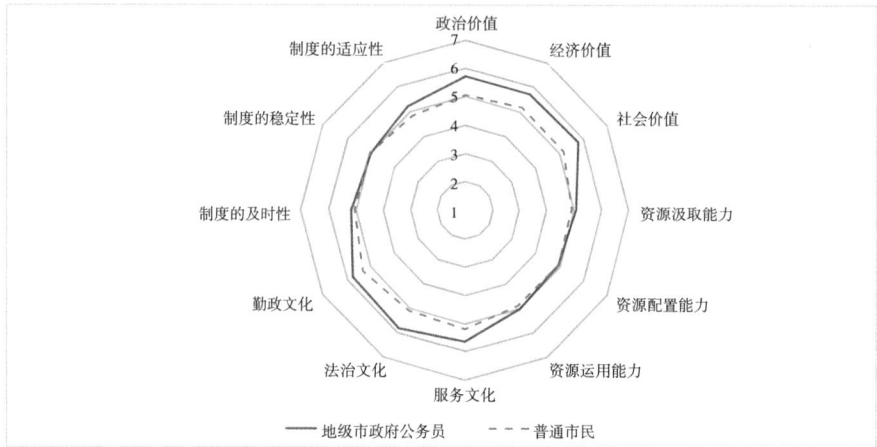

图 7-7　辽阳市内在潜能的各分项指标得分

源汲取能力、资源配置能力、资源运用能力三项内容，即辽阳市政府及其行政人员与东北地区的多数城市一样，在汲取、合理配置以及运用人力、物力、财力资源，提供公共产品和服务方面略显不足。

2. 辽阳市外显效用的发展现状

综合两项调查结果来看，供给侧视域下的调查结果表明，辽阳市的外显效用达到良好水平，不过其分数并不高，勉强达到良好水平的基准线而已。需求侧视域下的调查结果表明，辽阳市的外显效用尚处于一般水平，不过已与良好水平非常接近。对此，结合辽阳市的发展实际来看，辽阳市的外显效用正处于从一般水平迈向良好水平的爬坡过坎阶段，对于辽阳市来说，行政机关及其行政人员要在稳住一般水平的基础上，设法努力向良好水平迈进。

从改革效率、改革效果以及改革成本三个维度来考察辽阳市政府的"放管服"改革，结果如表 7-12 所示。面向市政府公务员的调查结果显示，在分数等级上，改革效率和改革效果处于良好水平，而改革成本尚处于一般水平，按照得分情况由高到低进行排序，其结果为：改革效果＞改革效率＞改革成本。面向普通市民的调查结果显示，在分数等级上，改革效率、改革效果和改革成本三个维度均处于一般水平，按照得分情况由高到低进行排序，其结果为：

改革成本>改革效果>改革效率。综合来看,在辽阳市的"放管服"改革实践中,其改革效率和改革效果两项指标正处于从一般水平向良好水平过渡的爬坡过坎阶段,改革成本尚处于一般水平。在分数排名中,改革成本在两项指标中的排名情况不同,供给侧的测评结果显示,改革成本是表现相对较差的指标,而需求侧的测评结果则显示,改革成本是表现相对较好的指标,改革效率和改革效果是相对较差的指标,不过三项指标之间的得分较为接近,可见,辽阳市政府在外显效用的三项要素上的表现均不太理想。

表7-12 辽阳市外显效用的发展现状

	地级市政府公务员	普通市民
改革效率	5.092	4.605
改革效果	5.216	4.883
改革成本	4.870	4.933
外显效用	5.067	4.801

更具体的评价结果,如图7-8所示。在市政府公务员眼中,辽阳市政府及其行政人员表现得相对较好的三项指标分别是改革协同(5.495)、服出品质(5.402)、行政放权效率(5.306),表现得相对较差的三项指标分别是财力投入(4.821)、物力投入(4.857)、放出活力(4.884)。在普通市民的眼中,辽阳市政府及其行政人员表现得相对较好的三项指标分别是财力投入(5.099)、改革协同(5.077)、人力投入(4.901),表现得相对较差的三项指标分别是政府监管效率(4.535)、政务服务效率(4.593)、行政放权效率(4.684)。

由此可见,在各分项指标中,改革协同是公认的表现较好的指标,即辽阳市政府及其行政人员在改革实践中注重简政放权、放管结合、优化服务三条改革主线之间的协同性,不过该项指标的优势并不明显,且与东北地区其他样本城市相比尚存在较大差距。此外,根据调研结果发现,尚不存在公认的表现较差的指标,从各分项指标的得分来看,不同指标之间的差别并不大。

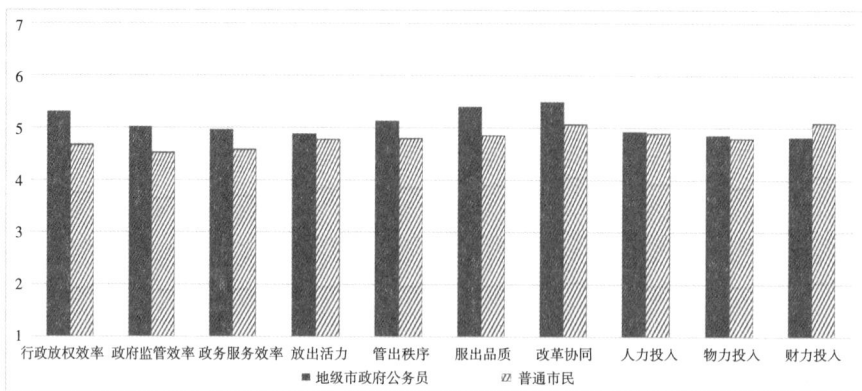

图 7-8　辽阳市外显效用的各分项指标得分

因此，我们认为辽阳市政府在改革效率、改革效果以及改革成本上均存在极大的改进和上升空间。

（三）辽阳市"放管服"改革效能存在的主要问题

辽阳市的"放管服"改革效能水平在东北地区的样本城市中排名相对靠后，并存在一些亟待解决的现实问题，突出表现为以下五点。

1. 改革执行力不足

在本研究中资源汲取能力、资源配置能力以及资源运用能力是改革执行力中所包含的三项具体指标。在市政府公务员的测评结果中，辽阳市的资源汲取能力和运用能力能够勉强达到良好水平，资源配置能力虽与良好水平非常接近，但尚处于一般水平。在普通市民的测评结果中，辽阳市的资源汲取能力、资源配置能力以及资源运用能力均处于一般水平。综合来看，辽阳市的资源汲取能力和资源运用能力处于从一般水平向良好水平迈进的攻坚期，资源配置能力尚处于一般水平。上述调查结果表明，改革执行能力中所包含的三项内容是辽阳市在内在潜能建设和发展中公认的短板和弱项，在一定程度上会影响改革方案的落地与实施，需要改革主体予以及时改进和优化。

2. 改革效率不高

两项调查结果显示，辽阳市改革效率的得分分别为 5.092 分和 4.605 分。可见，在供给者眼中，辽阳市的改革效率勉强达到良好水平；而在需求者眼中，辽阳市的改革效率尚处于一般水平。综合来看，上述结果表明，辽阳市的改革效率尚处于从一般水平迈向良好水平的爬坡过坎阶段，辽阳市在"放管服"改革实践中，未能时刻紧握简政放权、放管结合、优化服务三条改革主线，又多又快地完成改革任务，以致行政放权效率、政府监管效率以及政务服务效率不高，成为外显效用建设和发展中的薄弱环节。

3. 改革效果欠佳

面向地级市政府公务员的调查结果表明，辽阳市改革效果的指标得分为 5.216 分，刚刚超过基准线，勉强达到良好水平。面向普通市民的调查结果表明，辽阳市改革效果的指标得分为 4.883 分，属于一般水平，不过与良好水平的距离已非常接近。综合来看，辽阳市的改革效果正处于从一般水平迈向良好水平的攻坚期，其中除了改革协同这一公认的具有相对优势的指标之外，辽阳市在简政放权效果、政府监管效果以及政务服务效果方面均表现得欠佳，未能真正放出活力、管出秩序、服出品质，难以实现"放管服"改革的预期目标。

4. 改革成本过大

两项测评结果显示，辽阳市改革成本的指标得分分别为 4.870 分和 4.933 分，可见，无论是在供给者眼中还是在需求者眼中，辽阳市的改革成本均处于一般水平。按照研究设计，改革成本指标项的得分低，则代表改革的成本投入过大，存在一定的闲置和冗余现象。换言之，在全面深化"放管服"改革的进程中，辽阳市投入了过量的改革人员、改革设施以及改革资金，以致人力投入、物力投入、财力投入超出"放管服"改革的实际工作量，在一定程度上存在人员、设施以及资金的浪费现象，未能真正实现"少花钱、多办事"的理想预期。

5. 改革过程的有效性偏低

根据两项调查结果显示，辽阳市改革过程的有效性水平分别为 0.939 和 0.949，即在供给者的眼中，辽阳市的行政机关及其行政人员仅能够将其 93.9% 的内在潜能转化为外显效用；在需求者眼中，辽阳市的行政机关及其行政人员仅能够将 94.9% 的内在潜能转化为外显效用，虽然相较于供给者眼中的结果稍高，但是上述两个结果均低于 100%，且与有效性的基准线距离较远，可见，在"放管服"改革的实践过程中，辽阳市未能将其自身所具备的改革实力全部释放出来，以致难以形成与其内在潜能水平相当的外显效用。

（四）提升辽阳市"放管服"改革效能的对策建议

根据辽阳市在"放管服"改革效能中存在的突出问题，结合经济社会发展新形势，提出以下五点对策建议。

1. 增强改革执行力

针对辽阳市改革执行力不足的问题，辽阳市行政机关及其行政人员要在增强改革执行力上下功夫。第一，积极组织面向改革相关人员的专项培训活动，通过富含理论知识和实践经验的培训活动，使改革人员明确改革方案重在落实，提升其对改革执行力以及其所含要素的理论认知。第二，鼓励行政人员将在专项培训和日常交流中收获的方法论投入实践，积极探索提升资源汲取能力、资源配置能力以及资源运用能力的发展路径。第三，注重与东部沿海等发达城市的走访与交流，学习、借鉴强化改革执行力的宝贵经验，结合辽阳市的发展实际，实现宝贵经验的本地化迁移。

2. 提升改革效率

面对改革效率不高的现实问题，在未来的"放管服"改革中，辽阳市的行政机关及其行政人员要有意识地又多又快地完成改革任务。一方面，辽阳市的行政机关及其行政人员要坚决抵制"不求有功、但求无过"的消极怠政行为，注重提升改革人员的职业技能，通过专项培训与日常交流，引导改革人员明确工作范围、掌握工作内容、熟悉工作流程，为又多又快地完成改革任务提供保障。另一方面，要减少工作流程中的各种繁文缛节，无论是简政放权、政府监管还是政务服务改革，均要简化行政流程，仅保留必要的工作流程和环节，以促进行政放权效率、政府监管效率以及政务服务效率的全面提升。

3. 增强改革效果

为了切实增强辽阳市的"放管服"改革效果，在未来的改革实践中，行政机关及其行政人员要注重对行为质量的追求，在简政放权中，要提升权力下放的含金量，确保该下放的权力下放到位，真正激发市场活力和社会创造力；在政府监管中，要杜绝监管盲区和真空地带，避免不良现象和不良行为的反复，维护好市场和社会秩序；在政务服务中，要提供能够满足人民群众现实需求的政务服务，提升人民群众的满意度。此外，改革效果在本质上是对改革目标实现程度的考量，为了确保改革目标的实现度，行政机关及其行政人员要注重对改革预期目标的细化和拆分，明确每一项具体的改革举措要达到的预期目标，以此来确保改革的整体效果。

4. 降低改革成本

针对辽阳市改革成本偏高的现实问题，行政机关及其行政人员要在深化"放管服"改革的过程中有意识地减少改革人员的冗余，避免改革设施的闲置，杜绝改革资金的浪费，控制、降低改革成本。要根据"放管服"改革的施工图和任务表，对推行改革实践所需投入的人力、物力以及财力作出科学测算，统筹安排、合理控制改革人员、改革设施以及改革资金的投入量，切实提升改革投入与改革工作量之间的匹配度，真正做到人尽其才、物尽其用，把钱花在刀刃上，实现少花钱、多办事、办好事的理想预期。

5. 激发改革潜能

为了更好地激发改革潜能，尽可能多地将内在潜能转化为外显效用，辽阳市的行政机关及其行政人员要对自身所具备的内在潜能展开系统化梳理与统计，了解内在潜能的结构分布，明确内在潜能中的优势与短板，充分认识释放改革潜能的重要性。同时，应对改革主体展开定期考核，实时监测、追踪改革主体内在潜能向外显效用的转化情况，制定相应的奖励措施，对于高效转化的改革部门予以及时性褒奖，并将之树立为行政机关内部的学习榜样和先进典型，组织经验交流座谈会，向机关内部的其他部门传递激发改革潜能的宝贵经验。

五、辽宁省"放管服"改革效能的整体情况

沈阳市、锦州市、盘锦市和辽阳市是辽宁省较具代表性的城市，上述四个典型城市的评价结果，能够在一定程度上反映出辽宁省的整体情况。

（一）辽宁省"放管服"改革效能的发展现状

伴随着"放管服"改革在全国范围内的广泛推进，辽宁省内的各地级市政府纷纷施展"十八般武艺"，积极开展横向到边、纵向到底的简政放权、放管结合、优化服务改革。"放管服"改革效能建设的过程中，也形成了一些能够代表辽宁省的共同优势与不足。

1.辽宁省内在潜能的总体表现

综合各改革主体在价值判断、改革执行力、文化环境以及制度环境方面的实际表现来看，能够发现辽宁省的各地级市在内在潜能建设中主要存在以下共通之处。

各改革主体基本上在价值判断和文化环境建设方面取得了一定成绩。结合实地调研结果来看，沈阳市在政治价值、经济价值和社会价值上的良好表现得到了供需双方的双重认可；经济价值、社会价值、服务文化、勤政文化四项内容是为锦州市政府公务员和普通市民所公认的表现较好的方面；盘锦市在服务文化方面的优异表现也得到了供给侧和需求侧的双维认定；辽阳市得到供需双方公认表现较好的指标项包括经济价值、社会价值、勤政文化。通过分析发现，各地表现较好的指标项均来自价值判断维度和文化环境维度，

仅有法治文化尚无表现得较好的指标，因此，辽宁省的地级市在价值判断和文化环境方面的整体表现较好，基本能够较为充分地理解并认同"放管服"改革的重要意义，并形成了有助于推进改革实践的组织文化氛围。

各改革主体在改革执行力和制度环境建设方面的表现的确差强人意。结合实地调研结果来看，资源汲取能力、资源配置能力、制度的及时性、制度的稳定性是沈阳市表现较差的指标项；锦州市在资源汲取能力、资源配置能力、资源运用能力以及制度的及时性上表现得较差；制度的适应性和制度的及时性是盘锦市表现较差的指标项；辽阳市在资源汲取能力、资源配置能力、资源运用能力上表现得较差。通过分析发现，上述这些表现较差的指标项均来自改革执行力和制度环境两个维度，且维度中所包含的具体指标项作为表现较差的指标至少出现过一次。因此，改革执行力和制度环境建设需要辽宁省内各改革主体加以关注，并在未来发展中作出相应的改进和提升。

2. 辽宁省外显效用的总体表现

综合各改革主体在改革效率、改革效果以及改革成本方面的实际表现来看，发现辽宁省的地级市在外显效用建设中主要存在以下共通之处。

第一，各改革主体普遍对改革目标的实现程度较为关注。具体来说，沈阳市在管出秩序、服出品质、改革协同三项指标上的良好表现得到了供给侧和需求侧的双维认定；锦州市得到供需双方公认的表现较好的指标是管出秩序和改革协同；盘锦市在放出活力指标上取得了较为优异的成绩，并得到了市政府公务员和普通市民的双重认可；改革协同是为辽阳市供需双方公认的表现较好的指标项。通过分析发现，各地表现较好的指标项虽然不尽相同，但全部来源于改革效果维度，各改革主体结合自身的发展实际，在改革效果中形成了各自的相对优势。

第二，各改革主体在改革效率和改革成本方面的表现总是未能尽如人意。具体言之，沈阳市在政府监管效率、人力投入和物力投入方面的表现是为供需双方所公认的表现较差的指标项；物力投入是锦州市表现较差的指标项；盘锦市在政府监管效率和政务服务效率上的表现较差；辽阳市并不存在明显的劣势,其外显效用中的多数指标都表现欠佳。总体来看,各地表现较差的指标项均来源于改革效率和改革成本维度,不过行政放权效率和财力投入未曾出现在表现得较差的指标之列。

此外,辽宁省内样本城市在改革过程有效性上的实际表现均未能达到有效性的基本标准,即改革主体暂时未能形成与自身内在潜能相匹配的外显效用。可见,辽宁省各改革主体的外显效用水平在整体上并不乐观。

(二)提升辽宁省"放管服"改革效能的对策建议

结合辽宁省"放管服"改革效能的发展现状,我们提出夯实内在潜能、优化改革过程、增强外显效用的对策建议,以期切实提升改革效能。

1. 夯实内在潜能

良好的内在潜能是开展效能建设的重要基础,为了有针对性地夯实辽宁省内改革主体的潜在能量,我们认为可从以下两点出发:一方面,要以增强改革执行力、改善制度环境为"先手棋",打好发展"主动仗"。各地级市政府要结合自身情况,从充实行政队伍、强化日常培训、加强行政监督、注重实地走访等多个角度出发,设计与其发展实际相适应的具体方案,及时地补齐在改革执行力和制度环境建设中的短板。另一方面,要以筑牢价值判断、建设文化环境为"压舱石",打出发展"组合拳"。辽宁省政府要充分发挥引领性作用,引导各地级市政府持续发扬其在价值判断和文化环境建设中取得的相对优势,以各要素之间的协同发展为重点,助力内在潜能的全面提升。

2. 优化改革过程

改革过程的有效与否将直接决定改革主体内在潜能与外显效用之间的匹配程度。对此,一方面,辽宁省政府要引导各地级市政府明确改革结果并非衡量改革进展的唯一标准,对改革主体努力程度的测量也是评价实际进展的一项重要内容;应在了解改革主体自身实力的基础上,考察改革者是否将其所具备的能量全部发挥了出来,通过这种相对式的评价,去堵住"唯结果论"的竞标式乱象。另一方面,各改革主体要厘清内在潜能与外显效用之间的乘数关系，理解内潜与外显之间的影响机制，积极探索出科学、合理的改革工具和路径，促进潜在能量的高效转化，助推效能水平的全面提升。

3. 增强外显效用

根据在辽宁省内的调研情况，我们提出以强化改革效果为重点，以提升改革效率为关键，以降低改革成本为保障的发展策略。第一，以强化改革效果为重点。目标方向正确的高效率和低成本才有意义，改革效果作为衡量预期目标实现程度的指标，理应成为外显效用建设中的第一要务，虽然省内各改革主体表现较好的指标项均来自改革效果维度，但从整体来看，其优势地位并不明显。因此，各地级市政府要对改革目标进行合理化拆解，对各项改革举措所对应的改革目标作出明确设定，助力改革效果的实现。第二，以提升改革效率为关键。在确保目标正确的基础上，辽宁省政府要敦促省内各改革主体积极提升改革速度与数量，引导其从实际出发，结合自身短板与不足，灵活运用技术赋能、人才赋能、机制赋能等多种路径，有针对性地改进改革效率，使改革者真正做到又多又快地完成改革任务。第三，以降低改革成本为保障。在强调改革效果和效率的同时，各改革主体亦不能忽视对改革成本的关注，要根据改革任务合理地投入人力、物力、财力等各类资源，避免不必要的浪费，做到人尽其才、物尽其用、财尽其能，真正实现少花钱、多干事、干好事的美好预期。

第八章

东北地区"放管服"改革效能的整体概况

本章节根据前文提出的评价方法以及收集到的相关数据对东北地区三个省份9个样本城市的"放管服"改革效能以及各分项指标进行测算并排名，不仅能够明确不同地级市的"放管服"改革效能在东北地区的水平定位，而且有助于形成对东北地区"放管服"改革效能的整体性认知。

一、东北地区地级市"放管服"改革效能排名

东北地区地级市政府"放管服"改革效能的测评结果，如表8-1所示。从效能水平及其排名结果来看，供给侧和需求侧的调查结果基本一致，大体上可将东北地区的9个样本城市划分为三个梯队。第一梯队为哈尔滨市、长春市、沈阳市三个省会城市，其效能水平始终稳居前三名。在地级市政府公务员眼中，哈尔滨市的"放管服"改革效能水平位居首位，沈阳市和长春市分别为位列第二和第三；在普通市民眼中，沈阳市的"放管服"改革效能水平位列第一，哈尔滨市和长春市紧随其后。第二梯队为大庆市和吉林市，面向供给侧和需求侧的调查结果均显示，大庆市的"放管服"改革效能水平始终稳居第四位，吉林市的"放管服"改革效能水平始终位列第五。第三梯队为齐齐哈尔市、锦州市、盘锦市和辽阳市，这四个城市始终位于后四名，且盘锦市的"放管服"改革效能水平始终居于第七名，辽阳市的"放管服"改

革效能水平则居第九名，仅是齐齐哈尔市和锦州市这两个地级市的排名稍有变化。在地级市政府公务员眼中，齐齐哈尔市的"放管服"改革效能水平处于第六位，锦州市的"放管服"改革效能水平处于第八位；在普通市民眼中，齐齐哈尔市与锦州市的排名对调，锦州市位列第六，齐齐哈尔市则位列第八。

表8-1　东北地区地级市政府"放管服"改革效能的测评结果

城市名称	地级市政府公务员类			普通市民类		
	过程有效性	效能水平	效能排名	过程有效性	效能水平	效能排名
哈尔滨	0.942	34.890	1	0.936	28.584	2
齐齐哈尔	0.982	29.072	6	0.984	25.787	8
大庆	0.937	32.437	4	0.982	27.671	4
长春	0.924	32.944	3	0.949	28.537	3
吉林	0.967	31.257	5	0.964	27.197	5
沈阳	0.939	33.677	2	0.949	29.099	1
锦州	0.960	28.765	8	0.972	25.972	6
盘锦	0.978	28.851	7	0.978	25.884	7
辽阳	0.939	27.352	9	0.949	24.285	9

（一）东北地区地级市"放管服"改革的内在潜能排名

如前文所述，内在潜能是指凝结于改革主体内部的潜在能量，是改革实力的真实写照。东北地区地级市政府"放管服"改革的内在潜能以及各分项指标的测评结果，如表8-2、表8-3所示。

从内在潜能水平及其排名来看，无论是供给侧视角下的测评结果还是需求侧视角下的测评结果，吉林省的省会城市——长春市的内在潜能水平始终位列第三，辽宁省锦州市的内在潜能水平始终位列第六，辽宁省辽阳市的内在潜能水平始终位列第九，而其余地级市的排名结果在两项调查中则稍有不同，不过从整体上看大体相似。其中黑龙江省的省会城市——哈尔滨市和辽宁省的省会城市——沈阳市的内在潜能水平始终稳居前两名：在地级市政府公务员眼中，哈尔滨市排在第一位，沈阳市排在第二位；在普通市民眼中，排名结果则相反，沈阳市排在第一位，哈尔滨市排在第二位。大庆市和吉林市的内在潜能水平仅次于三个省会城市，在东北地区9个样本城市的排位一直居中：在地级市政府公务员眼中，大庆市位居第四，吉林市位居第五；在普通市民眼中，两个地级市的排名有所调换，吉林市位居第四，大庆市位居第五。齐齐哈尔市和盘锦市的内在潜能水平的排名始终较为靠后，仅排在辽阳市之前：在地级市政府公务员眼中，齐齐哈尔市排名第七，盘锦市排名第八；在普通市民眼中，排名结果则相反，盘锦市排名第七，齐齐哈尔市排名第八。

表8-2 东北地区地级市政府"放管服"改革内在潜能的测评结果
（地级市政府公务员类）

城市名称	价值判断	价值判断排名	改革执行力	改革执行力排名	文化环境	文化环境排名	制度环境	制度环境排名	内在潜能	内在潜能排名
哈尔滨	6.509	1	5.472	3	6.568	1	5.822	1	6.087	1
齐齐哈尔	5.897	6	4.907	7	5.656	8	5.337	7	5.442	7
大庆	6.463	2	5.123	5	6.375	2	5.601	5	5.884	4
长春	6.430	3	5.570	2	6.182	5	5.737	3	5.970	3
吉林	6.094	5	4.829	8	6.218	4	5.608	4	5.686	5
沈阳	6.353	4	5.602	1	6.227	3	5.805	2	5.989	2
锦州	5.875	7	4.781	9	5.895	6	5.354	6	5.473	6
盘锦	5.730	9	5.276	4	5.652	9	5.105	9	5.432	8
辽阳	5.737	8	5.009	6	5.739	7	5.131	8	5.398	9

表8-3 东北地区地级市政府"放管服"改革内在潜能的测评结果
（普通市民类）

城市名称	价值判断	价值判断排名	改革执行力	改革执行力排名	文化环境	文化环境排名	制度环境	制度环境排名	内在潜能	内在潜能排名
哈尔滨	5.734	2	5.400	2	5.556	2	5.418	2	5.528	2
齐齐哈尔	5.230	7	4.905	9	5.187	9	5.162	6	5.120	8
大庆	5.449	4	5.139	5	5.390	5	5.258	5	5.309	5
长春	5.660	3	5.419	1	5.499	3	5.350	3	5.483	3
吉林	5.417	5	5.178	4	5.391	4	5.265	4	5.313	4
沈阳	5.759	1	5.399	3	5.568	1	5.424	1	5.538	1
锦州	5.259	6	4.995	7	5.272	6	5.155	7	5.170	6
盘锦	5.155	8	5.059	6	5.232	7	5.130	8	5.144	7
辽阳	5.127	9	4.916	8	5.211	8	4.975	9	5.058	9

（二）东北地区地级市"放管服"改革的外显效用排名

如前文所述，外显效用是直接显现于外的改革结果，是对改革进展的直观性反映。东北地区地级市政府"放管服"改革的外显效用以及各分项指标的测评结果，如表8-4、表8-5所示。

从外显效用水平及其排名来看，无论是供给侧视角下的测评结果还是需求侧视角下的测评结果，吉林省长春市和吉林市的外显效用水平始终分别位列第三和第五，黑龙江省齐齐哈尔市的外显效用水平始终位列第六，辽宁省盘锦市、锦州市和辽阳市的外显效用水平始终分别位列第七、第八和第九。而其余三个地级市的排名结果在两项调查中则稍有不同，不过从整体上看大体相似，均排在相对靠前的位置。在地级市政府公务员眼中，哈尔滨市排名第一，沈阳市排名第二，大庆市排名第四；在普通市民眼中，沈阳市排名第一，大庆市排名第二，哈尔滨市排名第四。

表8-4 东北地区地级市政府"放管服"改革外显效用的测评结果
（地级市政府公务员类）

城市名称	改革效率	改革效率排名	改革效果	改革效果排名	改革成本	改革成本排名	外显效用	外显效用排名
哈尔滨	5.768	1	5.809	1	5.612	1	5.732	1
齐齐哈尔	5.243	7	5.407	6	5.400	5	5.342	6
大庆	5.486	4	5.581	4	5.480	3	5.513	4
长春	5.395	5	5.704	3	5.455	4	5.518	3
吉林	5.671	2	5.542	5	5.251	7	5.498	5
沈阳	5.537	3	5.790	2	5.539	2	5.623	2
锦州	5.188	8	5.396	7	5.185	8	5.256	8
盘锦	5.259	6	5.346	8	5.349	6	5.311	7
辽阳	5.092	9	5.216	9	4.870	9	5.067	9

表8-5 东北地区地级市政府"放管服"改革外显效用的测评结果
（普通市民类）

城市名称	改革效率	改革效率排名	改革效果	改革效果排名	改革成本	改革成本排名	外显效用	外显效用排名
哈尔滨	5.207	3	5.214	3	5.080	6	5.171	4
齐齐哈尔	5.049	6	4.975	8	5.095	5	5.037	6
大庆	5.215	1	5.039	7	5.413	1	5.212	2
长春	5.172	4	5.227	2	5.217	2	5.205	3
吉林	5.138	5	5.143	4	5.069	7	5.119	5
沈阳	5.212	2	5.375	1	5.164	3	5.255	1
锦州	5.021	7	5.060	6	4.984	8	5.023	8

城市名称	改革效率	改革效率排名	改革效果	改革效果排名	改革成本	改革成本排名	外显效用	外显效用排名
盘锦	4.906	8	5.093	5	5.106	4	5.032	7
辽阳	4.605	9	4.883	9	4.933	9	4.801	9

二、东北地区"放管服"改革效能的核心特征

综合分析东北地区9个样本城市的"放管服"改革效能水平、改革过程有效性以及内在潜能与外显效用中的各分项指标，发现从整体上看，东北地区的"放管服"改革效能主要包含以下五项核心特征。

（一）省会城市改革效能水平基本上高于普通地级市

从面向哈尔滨、大庆、齐齐哈尔、长春、吉林、沈阳、锦州、盘锦、辽阳9个样本城市的实证测评结果来看，发现哈尔滨、长春、沈阳三个省会城市所具备的内在潜能和所表现出来的外显效用普遍高于其他普通地级市，由于效能水平等于内在潜能与外显效用的乘积，因此，省会城市的"放管服"改革效能水平也普遍高于普通地级市。

（二）普通地级市改革过程有效性往往高于省会城市

从面向哈尔滨、大庆、齐齐哈尔、长春、吉林、沈阳、锦州、盘锦、辽阳9个样本城市的实证测评结果来看，发现普通地级市在"放管服"改革过程有效性方面的表现相对较好，虽然其内在潜能水平不及省会城市，但却普遍能够将其所具备的有限的内在潜能更好地转化为外显效用，即普通地级市的外显效用与内在潜能的比值普遍高于省会城市。

（三）供给侧视角下改革效能水平总体上高于需求侧

为了兼顾供给侧和需求侧的观点，我们在哈尔滨、大庆、齐齐哈尔、长春、吉林、沈阳、锦州、盘锦、辽阳9个样本城市的实地调研中，分别面向地级市政府公务员群体和普通市民群体发放调查问卷，以地级市政府公务员群体代表供给侧，普通市民群体则代表需求侧。从效能水平的结果排名来看，供给侧与需求侧视角下的排名结果基本相似，这也表明本轮调查数据能够切实反映改革实际。但从效能水平的实际得分来看，供给侧视角下的"放管服"改革效能水平总体上高于需求侧，换言之，可能由于受到信息不对称、期望值不同等诸多因素的影响，地级市政府公务员群体的自评结果普遍高于普通市民群体的他评结果。

（四）内在潜能中的不同要素之间存在显著差异

根据此前的概念界定和理论建构，改革主体的内在潜能主要由价值判断、改革执行力、文化环境、制度环境四项要素构成，从四个要素的得分来看，东北地区的9个样本城市内在潜能中各个要素的发展并不均衡，改革主体普遍在价值判断和文化环境建设方面的表现相对较好，即东北地区的改革主体普遍能够对"放管服"改革的重要性形成理性认知，厘清"放管服"改革在助力政治、经济以及社会发展中所发挥的关键性作用，并注重行政组织氛围建设，坚决反对官僚主义、形式主义等不良之风；但在制度环境建设以及改革执行力上的表现则相对较差，尤其是改革执行力方面的得分与价值判断、文化环境的得分之间存在明显差距，未能实现与内在潜能中其他要素的同步、均衡发展。

（五）外显效用中的各要素之间发展得相对均衡

根据此前的概念界定和理论建构，改革主体的外显效用主要由改革效率、改革效果和改革成本三项要素构成，从各要素的得分来看，东北地区9个样本城市的外显效用中各要素之间的发展普遍较为均衡,虽然也存在一些公认的优势(表现得相对较好的指标)和劣势(表现得相对较差的指标),但从整体上来看,优势指标与劣势指标之间的差距并不十分显著,且宏观意义上的改革效率、改革效果和改革成本三个维度的综合得分也相对接近。由此可见,在东北地区的"放管服"改革实践中,各改革主体虽然未能形成与之内在潜能相匹配的外显效用,但其改革效率、改革效果和改革成本三个要素基本得到了较为均衡的发展。

三、东北地区"放管服"改革效能存在的突出问题

通过对东北地区9个样本城市的实地调研发现,从整体上看,东北地区的"放管服"改革效能尚存在较大的上升空间,仍旧存在内在潜能发展不平衡、改革过程的有效性水平偏低、外显效用发展不充分等共性问题,需要在未来的改革实践中予以优化和改进。

(一)内在潜能发展不平衡

价值判断、改革执行力、文化环境和制度环境是构成改革主体内在潜能的基本要素。通过实地调研发现,东北地区的地级市政府普遍存在各要素之间发展不平衡的问题,即改革主体在价值判断和文化环境方面的表现普遍优于改革执行力和制度环境方面的表现,尤其是改革执行力,与其他三项要素的得分存在明显差距,是东北地区内在潜能建设中最为明显的弱项和短板。

从价值判断维度来看,面向地级市政府公务员的调查结果显示,在东北地区的9个样本城市中,价值判断指标项的最高得分为6.509分,最低得分为5.730分,其他地级市的价值判断得分则位于5.730—6.509分之间。面向普通市民的调查结果显示,在东北地区的9个样本城市中,价值判断指标项的最高得分为5.759分,最低得分为5.127分,其他地级市的价值判断得分则位于5.127—5.759分之间。综合来看,东北地区改革主体的价值判断指标基本处于

良好水平与优秀水平之间，即有的地级市达到良好水平，有的地级市属于由良好水平迈向优秀水平的成熟期。

从改革执行力维度来看，面向地级市政府公务员的调查结果显示，在东北地区的 9 个样本城市中，改革执行力指标项的最高得分为 5.602 分，最低得分为 4.781 分，其他地级市的改革执行力得分则位于 4.781—5.602 分之间。面向普通市民群体的调查结果显示，在东北地区的 9 个样本城市中，改革执行力指标项的最高得分为 5.419 分，最低得分为 4.905 分，其他地级市的改革执行力得分则位于 4.905—5.419 分之间。综合来看，东北地区改革主体的改革执行力指标基本处于一般水平与良好水平之间，即有的地级市达到一般水平，有的地级市属于由一般水平迈向良好水平的攻坚期，有的地级市达到良好水平。

从文化环境维度来看，面向地级市政府公务员的调查结果显示，在东北地区的 9 个样本城市中，文化环境指标的最高分为 6.568 分，最低分为 5.652 分，其他地级市则处于 5.652—6.568 分的区间之内。面向普通市民群体的调查结果显示，在东北地区的 9 个样本城市中，文化环境指标的最高分为 5.568 分，最低分为 5.187 分，其他地级市则处于 5.187—5.568 的区间之内。综合来看，东北地区的文化环境指标基本处于良好水平与优秀水平之间，即有的地级市处于良好水平，有的地级市处于由良好水平迈向优秀水平的成熟期。

从制度环境维度来看，面向地级市政府公务员的调查结果显示，在东北地区的 9 个样本城市中，制度环境指标的最高分为 5.822 分，最低分为 5.105 分，其他地级市的制度环境分数则位于 5.105—5.822 的区间之内。面向普通市民群体的调查结果显示，在东北地区 9 个样本城市中，制度环境指标的最高分为 5.424 分，最低分为 4.975 分，其他地级市的制度环境分数则处于 4.975—5.424 分的区间之内。综合来看，东北地区的制度环境基本处于一般水平与良好水平之间，即有的地级市处于由一般水平迈向良好水平的攻坚期，有的地级市达到良好水平。

综上所述，东北地区各地级市内在潜能中的四个要素分布在两个不同的等级水平之中，即价值判断和文化环境处于良好水平与优秀水平之间，而改革执行力和制度环境则处于一般水平与良好水平之间，这也着实证明了各要素发展的不平衡。

（二）改革过程的有效性水平偏低

按照此前的分析框架，数值"1"是衡量改革过程有效性的基准线，当外显效用与内在潜能的比值结果大于1时，方为高效，当外显效用与内在潜能的比值结果小于1时，则为低效。从东北地区9个样本城市的调查结果来看，不同城市在改革过程有效性水平上的表现有所不同。其中面向地级市政府公务员的调查结果显示，东北地区9个样本城市在改革过程有效性上的最高值为0.982（齐齐哈尔市），最低值为0.924（长春市），其他城市的改革过程有效性水平则分布在0.924—0.982之间。面向普通市民的调查结果显示，东北地区9个样本城市在改革过程有效性上的最高值为0.984（齐齐哈尔市），最低值为0.936（哈尔滨市），其他城市的改革过程有效性水平则分布在0.936—0.984之间。由此可见，无论是在供给侧视角下还是在需求侧视角下，东北地区9个样本城市的改革过程均低于1，未能达到有效性的基准线，仍旧处于相对低效的水平上，即改革主体未能将其所具备的内在潜能高效地转化为外显效用，以致改革过程的有效性水平偏低，难以形成与其内在潜能水平相匹配的外显效用。

综合分析，我们认为此现象可能由以下三种原因导致。第一，在以往的政府改革评价中，强调绩效评价这一西化路径，更多地关注政府"做了什么样的事情""社会各方获得怎样的效用"，而忽视了对改革起点的现实观照和对内在潜能的深入挖掘，以致改革主体未能对其所具备的改革实力以及能量分布形成明确认知，从而无法充分激发改革潜能，难以形成与其内在潜能水平相匹配的外显效用。第二，部分地级市的行政机关虽然已然意识到了激发改革潜能的重要性，但是却尚未找到更好的将内在潜能转化为外显效用的实践路径，行政机关中的职能部门以及行政人员之间的协作力度不足，未能有效促进各项改革要素之间的有机结合，难以实现整体功能大于各部分功能之和，以致改革过程无法达到有效性的基准线。第三，东北地区作为最早进入、最晚退出计划经济体制的地区，存在诸多根深蒂固、历史遗留的体制、机制等结构性矛盾，"放管服"改革作为一场刀刃向内的自我革命，直指深层次障碍，其改革过程势必会触动利益的奶酪，并遭遇不小的改革阻力，以致改革过程的有效性受到一定影响，尚未达到有效性的基准线。

（三）外显效用发展不充分

从实地调研结果来看，东北地区9个样本城市的外显效用与内在潜能的比值均小于1，改革行为过程仍旧处在相对低效的水平上，改革主体未能将其所具备的实力全部有效地发挥出来，进而造成外显效用发展不充分的局面，需要在未来的改革实践中作出相应的调整和改善。

1. 改革效率不高

改革效率代表改革主体单位时间内完成的实际工作数量，用于衡量改革主体是否能够又多又快地完成改革任务，通过实地调研发现，东北地区地级市的"放管服"改革效率并不高。具体来说，面向地级市政府公务员的调查结果显示，在东北地区9个样本城市中，哈尔滨市的表现最好，得到最高分5.768分，辽阳市的表现最差，得到最低分5.092分，其他地级市的"放管服"改革效率得分则分散于5.092—5.768分之间。面向普通市民的调查结果显示，在东北地区9个样本城市中，大庆市的表现最好，得到最高分5.215分，辽阳市的表现最差，得到最低分4.605分，其他地级市的"放管服"改革效率得分则分散于4.605—5.215分之间。由此可见，综合供给侧和需求侧视角下的得分来看，东北地区的"放管服"改革效率在整体上处于一般水平和良好水平之间，有的地级市属于有一般水平迈向良好水平的攻坚期，有的地级市已达到良好水平。总而言之，东北地区的"放管服"改革效率不高，未能达到又多又快地完成改革任务的理想状态，是外显效用发展不充分的重要表现之一，更是东北地区的改革主体在"放管服"改革效能建设中所面对的一项亟待解决的突出问题。

2. 改革效果不佳

改革效果代表改革主体对预期目标和现实问题的实现和解决程度，用于衡量改革主体是否能够有质量地完成改革任务。通过实地调研发现，东北地区地级市的"放管服"改革效果未能尽如人意。具体来说，面向地级市政府公务员的调查结果显示，在东北地区的9个样本城市中，哈尔滨市在改革效果上的得分最高，为5.809分，辽阳市在改革效果上的得分最低，为5.216分，其他地级市的"放管服"改革效果得分则分散于5.216—5.809分之间。面向普通市民的调查结果显示，在东北地区9个样本城市中，沈阳市在改革效果上的得分最高，为5.375分，辽阳市在改革效果上的得分最低，为4.883分，其他地级市的"放管服"改革效果得分则分散于4.884—5.375分之间。从整体上看，无论是在供给侧视角下还是在需求侧视角下，东北地区的"放管服"改革效果的最高得分与最低得分均稍高于改革效率，不过在等级归属上看，依旧处于一般水平和良好水平之间，有的地级市属于有一般水平迈向良好水平的攻坚期，有的地级市已达到良好水平。总而言之，东北地区的"放管服"改革效果不佳，未能达到有质量地完成改革任务的理想状态，是外显效用发展不充分的重要表现之一，更是东北地区的改革主体在"放管服"改革效能建设中所面对的一项亟待解决的突出问题。

3. 改革成本偏高

改革成本代表改革主体在改革实践中所消耗的人力、物力、财力资源的总和，用于衡量改革主体是否能够节约地完成改革任务，通过实地调研发现，东北地区地级市政府所消耗的改革成本偏高，在一定程度上存在人员冗余、设施闲置以及资金浪费的现象。具体来说，面向地级市政府公务员的调查结果显示，在东北地区9个样本城市中，哈尔滨市的改革成本得分最高，为5.612分，辽阳市得分最低，为4.870分，其他地级市的"放管服"改革成本得分则分散于4.870—5.612分之间。面向普通市民的调查结果显示，在东北地区9个样本城市中，大庆市的改革成本得分最高，为5.413分，辽阳市得分最低，为4.933分，其他地级市的"放管服"改革成本则分散于4.933—5.413分之间。由此可见，综合供给侧和需求侧视角下的得分来看，东北地区的"放管服"改革成本在整体上处于一般水平和良好水平之间，有的地级市属于一般水平，有的地级市属于由一般水平迈向良好水平的攻坚期，有的地级市已达到良好水平。总而言之，东北地区的"放管服"改革成本偏高，未能节约地完成改革任务，是外显效用发展不充分的重要表现之一，更是东北地区的改革主体在"放管服"改革效能建设中所面对的一项亟待解决的突出问题。

第九章 ≫≫≫

提升东北地区"放管服"改革效能的
对策建议

第五章至第七章分别对东北三省实地调研的9个城市样本"放管服"改革效能评价的基本情况、发展现状、主要问题进行了分析介绍，并相应提出对策建议。第八章对东北地区"放管服"改革效能的整体概况进行总结分析，明确了东北地区"放管服"改革效能的排名情况、核心特征，并总结归纳了目前改革效能存在的突出问题。总的来说，目前东北地区"放管服"改革在精简审批制度、优化线上业务等方面已经取得一些成效，但仍然存在内在潜能发展不平衡、改革过程有效性偏低、外显效用不充分等问题，需要进一步优化提升。

本章节根据前文东北地区"放管服"改革效能的实际情况与主要问题，对"放管服"改革中出现的问题综合考量，相应提出"放管服"改革效能的五项建设原则和八项具体措施，有利于进一步明确东北地区的"放管服"改革深化发展的方向，对东北地区"放管服"改革效能的提升起到积极作用。

一、东北地区"放管服"改革效能的建设原则

"放管服"改革是推进社会主义市场经济不断完善、政府治理体系进一步优化的重要举措，促进其效能提升具有重要意义，首先需要在宏观层面上确立正确、恰当的建设原则，这有利于在提升"放管服"改革效能的过程中

发挥指引作用。

（一）内外并重

内外并重是"放管服"改革的重要原则之一。"放管服"改革效能主要包含内在潜能和外显效用两个核心变量，其中内在潜能是蕴藏于改革主体内部的潜在能量，即为"内"，外显效用是直接显现于外的改革结果，即为"外"，两者间呈互促互进式的乘积关系。换言之，良好的内在潜能很可能会形成优质的外显效用，而优质的外显效用也会反过来促进改革主体进一步夯实内在潜能，进而在内外部之间形成良性循环，实现"放管服"改革效能水平的螺旋式上升。由此可见，在"放管服"改革效能的发展与建设中，改革主体要坚持内在潜能和外显效用"两手都要抓，两手都要硬"，内外并重才是提升"放管服"改革效能水平的上佳之策。

第一，既要认识到改革的重要性，又要合理控制改革成本。价值判断体现出改革者对"放管服"改革意义的认识情况，改革成本是改革者为推动改革付出的人力、物力和财力成本。根据对9个样本城市的调研分析，东北地区的各省市基本能较好地认识到"放管服"改革对营造良好的营商环境、促进经济发展和提升人民群众的获得感、幸福感和安全感的重要意义。但在这种重视"放管服"改革的理念下，东北地区的大部分地市，尤其是省会城市，存在着在"放管服"改革的过程中投入过多人力物力财力，从而导致部分地区存在公共基础设施和改革人员冗余的问题。比如，在实地调研中，哈尔滨、长春、沈阳的价值判断得分都较高，但都存在改革人员投入量过剩的问题。在这种情况下，一是改革主体应该继续坚持对"放管服"改革的理性认识。认识到"放管服"改革的一系列实践举措有利于提升政府的公信力、改善政府形象，有利于促进改善营商环境并切实提高人民群众的获得感、幸福感和安全感。二是政府应该科学评估改革所需的成本资源。改革主体对改革的重视会使其尽可能地投入现有资源，但投入超过了现实需要，因此，改革主体要通过邀请专家、实地调研和大数据、云计算等对"放管服"改革所需的资源进行科学评估。三是要合理动态投入改革资源。要根据科学评估结果，根据现实需要动态调整资源投入情况，做到需要时及时提供，不需要时及时撤回，避免产生路径依赖而造成资源冗余。

第二，既要努力提高改革执行力，又要关注改革效果。改革执行力是改革者对改革部署的落实能力。改革效果是指从改革措施的角度出发，改革预期目标的实现程度的体现。在"放管服"改革的过程中，改革效果体现着目标、方向和结果，改革执行力是改革前进的动力，只有朝着正确的方向前进，不断加大动力输出，才能真正到达成功的彼岸。从实践调研数据来看，9个样本城市都存在改革执行力较弱的问题。对此，一是要明确规划改革方向和目标，为提升改革执行力作指引。在进行阶段性的改革之前，首先要明确属地的各项人财物基本情况和综合实力，根据现有资源制定科学合理的改革目标和规划方案。二是改革主体要努力提升自身汲取、配置和运用资源的能力。比如，山东诸城启用新政务服务大厅，实现1296项政务服务事项全部进驻，科学设置分区，实现"大厅之外无审批"，全领域内无差别"一窗受理"，群众可根据自身需要迅速到相应区域办结业务[①]。诸城市进一步扩大政务大厅的服务范围，通过合理集约配置资源，实现了快捷高效服务。东北地区可以借鉴学习，进一步加强多领域事项政务大厅集中办理服务。三是要加强检验考核改革效果。良好的改革效果需要强大的改革执行力做支撑，在对改革效果的各项指标成果进行检验时，要以民众反馈为主，自查自纠为辅，切实找出短板，挖掘深层原因，积极总结反馈，从而促进改革执行力的提升改善，针对性提高改革效果。

第三，既要营造良好的文化氛围，又要注重提升实际改革效率。文化环境是指改革推进过程中，行政组织的文化氛围；改革效率是指改革者在单位时间内完成的实际工作数量。根据实地调研情况，目前东北地区普遍

---

① 刘少芸. 纵深推进"放管服"改革持续优化政务服务生态[EB/OL].(2023-01-21)[2023-09-18].https://baijiahao.baidu.com/s?id=1755592598483531160&wfr=spider&for=pc.

具有良好的文化氛围，相关指标在良好和优秀水平之间，但改革效率普遍不高，整体水平处于一般和良好之间。在这种情况下，改革主体一是要通过宣传教育继续引导组织成员树立为人民服务、守规矩、按章程办事的理念，坚持营造良好的文化氛围。二是要努力提高改革效率。比如，南京市江宁区，为了加速提高政务服务能力，"出台两套办法""运行一个平台"搭建联动载体实行审管衔接。其从机构入手，切割审批和勘验职能，配套出台制度，细化流程标准，并自主研发数字平台，运用信息化手段实现审批与监管的互联互动，充分提高审批效率[①]。其经验东北地区可参考借鉴，东北地区要通过出台办法、制度加强规则约束和监督，要敢于从机构内部动手，打破原有惯例，按照需求合理切割和规划职能，并保证实际应用中的可行性。要注重加强相关技术研发升级的投入，通过信息化手段打通堵点，提高效率。

（二）均衡发展

均衡发展是进行"放管服"改革的重要原则。内在潜能和外显效用是"放管服"改革效能中的两个关键变量，在未来发展与建设中，改革主体要注重内在潜能各要素间的均衡发展、内在潜能与外显效用之间以及改革各区域之间的均衡发展。

第一，要兼顾内在潜能内部要素的均衡发展。内在潜能包括价值判断、改革执行力、文化环境和制度环境四个要素。通过实地调研发现，东北地区的价值判断和文化环境处于良好和优秀水平，评分普遍高于改革执行力和制度环境，并且改革执行力普遍表现较差，与其他三项要素有一定差距。在这种情况下，我们应着力提升和改革主体的改革执行力，努力营造良好的制度环境，使得各项要素能够均衡向好发展，使改革执行力和制度环境

---

① 江苏省政务服务办公室.这些案例擦亮了南京"宁满意"政务服务品牌[EB/OL].(2021-06-07)[2023-09-18].http://jszwb.jiangsu.gov.cn/art/2021/6/7/art_19420_9841425.html.

要素向优秀水平进军。一方面，提升改革执行力。即要提升改革主体汲取、分配和运用人力物力财力资源的水平，改革主体必须对自身能力和资源有充分认识和科学评估，主动通过建立多种合作机制获得所需的各项资源，并使得资源能够得到有效运用。比如，"放管服"改革过程中会将一部分权力下放给社会，在这个过程中如果合理引导和培育社会组织参与到相关活动中，改革主体既能加强与社会联系，又能使社会组织充分发挥作用。另一方面，营造良好的制度环境。即要努力提高制度的及时性、稳定性和有效性，改革主体要及时进行调查研究，了解现有制度的有效性，及时敏锐捕捉新情况、新形式、新特点，对于不适应现有环境的政策要做到及时调整，实行新政策要做到充分合理多方评估，避免"拍脑袋"政策和政令朝令夕改现象。

第二，要促进内在潜能和外显效用的均衡发展。内在潜能和外显效用是"放管服"改革的起点和终点，应做到两手都要抓、两手都要硬。东北地区9个地级市的调查结果显示，其外显效用与内在潜能的比值均小于1，这意味着"放管服"改革过程的有效性偏低，即内在潜能不能够形成良好合力转化为外显效用。因此提升将内在潜能转化为外显效用的能力尤为重要。一是要对改革主体内部的综合实力进行科学评估，形成明确认知。以往的政府改革评价，更多的是注重政府实施各项政策的结果和外部评估，缺少对改革主体内部系统专业的评估，因此，改革主体要对组织内的内在潜能情况进行梳理评估，做到整体状况心中有数，明确优势和短板，并做到继续加强优势，想方设法弥补短板。二是要将内在潜能充分整合和激活。内在潜能是主体间基础条件的简单集合，但外显效用则是各功能动态作用的结果。因此，要使得内在潜能中的各要素相互配合相互作用，需要努力提高改革主体间的协同合作能力，真正为服务对象带来便利。比如，广州佛山发展"核查领域部门间联合抽查"模式，相关行政执法部门共同对抽查对象进行核查，从而有效整合执法资源，降低执法成本，提升监管效能，减少行政部门对企业多头检查、重复检查问题[①]，通过改革主体内部整合协作，切实减轻企业负担。

第三，要努力实现各地市之间的均衡发展。根据东北地区的实地调研情况，各地市之间的评分存在一定差距，9个样本城市共分为三个梯队，第一梯队有3个，皆为省会城市；第二梯队有2个，第三梯队有4个。总的来说，省会城市不论是意识环境层面、资源层面、执行力层面还是执行效率与效果层面都体现出一定优势，"放管服"改革总体效能较好，领先东北地区其他城市。而深化东北地区"放管服"改革，需要促进各城市之间的均衡发展，努力推动落后城市前进。一是要树立区域间均衡发展的理念。省会城市作为一个省政治、经济、文化的核心，更容易被省级政府重视，更容易被打造成样板试点和示范城市。因此，省级政府要树立各城市均衡发展的理念，在促进先行区的同时加强对其他城市改革进程的关注，适当给予制度引导和政策帮扶，普通地市也应该更加积极地"自我发展"，不断向优秀城市靠拢。二是促进区域之间资源均衡发展。从实地调研来看，省会城市出现的成本投入过多情况较多，造成基础设施和人员冗余。因此，在合理配置省会城市资源的基础上，可以有计划地将各类资源向周边城市倾斜，建立城市互助圈，弥补部分地区资源不足的问题，促进区域之间协同发展。三是加强区域之间的互助学习。一方面是在东北区域内加强改革城市间的互助学习；另一方面是向南方改革先进示范区学习，改革效能较为落后的城市通过积极向先进城市学习经验，促进自身发展。

（三）稳中求进

稳中求进是"放管服"改革的重要原则。东北地区作为最早进入、最晚退出计划经济体制的地区，带有浓厚的计划经济色彩，并存在一些根深蒂固且难以破解的体制、机制矛盾。"放管服"改革以厘清政府、市场、

---

① 刘世平.深入推进"放管服"改革，跨部门联合抽查为企业减负[EB/OL].(2023-09-18)[2021-04-06].https://www.sohu.com/a/459269183_120152148.

社会三者间关系为核心，是破解体制、机制等深层次、结构化矛盾的有效武器，相关改革举措在东北地区的深化与推进势必会触动利益的奶酪，以致受到较大阻力。面对改革阻力，东北地区的地级市政府要拿出壮士断腕的决心与勇气，坚持稳中求进，戒骄戒躁，脚踏实地、稳扎稳打地将这场刀刃向内的自我革命有序向前推进，切不可急功近利，以确保完成一项，就达标一项、破解一项。

第一，了解环境，明确东北发展形势。自 2011 年以来，中国进入经济增速换挡期、结构调整阵痛期和前期经济刺激政策消化期，全国 GDP 增速不断下降，宏观经济下行。相比于其他地区，东北地区经济受到的冲击更加明显，这与东北地区自身的经济社会环境相关。从体制机制方面来看，东北地区受计划经济根深蒂固的影响，形成制度路径依赖。从产业结构方面来看，东北地区工业、传统产业和国有企业资源占据比重较大，从而产生对服务业、新兴产业和民营经济的挤出效应，当传统产业动力不足时难以接续产业新动能，在东部地区进行产业升级和转型的浪潮中，东北地区的发展相对滞后。从人口方面来看，东北地区人口外流严重，再加上早年的计划生育影响，人口老龄化现象严重，经济活力下降[①]。从科技创新方面来看，投资拉动是东北地区经济增长的重要来源，科研经费投入不足，自主创新能力和意识较为薄弱，科技成果驱动经济发展的能力较弱[②]。总体来说，东北地区发展面临的整体环境并不乐观，其中体制机制问题根深蒂固，学界普遍认为这是阻碍东北地区发展的关键因素。而想要解决东北地区体制机制难题要找准切入点，不可盲目推进，必须建立长短结合、标本兼治的长效改革机制。

第二，扬长补短，巩固自身改革成果。东北地区的"放管服"改革在精简审批、提高政务服务效率、营造良好的营商环境方面已经取得一定成果，例如，哈尔滨先后出台了《哈尔滨市"最多跑一次"改革实施方案》《哈

① 刘威，张丹.东北振兴再出发：从问题思维到优势视角[J].理论探讨，2022(3)：157-166.
② 魏后凯.东北经济的新困境及重振战略思路[J].社会科学辑刊，2017(1)：26-32.

尔滨市加快"互联网＋政务服务"一体化建设推进"一网、一门、一次"改革实施方案》，首创"政务简码"APP；大庆开展规范性文件的"瘦身"活动；吉林市建立企业诉求接诉即办制度，启动"证照一码通"改革试点；沈阳出台多项政策文件切实为企业减负等。因此，一是东北地区应该进一步巩固已有成果，出台系列文件和政策，加强简政放权，精简审批制度，理清权力清单、审批清单、免罚清单等，持续推进"一件事一次办"改革，加强线上政务平台的应用和推广，深化商事制度改革，推进工商登记电子化等。二是要找准关键短板，打破体制机制藩篱。在整体宏观经济下行的情况下东北地区的经济滑坡尤为严重，最根本的原因就是体制机制问题。东北地区长期以来受到计划经济的影响，经济依靠政府、国有企业推动，产业类型单一，人口流出严重，最为关键的是没有在市场经济的浪潮下及时调整政府、市场和社会之间的关系，难以紧跟时代发展趋势。因此，在东北地区的"放管服"改革中，非常关键的环节就是政府厘清自身定位，要把重点放在事后监管上，敢于放权于市场和社会，充分调动市场和社会的积极性，给予制度鼓励支持，促进产业结构转型升级、多元发展，明确政府的服务理念，做好各项服务工作。

第三，加强向优秀改革地区学习先进经验，不断突破创新。一是要对标先进，合理树立目标。东北地区各城市应积极了解全国各地实施"放管服"改革的情况，关注改革示范区和先行区，根据自身情况，对标对表学习，确立符合自身实际的发展目标，了解最新改革方向，以优秀地区、优秀做法为指引，按照实事求是的原则，科学合理规划自身发展路径。二是学习优秀案例，总结学习经验。厦门湖里区推行政府服务"无差别"综合受理改革，打破部门界限，将原本的"部门综窗"改为"无差别"综合受理窗口①。成都成华区也设置"一件事一次办"综合窗口，推进"前台综合受理、中台业务支撑、

---

① 福建省人民政府.厦门湖里区探索推行政务服务"无差别"综合受理改革[EB/OL].(2021-10-20)[2023-09-18].http://www.fj.gov.cn/zwgk/ztzl/tjzfznzb/ggjy/202111/t20211110_5771323.htm.

后台分类审批、统一窗口出件"的政务服务模式，不断由"一事跑多窗"向"一窗办多事"转变①。因此，东北地区不仅要深化"只跑一次"改革，使群众能够在政务大厅快速办理业务，还可以进一步向打通部门壁垒的方向发展，实现跨部门的"一窗通办"服务，向"一窗办多事"转变，既可以使不了解部门职能的群众更加快捷办理业务，还可以在"一窗多办"的同时精减前台引领和受理人员，将更多人员用于处理中台、后台事务，提高政务处理效率。三是要结合自身实际，科学合理地借用优秀措施和改革理念。学习和借鉴其他地区的优秀经验对于东北区域的发展十分重要，但在借鉴的过程中要注意政策的合理性和可实现性，坚持实事求是、具体问题具体分析，必须在对自身条件和对方条件进行充分评估的基础上合理借鉴，避免盲目借鉴造成大量资源浪费。

（四）供需匹配

供需匹配是"放管服"改革的重要原则。"放管服"改革作为深化行政体制改革的有效抓手，其终极目标是通过简政放权、放管结合、优化服务三管齐下，打造人民满意的服务型政府。更有研究表明，人民群众的评价能够检验改革是否落到实处、改革是否深入到了基层、改革是否真正发挥了作用，要真正将人民群众的评价作为衡量"放管服"改革成功与否的重要标准②。可见，在"放管服"改革效能的建设与发展中，要始终坚持供给侧与需求侧的统一，注重人民群众的现实需求，以提升人民满意度为宗旨，精简行政、瘦身健体，将注意力转移到监管和服务上来，为人民群众提供能够切实满足其需求的公共服务，确保供给与需求之间的匹配性。

第一，深入群众，了解需求。我国任何改革的主要目标都是更好地满足人民群众对美好生活的向往，实现人民群众的根本利益。因此，改革目标和

---

① 马骁骁，吕振.一窗办理多项业务成华区深化无差别"综窗"改革[EB/OL].(2023-04-11)[2023-09-18].http://sc.china.com.cn/2023/zonglan_0411/489469.html.
② 王丛虎.考核评价是"放管服"落实到基层的重要抓手[J].国家治理，2019(48)：33-34.

执行必须要围绕人民群众最关心、最需要的问题展开。一是厘清职能定位，树立正确的价值理念。"放管服"改革必须始终坚持"以人民为中心"的发展理念，把人民群众需求放在政府改革的核心位置，坚持民之所向即改革之所向，无论改善营商环境、优化服务流程、简政放权还是减税降费，都围绕为人民群众提供更加美好的生活展开，致力于使人民群众能够学有所教、劳有所得、病有所医、老有所养，使改革成果惠及全体人民。二是深入基层，开展调研。在"放管服"改革的过程中，积极深入群众，各类职能部门定期针对服务对象展开多种形式调研，了解工作中的不足，听取群众呼声，设置专门窗口，收集群众反馈的问题、难题。例如，深圳龙岗区设立"办不成事"反映窗口，主要针对群众在一般窗口解决不了的难题，秉持"简单问题当场办，一般问题协调办，复杂问题联合办"的原则，定期梳理问题台账，从而推动审批部门优化流程[①]。三是把人民群众的满意度作为考核"放管服"改革成效的重要参考。在改革过程中必须保证人民群众的知情权、参与权、表达权和监督权，及时进行信息公开，发挥人民群众监督责任主体作用，根据人民群众反映情况切实合理调整，做到事事有回应、件件有反馈。

第二，综合评价，合理认知。从我们对东北地区9个样本城市的"放管服"改革效能调研状况来看，政府公务员的打分普遍高于普通市民，即供给侧打分普遍高于需求侧，一定程度上体现为改革主体和人民群众对改革实际状况的认知偏差，因此要对"放管服"改革情况进行客观综合评价。一是进行改革主体自我评价。改革主体作为改革措施的制定者和实施者，能够较为清楚地了解工作思路、推进过程中的问题与障碍以及工作的成果和成效，在客观评价的基础上，能够从第一视角作出有意义的评价。但是，改革主体在打分时往往具有一定的内部自我倾向性。以价值判断为例，调研的9个样本城市中政府公务员的打分皆高于普通市民。二是要保证人民群众参与评价，使改

---

① 龙岗政府在线.设立"办不成事"反映窗口龙岗政务服务更有温度[EB/OL].(2023-03-24)[2023-09-18].http://www.lg.gov.cn/xxgk/xwzx/zwdt/content/post_10500970.html.

革服务对象能够充分表达自身感受。"放管服"改革的目的是全心全意为人民服务，改革主体必须有收集服务对象反馈的意识，积极组织开展民意调查，尤其对政策涉及的利益相关者和服务接收者，定期发放问卷或访谈，了解政策实际实施状况，做好服务后对服务对象的评价收集与总结，对总结结果进行反思、评估与改进。但是在现实中人民群众也可能由于政府信息公布不够充分、宣传不到位，对新闻关注不足等问题难以了解最新政策信息和动态做法，从而对改革主体的工作难以充分认识。因此，政府应加强政务信息公开和最新改革举措的报道宣传，使得相关利益群体了解最新政策动态，促使改革政策制度落实发挥作用。三是要引入第三方机构，综合科学评估。从利益相关者角度出发可能难以完全客观评价，这时要引入第三方专业评估机构进行阶段性科学评估，形成评估报告，从而根据多方评价形成最终真实合理的认知和评价。

第三，供需呼应，动态调整。要根据需求侧反馈的意见、建议和综合评估结果动态调整改革方向和事项，做到供需匹配。总的来看，在改革过程中，政府职能应逐渐从重审批向强监督、优服务积极转变，政府角色要从权力主体向责任主体转变，政府要大力推进以服务人民群众办事为中心的流程再造与目标管理行动，以便利人民群众为核心倒逼政府自身改革，重新厘清和规划政府办事流程[1]。从改革具体实践来看，针对企业和群众反映的"办事难、办事慢""多头空跑""奇葩证明"等问题，政府要秉持便民、利民的原则，通过改革增加公共产品与服务的共计，营造公平环境，不断满足人民群众日益增长的多样化和个性化需求[2]。要进一步理顺政府、市场和社会的关系，逐步实现简政放权，推进行政审批制度改革、商事登记制度改革，建立"权责清单制度"，充分释放市场活力，优化营商环境；不断向社会领域放权，探

① 中国行政管理学会课题组，张定安，鲍静.深化"放管服"改革建设人民满意的服务型政府[J].中国行政管理，2019(3)：6-12.
② 张占斌，孙飞.改革开放40年：中国"放管服"改革的理论逻辑与实践探索[J].中国行政管理，2019(8)：20-27.

索社区治理新模式，为人民群众提供更好的社会服务①。

（五）标本兼治

标本兼治是"放管服"改革的重要原则。"放管服"改革是一场刀刃向内的自我革命，致力于破除深埋于行政体制内部的深层次障碍，换言之，"放管服"改革不是一场隔靴搔痒式的形象工程，简政放权、放管结合、优化服务也并非是浮于表面的"高大上"口号，而是深入行政组织内部，挖掘其运行机理，以削权、割肉、瘦身、健体的方式为行政理念、行政制度以及行政行为带来脱胎换骨式的根本性转变。对此，东北地区的改革主体要始终坚持标本兼治的实践原则，明确"放管服"改革是一场持久战，并不是一蹴而就的；要深挖现象背后的本质，综合施策，有针对性地破解深层次的结构化矛盾，坚决抵制表里不一的面子工程和形式主义。

第一，明确"放管服"改革中的核心矛盾与问题。东北地区进行"放管服"改革必须厘清"放管服"改革的发展脉络和核心理念，对"放管服"改革的内涵、方法、价值意义深入挖掘，形成系统化认识。"放管服"改革旨在推动政府职能转变，厘清和重塑政府与市场的关系，发挥市场在资源配置中的决定性作用，这需要对原有的体制机制、思想观念、制度模式、组织结构进行转变。目前，东北地区在改革过程中最大的阻碍是其体制机制受计划经济体制影响深远。这无形中使政府行为具有计划经济的烙印，体现着政府主导、政府本位的思想，向社会放权不足，整体环境、制度不够灵活。而进行"放管服"改革，则要从根本上转变"计划经济"体制，转变政府本位思想，发展社会主义市场经济，向市场放权，深化审批制度改革，激发市场各类主体的活力，营造良好的营商环境，这对东北地区原有的体制机制提出巨大挑战，这也是最深层次的问题。

第二，坚定攻坚克难的信念与决心。"放管服"改革是一项刀刃向内

---

① 陈振明.中国政府改革与治理的目标指向和实践进展[J].东南学术，2020(2)：36-43.

的自我革命，既要改革主体深入领悟"放管服"改革的核心理念，又要具有敢于改革的信心和决心，有敢于打破常规、不破不立的信念，从思想上进行把握"放管服"改革的要义，做好行动的先行引导。改革主体一是要有强烈的责任意识和政治意识，切实履行自身职责，贯彻落实上级颁布的各项法令、政策，保证"放管服"改革在基层能够顺利推行；二是坚持以公共利益为导向，明确"放管服"改革坚持以人民为中心的发展理念，以人民群众最关心利益为出发点，根据人民群众的实际需求制定政策和措施；三是要有勇气和魄力作出决断。在东北地区原有体制机制下有许多既得利益者，进行改革势必会触动他们的奶酪，改革过程中会遇到很多阻碍，这时需要改革者有坚定的信念，甚至舍弃自身的部分利益，坚定改革的方向，携手稳步推动改革逐步前行。

第三，建立落实"放管服"改革各项措施的长效机制。全面深化"放管服"改革，首先要建章立制，彻底融化东北地区计划经济带来的坚冰，打破深层次体制藩篱；要建立与市场充分对接、与社会友好互动的充满活力的体制机制；在推出相应改革政策的同时，相应出台配套制度或法律法规，保证责任主体落实；在树立正确思想的基础上，通过建立制度改变和规范人们的行为，让市场经济在东北地区开花，使资源能够活泛流动，竞相迸发市场和社会的内在活力。其次，在具体举措上要做到放、管、服协同发展。"放"的方面，把简政放权作为重点，精准发力，进一步理清权责清单体系，解决权责标准不规范、不统一的问题；进一步深化商事制度改革，并加大简政放权的范围和力度，从经济领域逐步向教育、卫生、民生等公共领域拓展；建立自上而下的行政自由裁量权体系。"管"的方面，要合理配置监管资源，建立新型监管体系，恰当合并监管职能；加强监管结合，在简政放权的同时考虑事后监管的配套措施；充分运用互联网、大数据、云计算等技术提升监管效率。"服"的方面，要深入研究企业生命周期，提升市场服务水平；研究人的生命周期，提升社会服务水平；依托"互联网＋政务服务"，提升服务效率。

二、提升东北地区"放管服"改革效能的对策建议

"放管服"改革作为落地实施的具体措施，不仅需要在宏观层面上的指导原则，还需要在微观层面对如何进一步细化落实的方法指导。因此，在五项建设原则的基础上，进一步提出了更具有问题针对性的八项对策建议。

（一）夯实对改革价值的理性认知

从整体上看，东北地区的地级市政府在价值判断方面的表现普遍较好，对此，在未来的"放管服"改革实践中，各改革主体要在维系、巩固好现有水平的基础上，进一步夯实对改革价值的理性认知。

首先，改革主体必须认识到"放管服"改革的必要性和紧迫性。改革开放以前，东北地区是"新中国的装备部"，工业经济优势明显。但改革开放以后，东北地区经济增速落后，出现"东北现象"，尽管国家出台倾斜性政策，东北地区也已失去了以往在工业方面的领先地位。而带来此种局面很重要的原因之一是东北地区制度环境不完善。东北地区最早进行计划经济却最晚退出，传统经济体制思维和路径依赖至今有重要影响，市场化进程落后。而目前政府仍存在干预过多、提供公共服务严重不足现象。改革主体必须认识到东北地区已不复往日辉煌，而打破体制机制障碍是破局的关键手段，实行"放管服"改革任重而道远。

其次，改革主体要加强对"放管服"改革核心理念和内涵的理解学习。一是要认真学习会议精神。自改革实施以来，国务院坚持每年在全国范围内召开关于"放管服"改革的电视电话会议，并出台相应的重点任务分工方案。地级市政府要组织各部门行政人员积极观看、收听电视电话会议，认真研读领导人讲话，领悟会议精神，学习重点任务分工方案，明确"放管服"改革的重要意义。二是要加强日常的理论学习。"放管服"改革作为行政体制改革中的重要组成部分，凝结了数十年改革开放的实践经验，与十一届三中全

会以来的改革取向与改革思路一脉相承。改革者要结合部门职能和岗位职责，在改革开放以来的行政管理改革的演进历程中，解读"放管服"改革，以形成对改革意义的深刻认知。三是要加强对中央改革措施的专项学习。"放管服"改革实施以来中央明确公布下放审批事项和加强监管事项的类型和数量，出台了多项政策和具体措施。改革者要在中央实施的具体举措中深度感悟简政放权、放管结合、优化服务的内涵，明确要在哪些方面放、哪些方面管，更多的提供何种公共服务，具体应该怎么做。

最后，改革主体要对"放管服"改革进行科学评估。"放管服"改革到底有没有价值和必要，要通过切实实践得到的结果来评估。一方面是政府可以通过对体制内部人员和人民群众的调研了解"放管服"改革的实际效用，通过改革前后人民群众对政务服务的评价来了解"放管服"改革在增强人们幸福感和政府公信力方面的作用。另一方面是加强通过专业机构或运用互联网技术来监察政府办事效率和效果的转变情况，可以通过第三方进行调查评估"放管服"改革效果，或者通过大数据、云计算等新型技术在数据总库中进行工作任务数量、达成指标、满意度等内容的测算。比如，在"放管服"进展较为快速的地区就"放管服"改革前后对人民生活质量提升状况进行大数据测算，很容易分析出"放管服"改革是否具有实际价值。

（二）注重对改革执行力的有效提高

从东北地区实地调研的数据来看，改革执行力是东北地区地级市普遍的弱项与短板，对此，在未来的"放管服"改革实践中，改革主体需要将更多的注意力放置在改革执行力的强化与提升上，加强提高资源的汲取、配置和运作能力，为"放管服"改革的有效贯彻和落实提供有力保障。

首先，要加强执行体制改革，提升改革主体组织和机构的灵活性。一方面是要优化行政组织机构；优化行政权力配置，合理划分行政权限，在事权财权决策权之间明确划分，建立严密有序的行政程序。目前东北地区"放管服"改革工作趋向于打破部门边界，加强部门合作互通互享，因此，必须要进一步梳理清晰各部门职能权责，定职定责到部门和个人岗位，避免在多部门协作的过程中出现人浮于事、推诿扯皮现象。另一方面是要构建灵敏的公共管理系统；要加强政府内部各类信息资源的整合统一，使其能够在政府内部有效流动互通，避免信息和资源出现堵塞、使用不畅现象，避免政出多门、各自为政的分离状态，要将人财物、技术、信息等资源合理规划、有效配置，避免资源的不足和浪费。

其次，要加强对工作人员的培训，使其转变思想理念，提高执行能力。一是要通过灵活运用宣传、培训等多种方式，引导行政人员从观念上明确改革执行力的重要性，意识到改革执行力是将改革方案转换为现实生产力的关键环节，并有针对性地提升对资源汲取能力、资源配置能力以及资源运用能力的认知水平，理解资源在改革执行中的关键地位。二是要加强对行政人员具体业务的专项培训，使一线工作人员能够了解在改革过程中涉及的新观念、新流程、新服务，学会使用新工具，适应新流程，在实际业务办理中不迷糊、不卡壳，提高资源运用能力。三是开展定期外部培训与交流，加强与改革先行区以及改革优秀示范区的交流沟通，前往改革先进地区学习改革经验，根据地方原有的社会经济资源条件选择性借鉴优秀方案。

最后，加强执行资源拓展，提高资源配置能力。一方面是要努力挖掘潜在执行资源，拓展资源储备。执行资源不仅包括政府已有的人财物等资源，还包括信息资源、法律资源、政策资源、文化资源等。地方政府的自身拥有的各类资源有限，要积极主动去搜集和争取相关资源。从人力资源来看，要从选拔和培训层面提高工作人员的素质；从财务资源来看，要积极争取国家财政拨付和其他社会资源，如社会捐助或企业赞助；从信息资源来看，应当加强对信息资源重要性的认识，充分利用网络平台，开发多种公民参与政策执行的网络途径[①]。地方政府如果能够迅速获取优秀地区的先进经验

---

① 史爱红.我国地方政府公共政策执行力问题及其对策浅析[J].黑龙江生态工程职业学院学报，2016(2)：37-38.

资源，多加借鉴，就有利于预知改革过程中可能出现的各类阻碍，减少改革试错成本。另一方面，要有效利用已有资源，提高资源配置能力。比如，辽宁省政府发布加强"只跑一次"改革的相关政策文件后，地方政府可以利用已经出台的相关政策信息申请拓展自身资源，以已有政策为指引，作出有利于自身发展的改革。并且，在对已有资源配置的过程中，要提高信息公开透明程度，通过外部监督倒逼资源合理配置，减少腐败、滥用职权等造成的资源浪费。

（三）积极营造支持改革的文化氛围

从整体上看，东北地区的地级市比较注重组织的文化氛围建设，并取得了一定成效，对此，在未来的"放管服"改革实践中，改革主体要在保持现有水平的基础上，进一步营造有益于改革推进的文化氛围。文化环境是指改革推进过程中，行政组织的文化氛围，包括服务文化、法治文化、勤政文化，分别强调行政组织中以人为本的服务理念、按章办事的法治理念和尽职务实的勤政理念。

首先，政府主体要加强思想观念转变。受计划经济体制影响，东北地区以国有企业为发展主体，在改革转型的过程中体现出市场观念薄弱、官本位思想严重、缺乏法治意识和忧患意识等问题，形成不良的经济社会环境，阻碍了经济发展。因此，改革主体必须具有转变思想的意识，打破以往的不良传统观念，加强相关理论和思想的教育学习，注重精神和思想引导，定期开展主题教育座谈会，紧跟时代潮流，自上而下地将政府本位、官本位思想转化为人民本位思想，树立法治化观念和勤政理念。在这个过程中，要注意充分发挥组织领导者的模范带头作用。正所谓"火车跑得快，全靠车头带"，行政机关以及各部门的领导者要以身作则，尽快加强学习，坚持以人为本、按章办事、尽职务实的工作作风和工作态度，在办事过程中避免"走关系、套近乎"，严格按照法律法规和制度秩序做事，做好"领头雁"，感染周围的行政人员，带动组织文化氛围整体向好发展。

其次，在改革过程中加强良好文化宣传工作。一方面，组织文化会对行政行为产生潜移默化且深远持久的影响。对此，改革主体要通过征集宣传标语、开展文化宣传周、宣传月等形式多样的文化活动，揭示官本位、"潜规则"、懒政怠政等落后思想的危害，明确服务文化、法治文化、勤政文化等文化氛围对于深入推进"放管服"改革的重要影响，有意识地在组织内部营造良好的文化氛围，始终让行政人员处于有助于推进改革的文化氛围之中，时刻感受到组织文化的魅力。另一方面，要加强对外宣传，形成体现改革重点的核心宣传标语，通过组织开展高层论坛会议、主流媒体和自媒体报道、优秀案例推广等方式宣传重点工作和措施，使外界群众能够了解到"放管服"改革的过程和文化，从而对"放管服"改革有更深一步的认识。

最后，通过绩效考核促进形成良好的文化环境。文化环境的改善是一项系统化工程，周期长、见效慢，对此，应适当地将文化环境中的软指标融入政府考核之中。在政府考核绩效设计的过程中不仅要将规定的岗位职能目标作为考核的硬性指标，还要将工作过程中的服务态度、服务意识、法律意识和工作效率意识等作为评价软指标，通过自我评价、上级评价、同事互评、群众评价来考核改革人员的观念意识，将评价结果作为重要的参考标准，直接与薪资奖惩、职位升降挂钩，倒逼行政人员注重对组织文化氛围的建设。长此以往，通过绩效制度的实施促进行政人员养成良好的服务习惯，树立法治服务观念和勤政理念，从而促进行政人员之间自觉形成良好的文化氛围。

（四）推进改革相关的制度体系建设

从整体上看，在实地调研中发现，东北地区地级市政府的制度环境尚存较大的上升空间，在内在潜能的发展与建设中处在相对落后的地位。对此，在未来的"放管服"改革实践中，东北地区的改革主体要致力于提升制度的及时性、制度的稳定性以及制度的适应性，做好法律法规保障工作，建立常态化的考核机制，动态、持续地推进制度环境的优化与改善。

首先，制度设计和管理的整个流程要做到科学合理。在制度设计之初，改革者要对本地的发展实际情况切实调查、全方位掌握，据此对出台相关制度的必要性展开详细论证与充分说明；同时，要根据对新动态和新问题的分析与把握，及时地出台现实所需的、符合地方发展实际的制度文本。在制度设计的过程中，改革者要对制度的文本内容展开科学、严密的论证，邀请相关领域内的理论专家和实践专家，征集专业化的建议，形成"接地气"且具有地方特色的制度安排，以此来避免朝令夕改现象，切实增强制度弹性，使之能够更好地应对发展过程中所面临的诸多不确定性。另外，要注重对制度体系的动态化管理，在制度出台后，改革主体要始终关注制度的执行与实施过程，对于制度文本中不符合现实的部分，及时作出调整，对于完全不符合现实的制度安排，及时地予以取缔。

其次，要建立法治化的营商环境。改革制度体系，转变政府职能，必须纳入地方法律法规建设。法律法规建设要紧跟改革脚步，作出动态调整，加强对制度体系的外在刚性约束与制约，保障制度体系的稳定性。例如，南京市制定了《关于依法审慎采取财产保全措施支持民营经济健康发展的工作举措（试行）》，规范保全财产，依法监督行政机关切实履行行政承诺；对因公共利益需要或其他法定理由造成企业家损失的，依法给予公平合理补偿。徐州市出台《关于支持民营企业起诉意见》，民营企业可通过建立联络微信群反映诉求，检察机关会随即对该企业建立企业档案，根据民营企业反映的损害其合法权益困境，依法支持起诉，保障其债权实现[①]。目前东北地区的相关立法工作有待进一步加强落实，只有法治框架才能保证改革主体依法履责，破除政府自身路径依赖和利益驱动带来的改革障碍，保障市场和社会应享有的权利。

[①] 江苏省徐州市人民检察院.精准服务！徐州开检营造法治化营商环境[EB/OL].(2020-01-14)[2023-09-18].https://m.thepaper.cn/baijiahao_5522721.

最后，要同步加强政府绩效考核体系改革。政府绩效考核体系是行政人员采取行动的风向标，要深化"放管服"制度体系改革，必须相应根据"放管服"改革指标建立评估体系，综合考评打分，将"放管服"改革满意度情况作为绩效体系的重要参考，将其与晋升、工资绩效建立联系，不仅要进行正向激励，还要进行"反向倒逼"。例如，2022年，重庆市南川区公布了2021年下半年中"最难办事科室群众评"的前十位科室，以群众的满意度作为最终考量，向官僚主义、形式主义、"不作为"亮剑[①]，通过测评反向激励各部门改进工作作风。东北地区可以学习相关经验，对工作情况进行反向排名，从而倒逼政府工作的改进提高。当然，进行"放管服"改革是一个漫长且艰辛的过程，有些改革措施实行在短时期内难以见到成果，因此要有根据地针对长期显现成果进行潜在效能评估。

（五）大力提振"放管服"改革效率

改革效率强调改革主体单位时间内完成工作的数量，注重用外显效用进行量化考察，主要分为行政放权效率、政府监管效率和政务服务效率。为了更好地彰显"放管服"改革的外显效用，改革主体要将又多又快地完成改革任务的行为准则贯彻改革始终，促进工作效率的全面提升。

首先，提升改革者的主观能动性。"放管服"改革作为深化行政体制改革、促进政府职能转变的"先手棋"和"当头炮"，其改革范围已覆盖全国，在推动政治、经济以及社会发展中更发挥着举足轻重的作用。在这种情况下，一方面，东北各地级市政府要树立正确思想观念，充分认识"放管服"改革的重要性，使得相关工作人员认识到提升"放管服"改革效率问题的重要意义，从改革者层面树立牢固的效率观念。另一方面，要加强对自身行政模式和体制机制的审视工作，摆脱计划体制下的路径依赖问题，坚决抵制"不求有功、

---

① 王鸣镝.评选"最难办"，倒逼"用心干"[EB/OL].(2022-02-03)[2023-10-10].https://baijiahao.baidu.com/s?id=1723719945216595998&wfr=spider&for=pc.

但求无过"的懒政怠政模式,理顺职能关系,明确各部门职能目标,加强发展战略、政策和标准的制定工作,提前做好放权、监管和服务事项的规划工作,有序推进简政放权、放管结合、优化服务改革。

其次,简化行政流程,促进多元主体协同合作。一方面要去除行政部门内部、行政部门之间以及行政机关面向企业、个体工商户、社会组织、公民等市场和社会主体的不必要的繁文缛节,仅保留必要的行政流程,以减少时间消耗和浪费,促进改革效率的提升。另一方面是要建立民主高效的协商机制,加强内部交流及内外合作。针对改革的重难点问题采取多样化的协商形式,通过多方建议提出满足多方利益群体的解决措施。各部门之间要避免本位主义,树立团结合作、共同为民服务的理念,打通部门协作壁垒,加强协商协作。比如,泉州市政企联动,建立水电气网"全生命周期"联办服务机制,改变以往企业需要向自来水公司、供电公司、燃气公司和广电网络4家单位分别提交申请的状况,市政部门牵头联动企业,可实现项目、群众、企业水电气网"一站式"办理①。通过政企联动为群众、企业提供便利,切实精简申报材料,压缩审批时间。

最后,运用现代信息技术实现改革赋能。"工欲善其事,必先利其器",良好的改革工具能够帮助改革主体实现事半功倍的效果,一方面要灵活运用互联网、大数据、云计算等新兴技术,加强运用技术监管,发展数字政府,简化线下流程,加强"数据跑路",及时通过大数据分析改革执行情况,提高改革效率,真正实现技术赋能。另一方面要加强新兴人才的培养,建立高质量人才培养体系。高端信息技术需要人才研发和运用,要加强与学校、企业、科研机构的合作,建立人才专家库,通过充分发挥专家技术优势,提高政务

---

① 泉州市发改委."放管服"改革创新案例泉州市政企联动共创宜商环境——水电气网"全生命周期"联办服务机制[EB/OL].(2023-02-10)[2023-09-18].https://mp.weixin.qq.com/s?__biz=MzA3NjYzMzEOMw==&mid=2653873331&idx=2&sn=77b45245778cf1407ba0870498e24791&chksm=848401ebb3f388fdfa82fbe0342a4dffa74fdd43de200461e80dbafce0938e749ce5fbeb2769&scene=27.

平台开发、运行效率和水平；要选拔具有较高数字素养的工作人员，确保信息技术在工作过程中的有效运用。

（六）全面提升"放管服"改革效果

改革效果是对预期目标实现程度和问题解决程度的系统考量，改革效果如何，不仅要靠改革主体进行科学评估，最终还是要以人民群众的满意度进行检验。为提高东北地区"放管服"改革的效果，要做到以下几点。

首先，要坚持问题导向，用目标和计划指导实践。改革主体要始终坚持干一样、成一样的工作作风，遵循任务导向原则，根据本地的改革方案，将改革目标进行不断的细化和拆解，明确每项改革举措的预期目标，进而对照具体的改革目标，有效推进改革实践。更具体来说，在简政放权方面，改革主体要坚持质量与数量并重，而非一味地追求行政审批的下放数量而降低含金量，要切实下放有助于激发市场主体活力和社会创造力的行政职权，注重下级政府、市场以及社会的承接力，将权力下放到位。在政府监管方面，改革主体要从注重事前审批转向注重事中事后监管，打破监管盲区与真空地带，灵活运用多种方式，使市场和社会中的各类行为得到有效规范。在政务服务方面，改革主体要想民之所想、急民之所急，为人民群众提供能够解决其现存问题、满足现实需求的政务服务，优化服务体验，提升政务服务满意度。

其次，注重简政放权、放管结合以及优化服务三条改革主线之间的协同性。明确放、管、服之间的内在关联，重视不同举措之间的有效衔接，不仅要放得开，还要管得住，更要做好品质服务。东北地区受计划经济影响深远，缺乏放权意识和服务意识，在改革过程中要充分合理规划，该放的放，该管的管，根据民众需要做好公共服务和基础设施的供给工作。例如，浙江长兴县开展"去中心化"工作，建立街道便民服务分中心，将窗口功能向12个村（居、社区）便民服务站延伸，推动人社、医保、市场监管等方面共计42项高频事项下沉到分中心①。要根据群众需要创新式下放服务点，使群众能够更加便利地享受政务服务。

最后，要注重收集人民群众意见，及时做出动态调整。改革效果好不好不应由政府说了算，最终是要看人民群众对改革是否满意。人民群众认为能切实从改革中获取实惠，认可改革措施，改革才有意义。因此及时了解人民群众对改革的反馈，办理业务后及时回收公众满意度和意见建议，定期发放问卷或回访，了解相关利益主体对改革措施的看法。只有做到改革的方向正确，才会收到满意的改革效果。比如，河南社旗县建立信访接待、窗口服务、内部传递、首问负责等多项监督制度，成立"办不成事"窗口，创新推动"体验式监督""开门评警"等活动，邀请群众全程跟踪窗口服务办事流程，从群众角度发现问题②。通过制度创新，和活动创新切实达到发现问题，监督工作的成效。

（七）着力降低"放管服"改革成本

正所谓"好钢用在刀刃上"，在深入推进"放管服"改革的进程中，改革主体要坚决抵制不计成本的代价付出，始终以"少花钱、多办事、办好事"为行为准则，注重对改革成本的降低，将其控制在合理范围内。

首先，需要科学界定政府职能定位，合理设置机构规模。东北地区受计划经济影响，政府对于审批事项干预过多，市场发挥作用有限，既阻碍了各类经济主体发挥活力，又由于政府职能过多使得改革过程花费更多的人力、物力、财力。因此，一方面要科学界定政府职能，将政府不该管、不需要管的职能下放给社会和市场，充分激发市场和社会的活力，并且在此基础上根

---

① 长兴县政务办.长兴人快来投票！选出你心中的 2022 年度"放管服"典型案例 [EB/OL].(2022-12-05)[2023-09-18].https://mp.weixin.qq.com/s?__biz=MzA5MTMwNzUyNA==&mid=2650557081&idx=1&sn=8670a95567dc6c8d046654e7dd5316a3&chksm=887681f2bf0108e424c678849bd34acf2843375d99dddafffc054fb5e9b3816bc372ae4ef299&scene=27.
② 社旗县公安局.社旗县公安局"四项措施"助推公安窗口服务提档升级 [EB/OL].(2023-09-21)[2023-09-29].https://www.sohu.com/a/722417848_125471.

据需要合理减裁不必要的组织机构，持续精简和优化行政审批环节和程序，减裁不必要的审批事项。另一方面，要避免出现政府部门人员冗余、人浮于事的现象，建立机构编制精简、收回的长效机制，根据环境和实际需要不断调整优化组织规模和人员设置，科学统筹编制资源，打造"人岗相适、人尽其才"的良好局面。

其次，要合理规划改革投入资源，及时反思成本投入是否有效。一是改革者要根据本地的"放管服"改革实施方案，对改革实践的实际工作量做出全面统计，科学测算出与之相应的改革人员、设施以及资金投入量和所获效益，对于投入产出做到心中有数，对于不必要的投入要及时精简，并伴随着改革实践的不断深化，对其相应的资源投入量做出动态化调整，真正做到人尽其才、物尽其用。二是在面对大规模的改革人员、设施或资金投入或额外追加的投入时，改革主体要对于各项资源投入的必要性以及投入数量的合理性进行多维论证，在确保资源投入的必要性与合理性的基础上，再行投入。三是对已完成的改革投入展开阶段性复盘，审视并反思是否存在人员、设施以及资金投入过量的情况，剖析投入过量的原因，及时做出相应调整，并在未来的改革中高度重视，避免重蹈覆辙。

最后，要培养高素质公务员队伍，减少改革过程中的隐性成本。一是要改善东北地区的人才政策，加强对东北高校的支持力度，吸引更多人才留在东北，并且在公务员招聘过程中按照公平公正的原则择优录取，从源头上引进更多的高素质人才，减少人才培养成本。二是要加强对行政人员培训，提高行政人员的办事能力，开展年轻干部综合能力培训班，优化干部主体队伍，实行优胜劣汰的激励机制，建立人才储备库，通过提高行政人员的工作效率来提高政府整体的办事效率。三是要加强对行政人员的监督，通过体制机制约束行政人员，加大对腐败问题的惩处力度，定期开展专项监督检查，建立举报热线、投诉箱等线上线下监督途径，确保行政人员行为符合法律法规和道德规范，促使行政人员不敢腐、不能腐、不想腐，避免灰色地带和腐败问题带来效率损失。

（八）持续增强改革实践过程有效性

"放管服"改革过程的有效性即内在潜能转化为外显效用的程度，当外显效用大于内在潜能时，改革的有效性就超过改革标准的基准线，在未来的"放管服"改革中，改革主体要充分激发、释放改革潜能，持续增强改革实践过程的有效性，即更好地将内在潜能转化为外显效用。

首先，积极树立起点—过程—结果全链条的改革取向。明确改革结果绝非衡量改革进展的唯一标尺，对改革过程有效性的判断正是改革主体实现自我反省的有效举措，能够帮助改革主体反思是否将自身所具备的改革实力全部发挥出来，以堵住只看外显效用的竞标式恶象。内在潜能是改革过程有效性的发展起点，改革主体需要对自身的各项基础条件具有清晰认知，明确自身内在潜能的优劣与价值，了解自身具备的改革实力及其结构化分布，对其自身所具备的改革实力形成全面认知。另外，要注重改革过程中的内在潜能的发挥状况，针对内在潜能难以利用的现象要充分反思、合理判断、探究原因，及时根据实际情况进行调整，注重整个改革过程中方法和措施的合理性。最后，当然也要关注改革结果的实际情况，改革结果是"放管服"改革效能的最直接体现。要通过对结果的评估获得整体工作的最终反馈，以此来反思改革过程中的优势与不足。

其次，明确关于改革过程对连接内在潜能转换为外显效用的重要作用。一是要设置有效性的制度安排，如考核、鼓励制度等，通过对改革过程有效性的定期监测，剖析改革主体在改革实践中的努力程度，同时注重对考核结果的运用，制定具体的奖惩措施，对于努力程度高的改革主体予以及时褒奖，对于始终落后的改革主体予以相应惩罚，形成良性的竞争机制。二是明确结构影响功能的理念，要对主体内部工作流程、结构形式进行有效化改革，顺畅上下级之间、不同部门之间的沟通协同渠道，通过改革结构达到有效提高功能的目的。三是要厘清内在潜能和外显效用之间的乘积关系，理解内在潜能与外显效用之间的作用机制。良好的内在潜能能够促进形成较好的外显效用，相应的外显效用的进步也会促进内在潜能发展。

最后，要鼓励改革主体之间相互交流学习。一方面是要加强东北地区内部的交流学习。东北地区各市面临相似的政治经济社会环境，更容易互相学习借鉴经验。例如，辽宁省大连市、沈阳市的营商环境建设在全国范围内排名靠前，为东北地区的其他城市树立榜样模板，其他城市应通过座谈会、实地调研、考察学习等方式学习借鉴经验，根据自身情况有效调整优化。另一方面要加强对外交流学习。东北地区应关注其他地区，尤其是南方发达地区"放管服"改革的优秀案例和优秀做法，可以加强东北地区领导干部同南方地区干部任职挂职和双向交流，通过领导干部职位调动来交流、学习优秀经验，促进优秀经验的传播；可以加强与科研机构、高校等第三方专业人才的互动，通过聘用专业团队、组建专业考察团向目标地区进行专业调研，再根据自身条件形成更具可行性的方案；还可以通过加强领导干部前往先进地区学习交流促进优秀经验流动。

目前，东北地区不断探索、推进"放管服"改革向前向深发展，但在改革过程中还存在一些问题和阻碍，本章节根据实践调研中发现的问题总结性提出了"放管服"改革的五项原则和八项措施建议，希望能够助力"放管服"改革的推进发展。

东北振兴作为实现国家民族伟大复兴的坚强支撑，具有重要意义和广阔前景，而"放管服"改革是助力东北振兴，打造良好营商环境，增强发展竞争力的重要举措。2023年9月，习近平总书记在哈尔滨主持召开在新时代推动东北全面振兴座谈会，强调要进一步优化政治生态，全面构建亲清、统一的新型政商关系，为东北地区"放管服"改革的进一步发展指明了方向。在未来的发展过程中，东北地区一是要营造风清气正的政治生态环境。大力破除官本位思想，树立领导干部为人民服务的理念，加强建立完备的制度规范，明确权力清单，把权力关进制度的笼子里，并且持续强化纪检和监察机关的作用，着力推进不敢腐、不能腐、不想腐，强化领导干部担当作为意识，全力破解部分干部不作为、慢作为、乱作为问题。二是要注重营造法制化的营商环境。逐步建立完善的法律法规体系，顺应市场发展需求，在反不正当竞争、产权保护、公平竞争、社会信用等方面加强立法，依法支持诚信经营和惩治失信，并且通过法律划定市场和政府边界及政府的职能权限，不断明确完善行政执法程序，增加行政执法工作的透明性，为各类主体营造稳定、透明、规范、可预期的法治环境。三是要提高行政效率和政府效能。聚焦企业和群众办事"急难愁盼"问题，强化技术赋能作用，打造智慧便捷、公平普惠的数字化服务体系，不断加强跨部门、跨层级政务协同办理，推进各类政策"一网通查"，各类服务"一网通办""一窗通办"，加强完善数字政务、数字政府制度保障，建立健全政务服务效能提升标准规范体系，通过数字化技术助力政府效能的提升。

参考文献

[1] 陈世香，黎德源 . 中国 "放管服" 改革研究的进展与前瞻 [J]. 上海行政学院学报，2021(3)：101-111.

[2] 马亮 . "放管服" 改革：理论意蕴与政策启示 [J]. 江苏师范大学学报 (哲学社会科学版)，2020(5)：88-99.

[3] 马春庆 . 为何用 "行政效能" 取代 "行政效率" ——兼论行政效能建设的内容和意义 [J]. 中国行政管理，2003(4)：28-30.

[4] 孙萍，陈诗怡 . "放管服" 改革的功能定位与发展路径——基于制度优势转化为治理效能的理论思考 [J]. 学习与探索，2021(3)：47-53.

[5] 王澜明，鲍静，段国华 . "放管服" 改革与国家治理 [M]. 北京：社会科学文献出版社，2019.

[6] 吴建南，张攀，刘张立 . "效能建设" 十年扩散：面向中国省份的事件史分析 [J]. 中国行政管理，2014(1)：76-82.

[7] 徐现祥 . 中国营商环境报告 (2021)[M]. 北京：社会科学文献出版社，2021.

[8] 中国行政管理学会课题组，靳江好，文宏 . 政府效能建设研究报告 [J]. 中国行政管理，2012(2)：7-10.

[9] 周志忍，包国宪 . 政府绩效研究 [M]. 北京：科学出版社，2018.

[10]Arnett D B, Sandvik I L, Sandvik K. Two paths to organizational effectiveness-product advantage and life-cycle flexibility[J]. Journal of Business Research，2018(3)：285-292.

[11]Lecy J D, Schmitz H P, Swedlund H. Non-governmental and not-for-profit

organizational effectiveness: a modern synthesis[J]. Voluntas: International Journal of Voluntary and Nonprofit Organizations, 2012(2): 434-457.

[12]Liket K C, Maas K. Nonprofit organizational effectiveness: analysis of best practices[J]. Nonprofit & Voluntary Sector Quarterly, 2015(2): 268-296.

[13]Wolak J. Self-confidence and gender gaps in political interest, attention, and efficacy[J]. The Journal of Politics, 2020(4): 1490-1501.

后　记

　　本书聚焦于"放管服"改革效能评价，重要的原因在于这一研究议题本身是国内政府改革和理论研究领域的难点。整体来看，目前学界对"放管服"改革效能评价的实证性和系统性研究仍然很少。而且，更进一步地，围绕"放管服"改革效能评价而作的专门研究和实证分析更少，在此领域中相关的著作基本没有，本书算是在此领域的初步尝试和创新突破。

　　东北地区"放管服"改革效能评价研究，不仅具有理论深化的必要性，更具备着实践改革的紧迫性。在我国改革开放四十多年进程中，东北地区展开了多轮的经济振兴战略，但目前仍然面临着持续转型的压力，为此，依然需要加快政府职能转型的步伐。2018年9月和2023年9月，习近平总书记先后两次召开深入推进东北振兴座谈会，都强调了优化政府职能和政商关系、提升营商环境是东北地区振兴发展的首要任务，这为东北全面振兴打开了机遇期的窗口。在此背景下，本书有针对性地选择了我国东北地区地方政府改革实践，作为"放管服"改革效能评价的分析和研究对象，系统性地对东北地区"放管服"改革效能评价的现实背景、理论渊源、概念内涵、实证评价、问题经验等进行了全面介绍，以期能为东北地区地方政府改革和转型提供参考。

　　本书能够顺利出版，得益于诸多师友的帮助。特别感谢东北大学文法学院孙萍教授，从最开始的方向选定，到中期的思路设计，再到后期的出版安排等全过程，都给出了细致而中肯的意见。孙老师一直关心我们的成长和发展，且提供了大量的帮助和指导，不仅言传身教，更是倾囊相授，为我们学术研究之路指明了方向，让我们受益终生！

　　本书最初是在东北大学东北振兴研究院的课题（东北老工业基地"放管服"改革效能评价研究）支持下得以立项。其中，东北大学文法学院赵晶老师在课题研究方面做了大量工作，特此感谢！此外，东北大学硕士研究生李秋颖、袁莹、吕玉森参与了部分章节的补充校对工作。